Navegando o Futuro

Navegando o Futuro

Um Guia Pessoal para o Sucesso no Novo Milênio

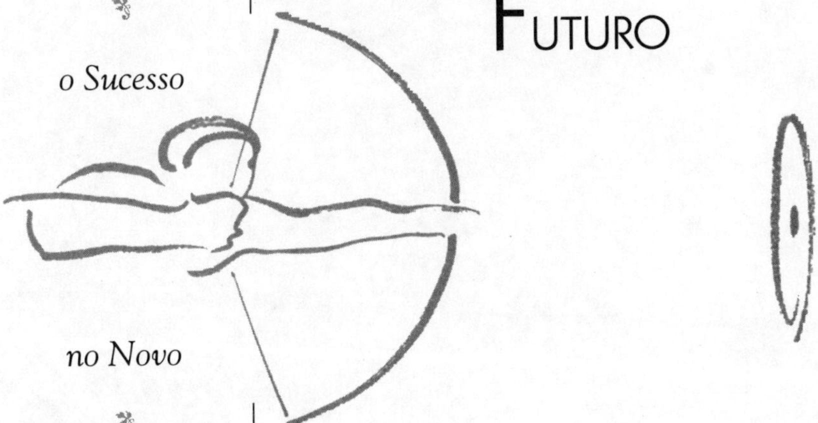

Mikela Tarlow
Philip Tarlow

Tradução
ADAIL UBIRAJARA SOBRAL
MARIA STELA GONÇALVES

EDITORA CULTRIX
São Paulo

Título do original:
Navigating the Future

O primeiro número à esquerda indica a edição, ou reedição, desta obra. A primeira dezena à direita indica o ano em que esta edição, ou reedição, foi publicada.

Edição	Ano
1-2-3-4-5-6-7-8-9-10	00-01-02-03-04-05

Direitos de tradução para o Brasil
adquiridos com exclusividade pela
EDITORA CULTRIX LTDA.
Rua Dr. Mário Vicente, 374 — 04270-000 — São Paulo, SP
Fone: 272-1399 — Fax: 272-4770
E-mail: pensamento@cultrix.com.br
http://www.pensamento-cultrix.com.br
que se reserva a propriedade literária desta tradução.

Impresso em nossas oficinas gráficas.

Sumário

Prefácio

Esta "jornada em palavras" tem origem no meu encontro imediato com o futuro. E, embora seja eu quem coloca as palavras no papel, meu marido, Philip, é co-autor no sentido de que realizamos juntos a jornada e de que as idéias essenciais surgiram a partir de uma busca pessoal partilhada com ele.

Faz agora mais de seis anos que decidimos ficar alguns meses sem trabalhar. Viajávamos mais de seis meses a cada ano, dirigindo seminários em todo o mundo e mantendo uma agenda igualmente cheia quando estávamos em casa. Ao mesmo tempo que impusemos uma interrupção ao nosso estilo de vida fundado no vício de trabalhar, resolvemos mudar do sul da Flórida para a região da Baía, uma dramática mudança do nosso mundo social. Essas mudanças de vida de longo alcance desencadearam uma avalanche de sentimentos. Os poucos meses "sabáticos" que planejáramos logo se estenderam a quase quinze.

Todos pensam que adorariam tirar um ano para não fazer nada, mas isso pode ser mais desgastante do que se pode imaginar! Só posso descrever esse período como uma desestruturação da nossa identidade. Todos os indícios externos que vinham dando forma à nossa vida subitamente desapareceram. O que havia anos vinha nos impulsionando, de repente pareceu bem menos importante. E chegamos a um ponto da jornada, que aparentemente não nos conduzia a lugar algum, em que percebemos que nunca poderíamos retroceder. Já não nos era possível fazer as coisas da forma como vinham sendo feitas.

Foi somente graças à nossa eventual disposição de jogar *tudo* pela janela que surgiram vislumbres de novos rumos. A partir do vazio desse espaço, começamos a descobrir uma nova relação, mais natural, com nosso corpo, com nossos sentimentos, com nossa história sobre nós mesmos e com toda a nossa abordagem de agir. Essas experiências foram as sementes do material que vocês vão encontrar neste livro.

Não creio que tenhamos passado por um mero "desgaste" ou crise de meia-idade. As mudanças que descobrimos vieram da necessidade de criar um relacionamento bem mais dinâmico e criativo com o nosso futuro.

Começamos a partilhar essas idéias nos nossos seminários e vimos que, embora poucos tivessem dado uma parada por um ano como nós fizéramos, muitos haviam iniciado sua própria versão da jornada na qual estamos, ou ao menos tinham começado a fazer a si mesmos as mesmas perguntas. A maioria das pessoas pode relacionar-se com a necessidade de desestruturar radicalmente seu modo atual de fazer as coisas, de fazer parar um dado rumo insatisfatório que sua vida tome, de descobrir uma nova ordem de percepção e de ação dotada de um sentido muito maior e mais próxima do seu coração.

A maioria das pessoas consegue se relacionar com a perda de direção que uma cultura em aceleração provoca. Eventos um dia previsíveis assumem um curso todo seu. A fumaça e os espelhos permitem que problemas reais se mascarem. Novas possibilidades nos olham bem dentro dos olhos, gostemos ou não. A rápida mudança faz aflorar sentimentos há muito submersos e inexplorados. E agora, com o futuro passando por nós como um F-16 preparando-se para decolar, não temos para onde correr. A única opção é encarar o que vier a surgir. E este é o propósito do livro: ajudá-los a enfrentar o que vem vindo.

A principal descoberta que fizemos ao longo desse período de reexame é a de que o futuro na verdade está acessível a nós agora, *desde que se saiba onde procurar*. Mesmo a física moderna sustenta essa nossa introvisão pessoal, sugerindo que pode haver ao menos nove outras dimensões aglomeradas no interior do que hoje vemos, mais ou menos como as pétalas de uma flor que ainda não desabrochou.

Proponho o arqueiro zen como metáfora relativa à maneira como podemos começar a pensar o futuro. Diz-se que o arqueiro zen completo pode acertar na mosca mesmo de olhos vendados. E ele pode fazer isso, não por ter olhos mais penetrantes ou mãos mais firmes, mas porque interiorizou o alvo; *a mosca é atingida no próprio íntimo do arqueiro*. Disparar a flecha é mero reflexo de um estado interior mais perfeito. Ele toca o futuro que deseja ao criar novas possibilidades em seu próprio interior. Nosso relacionamento típico com o futuro consiste em vê-lo como um evento distante, um alvo imaginário que representa nossos sonhos não-realizados.

Ao longo deste livro, defino o futuro não como algo que existe fora de nós, no tempo, mas como o momento em que se transcendem os padrões habituais e se toca algo que está de fato além do que já se sabe.

Não vamos alcançar o futuro por meio da mera progressão do tempo ou da expansão das oportunidades tecnológicas, mas somente por meio de um mergulho em nosso coração e em nossa mente. É nesse plano pessoal limítrofe que vamos forjar o futuro.

A nossa jornada no mundo hiperveloz, digitalizado e holográfico do novo milênio terá por guias os mesmos princípios que os viajantes empregam desde o começo dos tempos. Seremos orientados pelo equivalente a uma estrela polar, ou seja, pontos centrais no interior da nossa psique, pontos imóveis presentes à nossa própria natureza capazes de perceber com maior precisão o rumo que temos de tomar.

Atingir um futuro desejável não depende da magnitude das escolhas que nos são oferecidas, e sim da nossa capacidade de navegar, de traçar um curso viável por mais perigoso e sedutor que se mostre o terreno cultural. A capacidade de navegar tem como pontos de apoio uma crescente complexidade interior, um novo tipo de inteligência que vai aos poucos abrindo caminho para chegar ao coração e à mente de cada um e de todos nós.

Nas páginas seguintes, ponho simplesmente em palavras experiências pelas quais vocês já estão passando. Proporciono-lhes o mapa de uma jornada *que vocês já começaram a fazer*.

MIKELA TARLOW

Agradecimentos

Desejo antes de tudo agradecer a todas as pessoas que participaram dos nossos seminários e que nos ajudaram a desenrolar os fios dessas idéias. Não tenho condições de agradecer de forma adequada a todas as pessoas que nos estimularam ao longo dos anos a escrever este livro e que acreditaram no nosso trabalho. Trata-se de fato de um número grande demais de pessoas para podermos mencionar aqui. Assim, limito-me àquelas que influenciaram diretamente o conteúdo da obra, por vezes sem que soubessem disso. Obrigado Fred pela sua inspiração para o título e pela sua maneira sempre brilhante de descrever as coisas; a Joan pelo texto "As Emoções da Mudança" e pelo seu poema sobre os sentimentos; a Kevin pelo texto "Criando Mitos" e por muitas outras coisas; a Nancye pelo texto "A Dança das Sombras" e por sua fé inabalável em nós; a Lorraine e a David pelo capítulo acerca da Transpiração; a Marvin, por incrível que pareça, pelo capítulo sobre "Relacionamento"; a Meredith pelo texto "Acelerando os Resultados" e por suas incríveis perguntas sobre essa questão. Agradecemos ainda a Parmananda, a Rita, a David, a Zia, a Wendy, a Charles, a Diana, a Mark, a Jay, a Lisa, a Isisara, a Ann e a Stephen pela sua amizade ao longo destes anos. A Ron e a Kimberly por *sempre* perguntarem sobre o livro. A todos da Gremillion, cujo amor às artes e aos artistas ajudam a tornar este mundo um lugar mais saudável.

Sou profundamente grata por ter conhecido o nosso agente, Howard Yoon. Você facilitou todas as coisas desde a nossa primeira conversa. Sua paciência, persistência e inteligência foram valiosas, especialmente nos dias em que as nossas idéias ainda estavam no nascedouro. E obrigado por nos proporcionar a expressão "Futurismo Psicológico".

Agradeço à nossa editora, Mary Glenn, por ter sempre acreditado no que queríamos dizer. Obrigado por ter captado desde o começo o espírito do livro.

Foram inúmeras as ocasiões em que você viu as coisas com mais clareza do que nós. Foi um prazer trabalhar com você e com todo o pessoal da McGraw-Hill em todas as etapas do caminho.

Desejo ainda agradecer ao povo desta maravilhosa cidade em que vivemos. Há alguma coisa no espírito despojado deste lugar que me permitiu sentir, pela primeira vez na vida, que tenho um lar. E agradeço às magníficas montanhas e à terra pela sua inspiração mágica.

Por fim, desejo agradecer à família de Philip: Roy, Mary, Liz, Ken, Gail, Tracy, David, Mort, Doris, Arthur, Marina e ao filho de Philip, Dimitri. Nenhum membro da minha família mais próxima está vivo, e vocês têm sido por isso a minha família nos últimos quinze anos. Se por vezes não pratico tão bem a arte da vida em família, saibam por favor que eu sou de fato grata por ter cada um de vocês na minha vida. Obrigado Liz, Mary e Roy pelo apoio, e especialmente a Mary por seus valiosos comentários sobre o texto.

Mais do que tudo, representa muito para mim o fato de, aos 87 anos, o pai de Philip, Roy, ter publicado seu primeiro livro, *The Seed of Creation*. Roy, senti sua força e seu compromisso enquanto nós dois escrevíamos nos últimos anos. É uma dádiva extraordinária ter partilhado isso com você. E também fico muito animada por saber que você já começou o segundo livro. Quando caminhamos nas ruas de Nova York, é um desafio e um deleite a simples tentativa de acompanhar o seu ritmo, literal e figurativamente. A maneira como você está fluindo na direção do futuro me inspira a crer que a vida deseja principalmente que sempre nos tornemos mais plenos, mais ricos, mais cheios de vitalidade, mais criativos e mais produtivos a cada dia que passa.

Ao leitor

A alma pensa, compreende e se comunica por meio de imagens. Assim, cada capítulo começa com uma história, ou com uma imagem, cujo propósito é veicular sua essência. A alma *se recorda* de imagens e dos ritmos no movimento. Ainda que você esqueça os detalhes de um capítulo, a história permite que você se lembre do espírito do que foi dito e continue a explorar o alicerce de energias que estão na base das idéias.

Cada capítulo é escrito de modo a que suas idéias-chave sejam descobertas com facilidade. Elaborei o livro para servir a um estilo de leitura eficaz: tente fazer uma leitura panorâmica do livro todo e depois volte a lê-lo com mais profundidade. Usando o negrito para destacar os títulos de tópicos e ilustrações, facilitei a pronta descoberta de idéias essenciais. Se algum material não lhe despertar a princípio o interesse, tente dar uma folheada no livro, sem perder o conteúdo, até encontrar algo que o faça interessar-se novamente.

O conhecimento é melhor quando tem base na ação. Aprendemos melhor quando temos de fazer alguma coisa. Por isso, cada um dos oito instrumentos de navegação que formam o núcleo central do livro é seguido de uma seção com idéias e processos práticos que você pode experimentar sozinho.

Acredito firmemente na força dos grupos de fazer com que cada pessoa avance com maior rapidez, e boa parte do trabalho que eu e Philip fazemos nos seminários baseia-se em pequenos grupos. Aprender é mais divertido na companhia de outras pessoas. Há no final do livro um guia do leitor que oferece idéias para a leitura em grupo, bem como pontos de discussão e idéias para um exame do livro em pequenos grupos.

Introdução: O Dilema do Portal Estelar

Você está fazendo uma escavação arqueológica em algum ponto do Oriente Médio. Faz muito calor, há muita poeira, o tédio domina a paisagem. Dia após dia o sol o atinge enquanto você remove mais algumas pás cheias de areia e não encontra senão ocasionais fragmentos de porcelana aqui e ali.

Um dia, você encontra o que parece ser pura pedra. Com crescente expectativa, você usa a pá e vai tirando mais areia, até deparar com um portal cheio de caracteres ininteligíveis. Depois de alguma pesquisa, você supõe que o achado não foi construído por povos antigos, mas foi na verdade deixado ali por uma raça alienígena. Essa é a seqüência de abertura do filme *Stargate*.

Futurista incansável que sou, naturalmente eu estava na primeira fila, com pipoca na mão e pronta para a ação, quando *Stargate* foi lançado.

> A *equipe de arqueólogos depara com esse portal. Eles supõem que as inscrições são um código que, uma vez compreendido, pode desvelar os segredos do futuro. Anos mais tarde, com grande alegria, eles decifram o código. Quando giram a última chave, a porta se abre e revela uma passagem tridimensional para o espaço e o tempo, claro que plenamente equipada por fabulosos efeitos especiais! Uma equipe de exploradores é então formada para fazer uma viagem no tempo rumo a galáxias desconhecidas. Eles cruzam o limiar de algo que promete ser um mundo de possibilidades inteiramente novas.*
>
> *Quando alcançam o outro lado, eles encontram o povo que deixou ali o Portal Estelar. Eles verificam que as massas estão temerosas, desesperadas e quase sem nenhum poder em sua sociedade. O líder é um tipo detestável,*

ambicioso e cruel, que usa potentes armas para manter o povo escravizado. Como era de se esperar, só resta aos exploradores a opção de derrubar o líder e libertar as massas.

Depois de eu assistir ao filme com uma amiga, o único comentário que ela fez foi: "Eles viajam tanto, anos-luz pelo futuro, passam por galáxias desconhecidas, correndo grande risco pessoal, para chegar a reinos que só podemos imaginar, e a única coisa que toda a equipe do filme pode conceber é alguém com uma arma mais potente. Por que nos demos ao trabalho? Poderíamos muito bem ter ficado em casa."

Esse é exatamente o problema com que estamos às voltas hoje. Podemos modificar os nossos genes, fazer a fusão e a recomposição de átomos, enviar sondas aos confins do sistema solar, melhorar quase todos os produtos com o uso de computadores, brincar com a nanotecnologia, construir artefatos semelhantes a robôs capazes de se mover em planos submicroscópicos, nos quais às vezes podemos brincar de Deus e começar a reorganizar a própria estrutura da matéria, **mas simplesmente não podemos fugir dos nossos sentimentos.**

Abrimos uma porta para o futuro, com a esperança de que o livre mercado, o capitalismo desenfreado e as novas tecnologias nos fossem conduzir a uma era de abundância, de lazer e de paz. Porém, boa parte das notícias recentes apontam para um futuro que pode não ser tão róseo. O lado sinistro do que vem por aí se revela em histórias de exploração global de mão-de-obra, de prostituição infantil, de ascensão do terrorismo, de roubo de armas nucleares, de tensões culturais crescentes, de multinacionais impiedosas, da decadência social das nossas cidades, de governos corruptos, de novas doenças terrificantes, de degradação ambiental, da mesma ambição e corrupção de sempre. Nosso mundo foi ficando cada vez mais fragmentado, e nós, enquanto indivíduos, ficamos mais isolados, fatigados e ansiosos. A cada ano aumenta o número de pessoas que sofrem de depressão clínica, da síndrome do pânico, de fadiga crônica, de enfermidades ligadas ao *stress*, de uma crescente incapacidade de fazer com que nossos relacionamentos durem, de desilusão com a carreira e de um fenômeno extraordinário chamado "saudade do tempo", a sensação de que nos movimentamos com tamanha rapidez que já não podemos sentir corretamente a passagem do tempo. Não é de se admirar que às vezes achemos melhor simplesmente ficar em casa debaixo das cobertas.

Quanto mais ameaçador o futuro parece ser, tanto mais nos fechamos.

Se for para ver essa falta de controle, ninguém vai querer pensar no que o futuro nos reserva. Queremos somente arrumar um lugar onde possamos abrigar, a nós e à nossa família, das tormentas. Quando os problemas parecem grandes demais, é natural que tentemos nos esquecer deles. Nossa reação a isso é a concentração numa busca ainda mais restrita do interesse pessoal. Afastamo-nos das questões difíceis, ansiando por vê-las simples outra vez. O único problema que afeta essa reação tão natural é que toda a motivação vem de uma fé no futuro. Sem fé, sem motivação, todos nós desistimos.

Este livro tenta fazer o futuro parecer mais administrável, um tanto mais cheio de esperanças e um pouco mais motivador. **Desejo, acima de tudo, reavivar a sua paixão pelo futuro.**

Onde Está o Futuro?

Embora este livro seja sobre o futuro, fala-se pouco nele sobre avanços tecnológicos. O "amanhã" depende menos da direção que segue a tecnologia do que da direção para a qual está voltada a nossa psique.

- Com que freqüência você se lança entusiasticamente na realização de um projeto e encontra apenas o mesmo vazio irritante do outro lado?
- Com que freqüência você se envolve com uma nova e promissora solução nos negócios e descobre que, no final, surgiram os mesmos problemas com outra aparência?
- Com que freqüência você começa a trabalhar com um novo cliente ou colega ou inicia um novo relacionamento, alimentando grandes esperanças, e simplesmente depara com os mesmos padrões e as mesmas frustrações do passado?
- Talvez você ou sua empresa tenha se dedicado a empreendimentos que envolvam formas de arte digital ou novas soluções no campo da informação, mas nem por isso verifica um incremento perceptível em sua eficiência ou uma expansão da sua criatividade?

O crescimento *sempre* se vê prejudicado pelas resistências e pelos hábitos pessoais. Apesar do progresso tecnológico, a maioria de nós está mais estressada e com menos tempo, funcionando no âmbito de horizontes cada vez mais limitados. A promessa de um renascimento da comunicação passa a ser irrelevante se, no caminho, você se desgastar. Não tem sentido um mundo de possibilidades ilimitadas se você não for saudável o bastante para estar nele. Este é o dilema que nos apresenta *Stargate*: **Como descobrir um futuro que, de fato, esteja além do que você já tem?**

É claro que o nosso futuro será moldado, em parte, por uma economia da informação e por uma cultura digital em desenvolvimento que ultrapassam as fronteiras geográficas. Mas será igualmente moldado pela qualidade do discurso público e da maneira como construímos nossos mitos sociais. Outra dimensão vai tomar forma por meio de novos estilos organizacionais e soluções de negócios inovadoras. E outros domínios ainda vão se formar por artistas e pelas direções criativas em que eles são pioneiros. Ainda assim, o elemento comum a cada um desses determinantes do futuro é a pessoa e as maneiras bem particulares que cada um de nós imagina para lidar com o *stress*, perceber a mudança, construir propósitos e desenvolver relacionamentos. O amanhã sempre será movido por rupturas práticas, cotidianas e pessoais criativas.

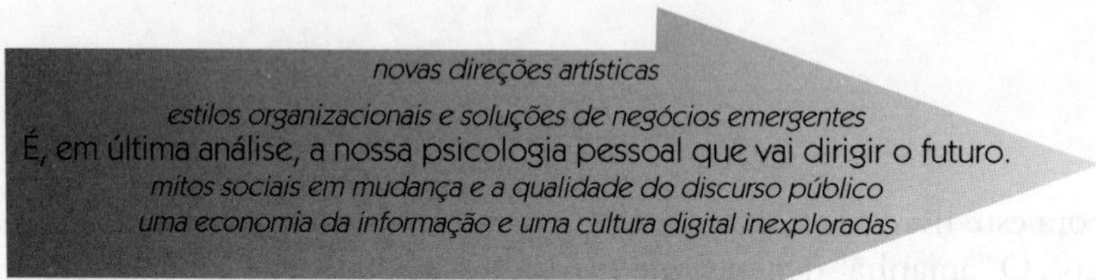

Futurismo Psicológico

Muito tem sido escrito sobre os tipos de estruturas de negócios mais adequados à turbulência que vem por aí, mas muito pouco sobre os tipos de pessoas mais adequados para enfrentar essa turbulência. Por isso preferi enfocar a parcela do futuro intrinsecamente vinculada à nossa própria resposta tão pessoal a ela, nas pequenas mudanças na maneira como transformamos nossas percepções, idéias e ações.

Chamo esse novo foco a ser explorado de **futurismo psicológico**, um exame do modo como a pessoa pode evoluir mais eficazmente em sistemas de movimento rápido e que apresentam turbulência. Trata-se de uma compreensão baseada nos padrões comuns do nosso modo de desenvolver respostas a novas exigências culturais.

Na corrida para capitalizar os avanços tecnológicos, tendemos a ignorar o impacto que tem a mudança radical contínua sobre a psique individual. É provável que isso se deva ao fato de que tanto a psique humana como o futuro parecem bem mais confusos, obscuros e mais complexos do que qualquer problema técnico. Mas a forma do progresso tecnológico depende em última análise das pessoas que dele fazem uso. Por conseguinte, um empresário que enfrente mercados em transformação precisa de *novas capacidades perceptivas*. Quando velhos valores e tradições desaparecem quase da noite para o dia, temos necessidade de *novos caminhos emocionais* para lidar com a instabilidade resultante. Os negócios vão atender ao requisito de *novas habilidades*, pois do contrário terão de lidar com uma força de trabalho mais insatisfeita. São questões como essas, e milhares de outras, que requerem o futurismo psicológico como forma de entrar num acordo com novas demandas.

> Quando vejo quanto dinheiro tem sido investido em tecnologia, em comparação com o que se gasta na compreensão da dinâmica social — da maneira como o comportamento se desenvolve nesses ambientes —, vejo que há desequilíbrio que muito nos espanta. E, no entanto, são tantas as coisas que dependem desta última!
>
> John Hagel, co-autor de *Net Gain*[1]

Com as chaves certas, toda pessoa, todo negócio e toda comunidade tem a chance de entrar num mundo de renovação sem precedentes. Mas nada disso faz sentido se não compreendermos a natureza da jornada que estamos fazendo e se não reescrevermos o final da história. Do contrário poderemos ter um fim que solapa toda visão do futuro que pudermos ter. Os doze capítulos deste livro conduzem você pelos três estágios essenciais do ato de reescrever o "dilema do portal estelar".

Parte I: A Descoberta do Portal

Imaginar o futuro é próprio da natureza humana. Sempre estudamos o céu em busca de pistas sobre o que vem por aí. Líderes sábios observam ondas de inquietação apossando-se da tribo e concebem proclamações que estão um passo além do grupo. Nossos precursores caçadores/coletores tinham um sentido invisível que lhes permitia descobrir onde estava a melhor caça e os melhores frutos. A adivinhação e a profecia eram, nos tempos antigos, capacidades legítimas e reverenciadas. Uns poucos acertos garantiam ao futurista antigo um lugar privilegiado bem próximo do rei. **Na verdade, o conhecimento do futuro sempre foi um dos caminhos mais rápidos para o poder.**

Hoje, a febre do milênio colocou o futurismo na moda. Temos às vezes a impressão de que todos têm algo a dizer sobre o rumo que estamos seguindo. Porém a coisa mais importante no tocante à construção de cenários e às "visitas" ao futuro é o fato de essas atividades abrirem para cada um de nós uma porta que nos permite sintonizar o nosso sentimento pessoal sobre o que vem por aí.

> ***Despertar nossa capacidade de ver padrões que estão tomando forma pode ser a mais importante capacidade psicológica que podemos cultivar.***

A primeira parte deste livro procura despertar o seu sentido do que está para vir. Nela, descrevo uma série de limiares que estão à nossa frente com a esperança de trazer à mente suas próprias "lembranças" do futuro.

O futuro existe na zona sutil em que o que já sabemos se dissolve magicamente em algo a ser imaginado. Não poderemos progredir se não encontrarmos essa "fronteira" em nossa vida pessoal e profissional. Se não identificarmos esse limiar de maneira bastante significativa, continuaremos a dirigir os negócios da maneira usual, deixando assim de lado um importante portal. *Ir a algum novo lugar sempre requer uma entrada nunca antes transposta.*

Parte 2: Oito Instrumentos de Navegação

A próxima tarefa é passar pela porta. Trata-se da parte divertida. Lembre-se de que é o estágio da jornada cheio de efeitos especiais. Uma cultura em aceleração traz consigo um excesso de informações, decisões morais desconhecidas, um *stress* sem precedentes, relacionamentos transitórios, uma confusão no tocante a objetivos, bem como um mar de desafios emocionais. Na verdade, nossa cultura atual já pode ter ido além da nossa capacidade psicológica.

Como não podemos fazer voltar o relógio do tempo, temos de adquirir habilidades para acompanhar o seu curso. Isso não se traduz em desenvolver planos e visões mais intricados. Acompanhar o ritmo peculiar do tempo significa vivenciar as ações do tempo presente a partir de uma nova perspectiva. Significa aprender a sentir, a perceber e pensar segundo padrões inteiramente novos.

Se persistirmos em nossos hábitos e opiniões atuais, a forma do amanhã já terá sido determinada. O "futuro" só pode chegar a existir se pudermos mudar nossas perspectivas e padrões por meio da ação cotidiana. A seção 2 explora as oito maneiras de mudar e de expandir nossos atuais padrões de comportamento.

Parte 3: O Outro Lado do Portal

Embora as mudanças comportamentais que esboço na segunda seção sejam muitas vezes sutis, seu impacto pode ser enorme. Se um foguete tiver a direção alterada, mesmo numa fração percentual, seu destino pode mudar, levando-o para uma galáxia inteiramente diferente. Da mesma forma, podemos descobrir destinos totalmente novos para nós simplesmente promovendo pequenas mudanças em nossas atividades corriqueiras.

Em sua grande peça *Pigmalião*, George Bernard Shaw diz que se esperar grandes coisas de alguém a pessoa acabará por atender a essas expectativas. Os educadores até se referem a isso como o "efeito Pigmalião"; o que se diz de antemão a um professor sobre um aluno pode afetar em larga medida a expectativa do professor e o subseqüente sucesso do aluno. Há hoje um bem-fundamentado corpo de pesquisas que comprovam essa tese. Existe de fato a tendência de acontecer coisas melhores para os otimistas. As pessoas cujos modelos do mundo são mais amplos tendem a ter mais experiências culminantes. Isso quer dizer que, se se formar com a contribuição de uma sabedoria e de uma criatividade maiores, nossa expectativa com relação ao futuro poderá afetar o desenrolar da nossa história coletiva.

Com um sentido mais elevado do futuro, podemos de fato mudar o curso do nosso destino coletivo.

Um dos mais profundos problemas que a nossa cultura enfrenta é o fato de não termos histórias de transição. Contrariando a imagem tão deficiente que os nossos políticos sugerem sobre a construção de uma ponte para o século XXI, não temos muitos mapas que nos levam até lá. Apesar da riqueza de opções, muitas vezes nós nem sequer sabemos para onde queremos ir. Se não pudermos imaginar vivamente o outro lado do portal, o nosso presente vai ficar paralisado. Não iremos querer avançar.

Um pressuposto essencial que molda este livro é o de que o nosso mundo *coletivo* depende do modo como cada pessoa administra sua visão *pessoal* do que está para vir.

Philip e eu trabalhamos com pessoas dos mais diferentes domínios da vida: chefes de corporação, gerentes, artistas, empreendedores, profissionais liberais e pessoas em mudança de carreira. Começamos a observar que, sejam quais forem as circunstâncias exteriores de suas vidas, *as pessoas estão ficando mais eficientes*.

É sempre um choque ouvir isso. Com tantas coisas escritas sobre a "incompetência" da América e sobre o declínio do discurso público, com tantas pessoas se sentindo desgastadas e sem eixo, com tanta coisa que vemos e ouvimos em aparente declínio, é difícil imaginar que estamos ficando mais eficientes.

Quando olho ao redor, vejo uma cultura que toma consciência de si mesma. As pessoas estão sendo impelidas a se vincular com um futuro mais sustentável. Elas passam a ser mais elas mesmas diante das questões que têm diante de si. As pessoas estão agindo de maneira extraordinariamente altruísta e corajosa. A parte de nós que está ficando mais eficiente é a que começa a circular mais perto daquilo que de fato importa: nossas forças pessoais e nossas esperanças mais íntimas. Passamos a ser mais eficientes de maneiras que começam a fazer eco umas das outras. Há caminhos comuns que cada um de nós vai tomar para se movimentar numa cultura que está sendo fragmentada e fundida num revolto mar de opções. Meu propósito é fazer essas trilhas comuns compreensíveis, úteis e práticas na vida cotidiana.

Parte 1

Para onde vamos?

A Descoberta do Portal

Um morador de uma remota cidade brasileira acompanha um antropólogo visitante à capital. Como nunca se aventurara fora da floresta tropical, o morador não tem idéia do que o espera. Quando chega à cidade, engole em seco, sem poder acreditar no que vê. Voltando ao seu vilarejo, ele não consegue parar de falar de sua aventura.

— Há uma coisa chamada carrinho de mão, eu vi com meus próprios olhos! — disse ele. Sabem quantas bananas eu consegui carregar? Um número maior do que eu poderia precisar de uma vez!

O morador nem sequer menciona os arranha-céus, os automóveis ou os computadores que viu. Ele nunca havia chegado sequer a registrar a existência deles. Tratava-se de coisas tão distantes de sua vida na floresta tropical que não havia como ele ver o sentido que tinham. Ele foi à cidade e viu apenas um carrinho de mão.

Há um pouco desse morador da floresta em cada um de nós. Olhamos o nosso mundo e só registramos o que conhecemos. Acordamos todos os dias, e como ele parece quase o mesmo que era ontem, supomos que nada muito importante se alterou. Embora alguns de nós tenham começado a armar suas cabanas na aldeia global, ainda continuamos a ver os efeitos através dos mesmos filtros que sempre usamos.

Eu o convido a fazer uma viagem ao futuro, uma jornada que vai além do seu mundo perceptivo conhecido. Porei um espelho diante das ondas de mudança social que estão reconfigurando nosso mundo e revelarei uma imagem de transformação pessoal sem precedentes. Mostrarei uma paisagem interior, correntes que estão varrendo a nossa psique pouco abaixo do limiar da nossa consciência ordinária. Revelarei uma parte da nossa experiência pessoal que é inseparável das formas culturais mais amplas. Vou apresentá-los ao **espírito da nossa época.**

Capítulo 1

O Espírito da Nossa Época

Iniciar a jornada exige de nós a compreensão do que torna peculiar esta época específica. O historiador Arnold Toynbee julgava que estamos sempre sob a ação de forças psíquicas que são as verdadeiras criadoras da forma que a História assume. Toda época possui uma nítida dinâmica emocional que a sua "alma coletiva" tenta entender. A partir das direções aparentemente divergentes que a cultura possa assumir, há sempre uma voz ou visão esforçando-se para ser ouvida. Os alemães a denominam *zeitgeist*, o espírito da época.

E como age o *zeitgeist*? Se você assistir a um programa de televisão ou examinar um manual escolar dos anos 1950, terá a impressão de que uma outra língua está sendo falada. As imagens parecem tão antiquadas! Como pudemos gostar dessas coisas? Mesmo um programa de TV ou um artigo de revista de dez anos atrás parece irremediavelmente ultrapassado. Mas na época essas imagens não só faziam sentido como pareciam ser altamente inovadoras.

O espírito da época é o filtro invisível que organiza os eventos disparatados numa *gestalt*, ou percepção unificada. É por isso que essas imagens faziam sentido em sua época, mas não fazem hoje; nosso filtro mudou.

Quando o espírito da época se altera, as interpretações antigas deixam de ter sentido.

É fácil descrever o espírito de décadas passadas. Visto de longe, o ritmo da época parece bem mais coerente do que quando era vivido.

➢ Imagine Sandra Dee cantando uma canção de fundo; sente-se e relaxe enquanto se dedica a fazer uma radiografia dos anos 1950. A pressa, o sofrimento e a rebelião ainda não eram questões nesse mundo "torta-de-maçã". O plástico, o auge da criação da época, tornou-se uma metáfora fundamental da década. Lucy estava na TV, tentando sempre se livrar de seu papel de dona de casa, sabendo sempre que Ricky estaria ali para salvá-la de suas tentativas fracassadas. Reinava a conformidade, a adolescência ainda não era um período difícil, e *papai ainda sabia tudo*.

➢ Agora passe para os anos 1960, com Donovan cantando *Hurdy Gurdy Man* ou Joni Mitchell dizendo-nos melancolicamente que "pavimentamos o paraíso". Quando o primeiro homem pisou na Lua, "passamos" a viver numa névoa psicodélica que começou a fundir a nossa cabeça e nos fez questionar a própria aparência da realidade. Ao mesmo tempo, plantavam-se fortes sementes de ceticismo no momento em que víamos não ser o nosso mundo o que parecia. Ensinamentos xamânicos e o pensamento oriental cruzaram as fronteiras e, muitas vezes, pareciam mais relevantes do que o que nos ofereciam nossos líderes.

➢ O assassinato de Martin Luther King e de John e Robert Kennedy, os distúrbios decorrentes dos problemas raciais e a devastação espiritual que foi a Guerra do Vietnã impuseram-nos uma carga da qual tínhamos de fugir. Os manifestantes contra a guerra foram ser corretores em Wall Street e a nossa raiva foi canalizada para a ambição desmedida dos anos 1980. A música *disco* e *pop* nos embotaram a alma. As drogas alucinógenas cederam lugar ao álcool e aos calmantes. Ninguém estava "em casa" enquanto o país era vendido a quem pagasse mais. Só a voz de camadas da sociedade postas à margem, que começava a surgir em canções dos *rappers*, e alguns poucos ecologistas sugeriam que talvez nem tudo estivesse bem nesse mundo de fantasia inspirado em Reagan.

➢ O gene X herdou uma cultura sem direção. Tudo serve, nada importa. Todos os nossos caminhos conhecidos foram destruídos. Tudo ficou mais sombrio: as canções, os crimes, os escândalos, a negação. O terrorismo passou a ser a arma preferida para um sistema que promove a impotência. Então veio a Net, a droga perfeita e a chave da revolução. Para nossa tristeza, essa revolução criadora foi muitas vezes consumida pelo apetite insaciável do mercado.

Como mostram esses breves tópicos, há energias completamente distintas movendo cada época. As imagens, as canções, a propaganda e as notícias são todas vistas por meio do filtro do *zeitgeist* atual. **O espírito da época molda novos sonhos, as perguntas que fazemos, as possibilidades que admitimos e até mesmo as nossas definições de criatividade.**

Se é assim, qual o espírito que molda o começo do novo milênio? Quais as forças ocultas que mudam o curso dos eventos mundiais? Poderemos descobrir uma* gestalt *que permita que essa época emergente faça sentido?

Surge uma onda de profetas modernos com visões de como serão as próximas décadas. Todo mês a revista *Wired* [Plugado] apresenta uma coluna na qual especialistas de vários campos apontam as chances e uma data na qual um dado desenvolvimento tem probabilidade de ocorrer. Somos inundados por opiniões de especialistas acerca de que tendências são prováveis e novas versões da *verdadeira* razão por que a nossa cultura tem problemas.

Meu propósito não é debater os méritos relativos desses pontos de vista, nem oferecer a minha própria versão das tendências que têm a probabilidade de emergir. É, antes, lançar luz sobre o espírito que tem estado na base da nossa interpretação de todos esses eventos díspares, uma ampla *gestalt* que está reunindo um labirinto de direções divergentes.

Uma Segunda Curva do Mundo

Se você examinar a literatura futurista, verá uma imagem visual e conceitual chave que aparece a todo momento. Os Tofflers descrevem uma terceira onda, uma onda da informação que varre a sociedade e supera os pressupostos da segunda onda, o mundo industrial. Outros descrevem um mundo pós-industrial, um momento de descontinuidade que vai finalmente frear o nosso consumo em permanente expansão e arrojar-nos num novo domínio de motivações. Outros ainda definem um novo paradigma de pensamento que está repadronizando todos os tipos de atividades humanas. Em todos os casos, a imagem de fundo é semelhante e se desenvolve num modelo de quatro partes que se assemelha a:

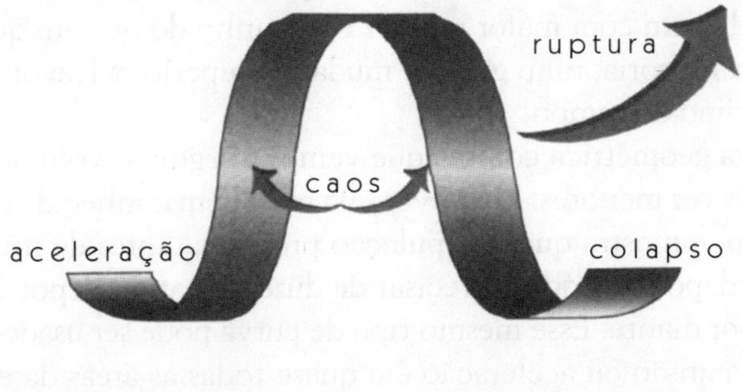

Essa imagem é uma espécie de modelo. Muitas vezes, quando observamos eventos, vemos que eles parecem não ter relação entre si. Se você pudesse olhar de alguma maneira mágica por trás das aparências, veria uma rede de padrões que liga todas as coisas — de eventos políticos a experiências bastante pessoais. Há uma integridade energética, semelhante à anatomia do corpo, que está moldando todas as nossas formas sociais. A imagem que acabamos de mostrar representa uma tendência que começa a se fazer ouvir com tal intensidade que estamos nos movimentando num novo ritmo. Trata-se de um padrão cognitivo que está se infiltrando em todos os níveis do comportamento. Essa imagem de uma curva que se dissolve em outra começa a deixar sua marca em toda parte para a qual nos voltamos.

Por ora, falarei de cada uma dessas quatro fases com mais detalhes. Mesmo que conheça a imagem da aceleração que leva ao colapso, ao caos e à subseqüente ruptura, você vai ver como é interessante perceber que boa parte dos conselhos populares, tanto de negócios como pessoais, se enquadram nesse modelo e, mais do que isso, pode ser explicada por esse ciclo.

1. Ondas Altas!

Nas últimas três décadas, obtivemos uma média de cinco horas adicionais por semana para o lazer, mas é dificílimo encontrar alguém que de fato sinta ter mais tempo. A aceleração que todos sentimos é bem mais complexa do que o fato de se ter muito a fazer. Ela resulta mais de uma complexidade ou densidade da informação e da experiência que temos de integrar. A redução dos nossos intervalos de atenção faz parecer que as coisas se movem com maior rapidez, como se processássemos cada vez mais *bits* por hora. As fronteiras tradicionais caíram; por isso entramos com uma rapidez muito maior em novas situações. Camadas de significado e de tarefas são empilhadas umas sobre as outras, de maneira que nada mais é simples e seqüencial.

Todos se sentem estranhamente compelidos a ficar se movimentando com maior rapidez. Inconscientemente, começamos a ansiar pela intensidade da experiência. Mensagens subliminares espalhadas por todos os lugares nos dizem que a aceleração é na verdade uma forma de poder.

As ondas chegam com maior rapidez e tamanho do que em qualquer outro momento da História, num grau de mudança superior à Revolução Industrial, e num décimo do tempo!

Numa curva geométrica como a que vemos a seguir, o volume se duplica a intervalos cada vez menores. Ela talvez seja mais bem conhecida como a curva da população, e mostra que a população precisava antes de mil anos para duplicar, tendo depois passado a precisar de duzentos anos, depois cinqüenta, de dez e assim por diante. Esse mesmo tipo de curva pode ser usado agora para representar a expansão ou aceleração em quase todas as áreas da experiência

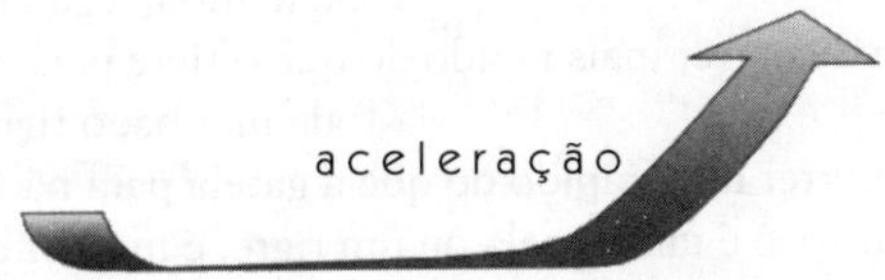

humana: a extinção das espécies, os aumentos na capacidade dos computadores, os desenvolvimentos científicos, a perda do solo, as exigências do abastecimento de água, o uso de geradores de vento, o desenvolvimento da Rede Mundial de Computadores, o número de pessoas que relatam fenômenos paranormais e assim por diante. Todo campo do agir humano, positivo ou negativo, parece estar crescendo exponencialmente, e a pressão está impelindo os negócios, os relacionamentos e a nossa psique.

A aceleração ininterrupta se infiltra em tudo o que fazemos. Ela dá forma às nossas escolhas e aos valores a que servimos.

A aceleração ininterrupta dos eventos leva-nos ao medo de ser deixados para trás. Nos últimos anos, vimo-nos sujeitos a uma onda de conselhos segundo os quais só quem sabe se adaptar a dificuldades vai florescer nos próximos anos. Amplas evidências nos são dadas pelos "dinossauros" corporativos, que viram sua fatia de mercado desaparecer quase da noite para o dia porque não se adaptaram ao novo clima dos negócios. Surgem do nada pessoas que se tornam ídolos culturais e que são esquecidos com a mesma rapidez. Mesmo revistas sérias sentem ter o dever de apresentar relações de quem e do que é ou não é o melhor.

Em resposta a isso, a reengenharia corporativa tornou-se uma febre, a estrutura e a justificativa teórica para a retirada da gordura corporativa. A entrega *just-in-time*, em que os produtos chegam momentos antes de ser necessários, teve como conseqüência a necessidade de informações altamente sintonizadas com as forças do mercado. Fomos exortados a ser "gerentes-minuto", capazes de tomar decisões mais rápidas e mais intuitivas. Mesmo as pessoas precisaram de "reengenharia" traduzida no abandono de direções improdutivas. Aterrorizados com a possibilidade de perder a onda, todos estamos correndo um pouco mais rápido. Todos se esforçam para ficar ágeis e flexíveis, libertos de toda sobrecarga conceitual. Qualquer retardo podia ser fatal; o tempo era, mais do que dinheiro, a própria sobrevivência!

> Toda manhã, a gazela desperta e sabe
> que tem de correr mais rápido do que o tigre para não ser devorada.
> Toda manhã, o tigre desperta e sabe
> que tem de correr mais rápido do que a gazela para não morrer de fome.
> Não importa se você é uma gazela ou um tigre; é melhor começar a correr.
>
> Atribuído ao executivo-chefe da Home Depot

Com o sucesso sendo crescentemente definido como a capacidade de inspirar e de promover a aceleração, quase ninguém tem tempo para questionar o que a velocidade fez à nossa vida.

Empresas que dependem da informação precisam operar num ritmo ainda mais rápido ditado pelo "tempo da rede". Para elas, o planejamento a longo prazo é completamente irrelevante, um vestígio apagado do passado. Essas empresas não podem prever os próximos dias e muito menos os próximos anos. Na verdade, toda agenda corporativa ou pessoal fixa pode levar à perda da próxima dica.

No campo das finanças, com o aumento do poder dos acionistas institucionais sobre os conselhos corporativos, o relatório trimestral é tudo o que importa. O foco passa a ser os acertos na primeira tentativa, aplicações de rendimento máximo e produtos que gerem lucros rapidamente. Ninguém tem tempo para uma estratégia de longo prazo, para desenvolver o talento ou para cultivar um mercado. A tomada de decisões e a capacidade de prever as coisas ocorrem em intervalos de tempo cada vez menores. Madison Avenue [referência aos publicitários] captou com precisão o tom disso em sua campanha "*just do it*" [simplesmente faça] para a Nike — não analise, não planeje, não se espante, não fale, *simplesmente faça!*

Essa aceleração ininterrupta não pode deixar de afetar você no nível pessoal.

- ➢ Você sente constantemente a angústia de precisar correr para acompanhar, como se tivesse sido deixado no primeiro portão enquanto todos já avançaram bastante na trilha.
- ➢ Você se surpreende deixando de lado idéias que antes julgava excelentes em favor de alguma coisa de que os outros gostem mais.
- ➢ Talvez o rumor da aceleração tenha se tornado um vício que o faz não querer mais se "desplugar"; a adrenalina passou a ser a sua nova droga.
- ➢ Ou talvez você comece a sentir que faz muito tempo que não pára para sentir o perfume das rosas, que é possível que você tenha pago um preço alto demais por sua recém-descoberta velocidade.
- ➢ Ou você pode se sentir tão pressionado que simplesmente se afasta. Você passa todo momento livre se recuperando a fim de reunir energia suficiente para sobreviver no dia seguinte.

Embora os sentimentos variem conforme o caso, o que se sente é definido pela velocidade. Esse contexto de aceleração está dando nova forma aos seus valores e dirigindo suas idéias, a maneira como você se comunica e o seu modo de decidir. A *velocidade do mercado, a velocidade do mundo digital, a velocidade das realidades financeiras também se tornaram a velocidade da sua psique.*

2. A Forma se Desfaz

A próxima fase da mudança traz consigo um tom emocional distinto bem diferente do da anterior. O elemento curioso de uma curva, cuja aceleração é geométrica, é o fato de em algum ponto a velocidade começar a abalar a estabilidade do sistema existente, impondo-lhe uma tensão que o leva ao ponto de ruptura. Alcança-se um ponto crítico em que já não pode haver velocidade e em que as formas, crenças e idéias existentes já não são adequadas para lidar com a crescente tensão.

A aceleração rápida desemboca inevitavelmente num período de ruptura e de colapso, a segunda fase da curva. Seja um negócio que passa por um aumento de tensão e por um incremento dos erros por causa de uma expansão demasiado rápida ou de pessoas que estão no auge do desgaste por causa da sobrecarga de exigências, o processo é o mesmo. Você começa a questionar as regras que aceitou inconscientemente e muitos dos valores que redefiniram insidiosamente a sua vida. A dúvida, o cinismo e o desafio a tudo que se vê são sinais de que o colapso começou. Nesse estágio, embora você se empenhe mais, o esforço produz menores resultados. Mais se torna menos. Seja um relacionamento fracassado ou um emprego que já deixou de lhe interessar, faz-se necessário um esforço cada vez maior apenas para permanecer no mesmo nível.

Por exemplo, nos negócios, a moda da redução dos níveis de mão-de-obra [*downsizing*] tornou-se "redução da inteligência" ["*dumbsizing*"]. Os especialistas começaram a mostrar que reduções adicionais da mão-de-obra levavam a bem poucos ganhos. Muitas empresas já estavam tão magras e eficientes quanto podiam ser. Mesmo com comunicações ultra-rápidas e menos planos hierárquicos, a produtividade com freqüência estagnava. Há consideráveis provas de que a proliferação frenética da informação na realidade torna *mais lento* nosso progresso conceitual, contribuindo para reduzir nosso intervalo de atenção, simplificando demais o debate público e diluindo o impacto de qualquer diálogo.[1] Outras pesquisas emergentes sugerem que lidar com a velocidade da era digital pode ser difícil para o corpo, a imaginação e as capacidades perceptivas.[2] Os pais observam entre as crianças uma incapacidade de se animar a não ser diante de experiências cada vez mais intensas e extraordinárias e ficam imaginando se isso embotou para sempre a capacidade dos filhos de apreciar as coisas simples da vida.

Como reação a isso, algumas empresas começam a banir a correspondência interna, exceto por poucas horas ao dia, tendo verificado que ela dá mais, e não menos, trabalho, além de reduzir a qualidade das relações entre os empregados. Surge uma nova direção na consultoria que nos diz que, se desejamos manter a sanidade mental, temos de nos desligar do fluxo constante de dados. Os observadores até cunharam a nova expressão "redução da complexidade técnica" para definir uma nova tendência na qual pessoas e negócios fazem uma pausa, simplificam suas soluções técnicas e por vezes até retornam a programas e métodos mais simples que todos já conhecem. Verificou-se que muitas das empresas mais lucrativas eram as que dedicavam tempo à tomada de decisões e que não alteravam seus produtos, mesmo que eles não alcançassem sucesso imediato. Na fase de colapso, vale a pena dançar de acordo com outra música.

Em outras palavras, a ação e a velocidade não são as únicas soluções para novas exigências culturais. Uma delas é retornar às antigas verdades fundamentais dos negócios e a valores pessoais anteriores que nada têm que ver com as modas. A "simplicidade voluntária", a declaração de que o bastante é suficiente; o "despojamento", o abandono de estilos de vida cheios de complicações; e o "desplugue", desligar-se do bombardeio interminável — tudo isso são tendências importantes e crescentes do consumidor.

Quando os pressupostos, crenças e padrões de ação existentes se mostram inadequados para o volume e a variedade de contatos que uma empresa, um relacionamento ou uma pessoa têm de manter, tem início o colapso.

Alguns consultores deram o próximo passo lógico, aconselhando as empresas a provocar o colapso se ainda não estiverem nele. Começa-se a examinar o próprio sistema de crenças para acabar com ele. O novo clima econômico requer que abalemos elementos ultrapassados da cultura corporativa, nossos próprios hábitos arraigados e os vieses que nos impedem de perceber novas tendências. O foco do colapso provocado é deixar evidentes pressupostos não examinados, preocupar-se menos com a redução da curva de aprendizagem e mais com a redução da *curva de esquecimento*, a capacidade de uma pessoa ou negócio deixar de lado o que já sabe.

Todos querem ir para o céu; mas ninguém quer morrer.[3]
James Hillman

Nos termos da consultoria de negócios e pessoal na fase de colapso, o pior insulto é ser acusado de operar de acordo com o temido "velho paradigma". Agora começamos a pensar sem restrições, descobrindo soluções ao deixar de lado as nossas direções conhecidas. A nova música, que costuma ser um barômetro da cultura, começou a cultuar a dissolução e mesmo a morte. Uma pequena fábrica de cosméticos chamada Urban Decay [Decadência Urbana] sacudiu o mercado com cores chamadas Gash [ferimento profundo] e Uzi [metralhadora israelense]. Madison Avenue usa modelos andróginas e aparentemente dopadas, que põe em ambientes deteriorados para anunciar os últimos lançamentos caros da moda. A Benetton causou sensação com seus anúncios que mostram violência, sangue fresco e coagulado, sem mostrar nem uma vez seus suéteres moderninhos de cores vivas.

A quebra de imagem não é apenas algo que vende. Curiosamente, ela traz um certo alívio à aceleração sufocante. Pessoas de 20 anos surgem de repente como consultores de empresas de diversões e de alta tecnologia, visto que a experiência passou a ser vista como item do passivo. Os que tomam as decisões verificaram que precisam de olhos descansados e do pensamento ingênuo para decidir o próximo passo a ser dado. Tanto as pessoas como as empresas têm de funcionar agora num clima de constante redefinição de quem/do que são, e mesmo de quais são suas habilidades, produtos ou serviços. A dissolução é, para todas as pessoas, a nova constante.

Nessa fase da curva, a liderança passa a ser a capacidade de derrubar as formas existentes e levar os outros a fazer o mesmo. As tiras e os livros de Dilbert, de Scott Adams, que têm um imenso sucesso, estão cheios do que poderíamos denominar "humor do colapso". Procedimentos irrelevantes, formulários sem sentido e chefes que usam jargões imbecis fornecem bastante combustível a Dilbert, que está sempre sujeito a exigências absurdas. Não se trata de humor escapista. Adams baseia Dilbert em histórias da vida real que lhe são contadas por gerentes de todo o país. Ao que parece, ele pegou numa veia que buscava desesperadamente por expressão.

Mas, apesar do apoio bem-humorado de Dilbert, a fase de colapso da mudança costuma não ser tão engraçada quanto a fase de aceleração, especialmente no nível pessoal:

- Você pode se dar conta de que o ambiente conhecido começa a incomodar.
- Você desconfia da motivação das pessoas e duvida de idéias que antes tinha por certas.

- ➢ Ações um dia significativas e excitantes parecem de repente sem sentido. Você se levanta desanimado. Seus pensamentos são ocupados com fantasias de ganhar na loteria.
- ➢ Ninguém parece fazer as coisas direito ou fornecer a você o que você quer. Você se sente cada vez mais ineficaz, frustrado ou afastado das pessoas que o cercam.
- ➢ Você tem vontade de romper com todas as coisas conhecidas. Segue com muito interesse histórias de executivos que jogaram tudo para o alto e foram escrever o grande romance americano ou cuidar da fazenda. Companhias como as de Ben e Jerry, com seus "dias divertidos" e chefes executivos como Richard Branson, que salta de pára-quedas de um avião para dar visibilidade à Virgin Empire, parecem ser os melhores modelos de liderança de ponta.

O colapso é um período de limpeza, de mudança de prioridades, de renúncia ao controle. É um período de enfrentar vacas sagradas e de perceber que há inúmeros reis nus.

3. As Regras do Caos

O colapso acaba por ceder lugar à próxima fase, na qual você — e todo mundo — não tem idéia do rumo que está seguindo. Quando as velhas formas ruíram e ainda não há novas em seu lugar, vale tudo. Entramos num período sem regras, numa fase em que a identidade começa a se desfazer. O conhecimento é desmantelado e o comando parece entregue a forças invisíveis.

A onda seguinte de conselheiros nos disse que, se *pensamos* que sabemos o que está por vir, se achamos que entendemos as coisas, se continuamos a dar a tudo um nome e uma descrição, é de fato grande o nosso problema, visto que não acolhemos a magia do caos. O salto no vazio é a maneira pela qual entramos em contato com os nossos mais profundos níveis de criatividade. Até conseguir deixar de lado os pressupostos conceituais e emocionais, você nunca poderá permitir a entrada em cena de alguma coisa mais ampla.

Descrições da geração X sugerem que ela já está bem equipada para uma época de caos — identidade fluida, desprezo pelos resultados, capacidade de descartar a persuasão, desconfiança das aparências e pouca necessidade de compromisso. Mas essas características vinculam-se mais com uma atitude mental voltada para lidar com uma cultura sem forma do que com uma faixa etária.

> O mundo foi feito a partir do nada, e o nada fica o tempo todo aparecendo.[4]
>
> Briggs e Peat

Como reação a isso, muitas empresas de *software* adotaram um estilo de desenvolvimento de produtos em que o produto é lançado antes de estar totalmente pronto. Os clientes descobrem então os *bugs*, e o produto é rapidamente modificado. Isso é particularmente eficaz no caso dos programas de computador, porque uma legião de gênios está sempre pronta a dedicar-se a um novo produto para tapar seus furos. Trata-se de uma maneira eficaz de enfrentar o caos: não tente imaginar, deixe as forças do mercado irem aonde quiserem e terminem a tarefa. Na verdade, alguns analistas acham que o compromisso japonês com a qualidade, que funcionou tão bem com os carros, teve resultados medíocres no campo dos *softwares*. A tentativa de imaginar os *bugs* de antemão os manteve sempre atrás. Mercados caóticos não respondem a tentativas de perfeição porque as forças invisíveis são um fator que nunca se pode controlar. A ação imediata e a reação rápida são capacidades bem mais apropriadas.

Em épocas de caos, as fronteiras ficam indefinidas e as definições normais perdem o sentido.

Os comerciais se disfarçam como educação. São feitas pesquisas de mercado sob a designação "serviço ao consumidor". Dizem-nos que a invasão da privacidade é necessária ao progresso tecnológico. Permite-se a censura por ser ela necessária à paz. Coisa alguma é o que parece. Noções passadas de sexo, de faixa etária, de raça, de nação e de comunidade se desmancham no ar. Tudo pode se tornar qualquer coisa. Os melhores "futuristas" são em geral os que nem tentam identificar tendências, centrando-se antes nas habilidades que vão permitir que os eventos, os mercados e o público lhes informem para onde querem ir.

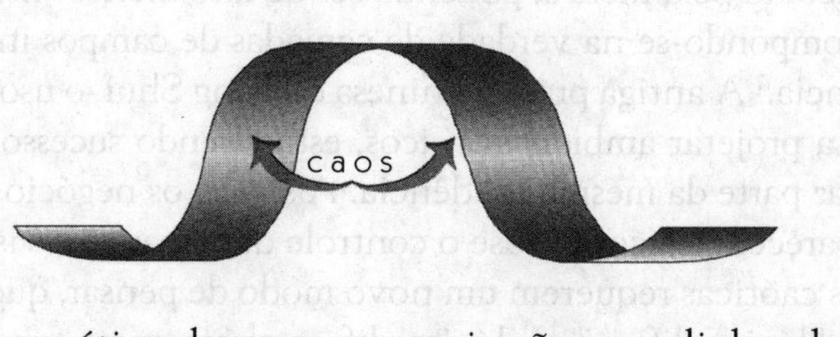

Os mercados caóticos levaram a organizações com linhas de autoridade móveis, grupos de trabalho não permanentes e descrições de cargos fluidas. O caso de W. L. Gore, criador da Gore-Tex, é citado muitas vezes como exemplo de organização flexível e em constante mudança. Pelo que se diz, ele instrui novos empregados a *Olhar por aí e descobrir alguma coisa para fazer*. Os consultores do caos, incluindo Margaret Wheatley,* afirmam que empresas como a

* A Cultrix publicou, dessa autora, *Liderança e a Nova Ciência*.

de Gore seguem o caminho certo. As organizações se compõem de campos de influência móveis e intangíveis que se tornam menos produtivos quando definidos de maneira rígida.[5] O maior grau de criatividade se manifesta quando as organizações dão atenção a essas energias sutis e quando as pessoas têm liberdade para seguir seus caminhos alternativos aparentemente sem rumo. O gerenciamento do caos depende da capacidade de jogar com o paradoxo, pensar em matizes do cinza e colocar em segundo plano as soluções fixas. Aprendemos com a teoria do caos que micromovimentos num sistema podem ter implicações absolutamente imprevisíveis, como a borboleta do provérbio que, batendo as asas no Japão, acaba por provocar furacões no Meio-Oeste.

O caos está na ordem do dia.
O ciberespaço vai pôr em questão toda
e qualquer relação de poder.[6]

John Pierre Barlow, Eletronic Frontier Foundation

As empresas virtuais, que existem quase exclusivamente no tempo da Internet, levam esse modelo caótico um passo além. Elas são como teias de aranha: vivem entrando e saindo dos mercados. Nelas não existe a estabilidade: produtos, serviços, funcionários e estruturas organizacionais são projetados para mudar de acordo com as flutuações do momento. Em dois anos, a Netscape acumulou 40 milhões de clientes, passando a ser a empresa de crescimento mais rápido da História, vendo depois uma porcentagem significativa do seu mercado desaparecer num período de tempo igualmente dramático. Trata-se de uma espécie de volatilidade que nunca existiu. Os negócios passaram a envolver menor forma e estrutura e maior energia e forças sociais.

Num desenvolvimento paralelo, ficamos sabendo que o corpo é profundamente afetado pela mente, podendo ser de fato menos "físico" do que imaginamos, compondo-se na verdade de camadas de campos inter-relacionados de inteligência.[7] A antiga prática chinesa do Feng Shui, o uso de princípios da energia para projetar ambientes físicos, está fazendo sucesso cada vez maior. Tudo isso faz parte da mesma tendência. A saúde, os negócios, o *design* e até a liderança parecem ter como base o controle de forças não-vistas e invisíveis.

Épocas caóticas requerem um novo modo de pensar, que recebe às vezes o nome de "lógica difusa". A lógica difusa opera como um termostato, que só entra em ação quando se chega a um dado nível crítico. Caminhamos na direção das nossas metas por uma trilha em ziguezague, visto que, num mundo caótico, não existem soluções lineares de causa e efeito. Os melhores viajantes do caos são aqueles que ouvem mais do que agem, sentem-se tranqüilos diante de longas pausas, conseguem suportar períodos nos quais não têm uma direção clara e não julgam um problema a convivência de afirmações contraditórias entre si. Eles podem lidar com múltiplas tarefas ao mesmo tempo, porque as vêem todas relacionadas umas com as outras. Preferem funcionar sem títulos corporativos, já que suas atividades na empresa nunca são de fato definíveis. O poder já não está nos recursos físicos, mas no mundo das idéias e da imaginação. Nessa fase, os sonhadores e contadores de histórias têm as rédeas na mão.

Surge dessa sopa criativa uma nova linhagem de empresas que por certo não têm declarações de missão e nem sequer produtos fixos! Elas monitoram a paisagem para descobrir espaços entre sistemas existentes que possam preencher. As pessoas, chamadas "*ho-bos*", projetam seu esquema de ação da mesma maneira como outros estão montando empresas. Eles já não pensam em termos de emprego, e nem mesmo de carreira, mas de meros pontos de parada em sua jornada criativa pelo tempo e pelo espaço. Somos todos incitados a pensar com fluidez e de modo fácil como esses *ho-bos*.

Os missionários do *marketing* nos dizem que a sociedade está tão fraturada que a nossa única esperança é a de ocupar nichos cada vez menores à medida que a população vai sendo categorizada de acordo com divisões cada vez mais específicas. A única maneira de fazer ouvir a voz acima da algazarra cultural e da subdivisão descontrolada do mercado é fazer com que as pessoas sintam de alguma maneira que você está falando diretamente com elas. Especialistas prevêem que a fragmentação dos mercados vai chegar a tais extremos que, em última análise, as organizações de maior nível de complexidade vão começar a se dirigir a unidades de mercado formadas por uma só pessoa, e a era do *marketing* de massa vai acabar.

A capacidade dos consumidores no sentido de individualizar e de moldar produtos está sendo chamada de *desmassificação*. Ela muda tudo, requerendo uma nova relação com o desenvolvimento de produtos, com a entrega, a organização corporativa, a publicidade, o controle de qualidade, a inovação, a criatividade pessoal — tudo enfim.

Fronteiras móveis, ausência de forma e alterações nas relações de poder talvez não prejudiquem o nível inferior da hierarquia (elas podem até, na verdade, ajudar), mas, tal como ocorreu na fase de colapso, elas exigem muito da psique. Madison Avenue pressagiou tanto o dilema como a solução num anúncio de um novo perfume chamado *Chaos*; ele diz "Descubra o centro interior". Os consultores pessoais e de negócios concordam:

- Eles *nos estimulam* a seguir caminhos para a descoberta do nosso próprio centro, para que possamos manter a cabeça fria enquanto por toda a nossa volta as pessoas esquentam a delas.
- Eles promovem a liderança, a civilidade e o amor "baseados em princípios" para nos permitir entrar em arenas de compromisso pessoal que proporcionem estabilidade e foco, ajudando-nos a enfrentar épocas de turbulência.

➢ Poetas e gurus procuram nos ajudar a tapar os buracos da nossa alma. O propósito passa a ser o principal alvo a ser alcançado, permitindo-nos a descoberta da nossa visão pessoal em meio a um mar caótico.

Quando os marcos exteriores desaparecem, as bússolas internas são tudo o que resta. *O indivíduo e o mundo de preferências e valores de cada pessoa se tornam os novos faróis em épocas de caos. A visão pessoal passa a ser o único modo de encontrar direção; e as imagens se transformam na única maneira de pensar num mundo sem forma. A imaginação é o instrumento que vai desenterrar as novas formas de poder.*

4. Emerge uma Nova Ordem

Pouco antes de a água começar a ferver, as moléculas colidem numa velocidade cada vez maior. Essa velocidade aumenta de tal maneira que o estado líquido já não é capaz de lidar com tanta energia. A água tem de virar vapor. Um novo nível de organização é a única solução para a tensão do sistema. O colapso e o caos liberam enormes quantidades de energia a partir do que já foi um sistema estável. Essa energia em livre flutuação termina por buscar um novo nível de ordem, uma nova estabilidade.

O biólogo Ilya Prygogine, ganhador do prêmio Nobel, denominou essa condição de estrutura dissipadora. Todos os sistemas seguem uma trilha evolutiva similar. A tensão crescente leva a um colapso do antigo modelo organizacional. A estrutura dissipadora aparece quando o sistema sai do seu estado existente e descobre um novo nível de organização. Trata-se de uma situação crítica, de um rompimento *qualitativo* com o passado que oferece um mundo inteiramente novo de possibilidades.

Muitos nomes são propostos para o que é, essencialmente, uma estrutura dissipadora: ponto de ruptura, nova ordem mundial, crise de sentido, ponto axial, ponto de mutação, sociedade da ruptura, transição de fase, enlevo. Esses nomes vêm de diversas fontes — políticos, historiadores, sociólogos e teólogos — e falam de um mesmo sentimento, do alívio que advém quando emerge uma nova ordem de solução: o “aha!” criativo. A característica essencial dessa fase é, naturalmente, o fato de não se saber o ponto de chegada. Se o fim pudesse ser previsto ou imaginado, não haveria nada de novo nele.

As soluções óbvias e os pontos de chegada identificáveis estão ficando fora do alcance. Estamos operando sem estruturas conhecidas, o que torna este um período de incremento da sensibilidade.

É como o espaço intuitivo que se manifesta quando a cortina desce sobre um projeto: você fica sintonizado com a mais diminuta indicação de direção.

O estudo da maneira como a nova ordem vem do caos chama-se teoria da complexidade. A maior complexidade, ou, se se preferir, a nova inteligência, parece só acontecer quando possibilidades imprevisíveis ocorrem de uma maneira que não traga simplesmente novas informações, mas a capacidade de reescrever por inteiro as nossas percepções do que está por vir.

A onda correspondente de aconselhamento de negócios diz que remendar as coisas não vai adiantar. Somos encorajados a não confiar em soluções, mas a discernir novos paradigmas, mudanças na maneira *como* examinamos um problema. Desse impulso nasce a organização de aprendizagem, adaptativa ou relacional, um lugar em que o grupo vai adquirindo sabedoria com o passar do tempo. Esse tipo de organização se baseia na premissa de que a saúde de todo negócio ou relacionamento requer um compromisso com o aprofundamento da inteligência.

Algumas companhias puderam mesmo ver a si próprias num nível mais profundo e se reinventar de um modo que lhes permitiu não só se expandir como responder a dimensões inteiramente novas do mercado. Campos inteiros, como o da venda de automóveis, da contabilidade e das agências de viagem, viram sua maneira usual de prestar serviços se acabar quase da noite para o dia, tendo assim de criar instantaneamente novas fronteiras, o que explica a expressão "negócios da segunda curva" usada às vezes para descrevê-los.

Uma compreensão ainda mais intuitiva de como a ordem vem do caos é demonstrada por alguns empreendedores perspicazes que criam empresas inteiras que sabem que só vão durar um ou dois anos, devido ao tempo de vida curto do seu produto. Esses novos visionários parecem ter um terceiro olho, sendo capazes de ver as coisas de novos ângulos. Eles percebem um momento do mercado e o aproveitam imediatamente. E eles ganham milhões com essas companhias guerrilheiras.

Novos domínios de ordem mostram-se igualmente em formas sociais emergentes. O órgão encarregado do censo teve de acrescentar uma nova categoria, bi-racial, porque são muitas as pessoas que se vêem como membros de mais de um grupo. O número crescente de crianças com pais que pertencem a duas religiões diferentes está forjando novas maneiras de criação da identidade religiosa.

Um líder nessa fase está comprometido com a inteligência, e não simplesmente com a obtenção de resultados. Uma das principais habilidades de que você precisa é a de permitir que indivíduos, grupos e organizações *tomem consciência de si mesmos*. Um líder comprometido com a promoção de uma inteligência maior oferece antes espelhos criativos do que soluções. Outra habilidade básica é ser capaz de chamar a atenção para novas possibilidades de foco, ajudar as pessoas a ver conexões e influências antes invisíveis. Os novos líderes são como antropólogos que observam uma cultura estrangeira. Eles procuram estruturas profundas e padrões ocultos que estão na base das evidências óbvias.

No nível pessoal, você sabe que está nesse estágio do ciclo criativo quando:

- ➢ Começa a discutir coisas e a usar palavras que, embora conhecidas, de algum modo se mostram estimulantes e motivadoras.
- ➢ A confusão ou a desordem anteriores de repente se reconfiguram numa direção positiva que você nunca viu antes.
- ➢ Você se sente compelido, movido e atraído por idéias que estão por ser concretizadas em lugar de tentar fazer as coisas acontecerem.
- ➢ Você sente que ocorreu uma motivação natural que faz suas ações parecerem bem mais sábias. Essa motivação não muda apenas questões ou projetos específicos para os quais você está voltado; ela altera tudo, transportando tudo o que você faz para um nível superior.

A ruptura é um período de criatividade. Seu sentido de eu, seus relacionamentos e seus projetos ou o seu trabalho vão assumindo uma qualidade superior e o realizam mais do que você julgava antes. Há uma qualidade de entrega de sua parte que dá a impressão de que uma inteligência superior está estabelecendo sua direção.

Surfando nos Canais

Pediram a três cegos que descrevessem um elefante.
Um deles apalpou a tromba e disse: "Ah, é igual a uma cobra."
Outro apalpou a pele e disse: "Ah, é igual a uma lixa."
O terceiro apalpou a pata e disse: "Ah, é grande e redondo como uma tartaruga."

O modo como você percebe e descreve o que está acontecendo na sua cultura depende inteiramente do seu ângulo de visão:

- ➢ Alguns elaboraram suas teorias concentrando-se na velocidade sem precedentes da nossa cultura e na necessidade de sistemas hiperacelerados e de respostas mais rápidas.
- ➢ Alguns são mensageiros do colapso, alertando-nos para o fato de que as coisas não podem continuar a ser como eram e de que é preciso reexaminar pressupostos fundamentais.
- ➢ Alguns são os navegantes do caos, defendendo um mundo sem regras, sem fronteiras geográficas e que não admite identidades fixas.
- ➢ Outros, ainda, falam dos indícios de que direções novas e quase indescritíveis estão emergindo logo além dos limites da nossa consciência corriqueira. Falam da necessidade de respostas não tão rápidas, mas mais cheias de imaginação.

A perspectiva mais relevante depende inteiramente do fato de que questões que se situam na curva são mais dominantes num dado momento. Em outras palavras, todos os conselhos populares estão certos — ao menos por algum tempo.

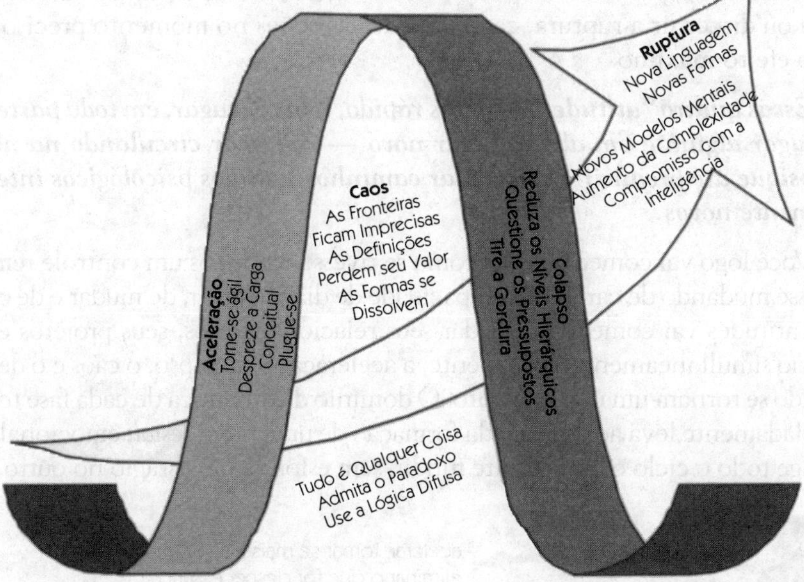

Embora os relatos de cada fase ofereçam indicações vitais, essas contribuições perdem o impacto se levadas ao extremo. Por exemplo, se você só leva em conta a aceleração, ignora numerosos fatores que também se referem à redução da velocidade e ao aprofundamento. Se só se concentra no caos, deixa de lado evidências que revelam um novo nível de estabilidade. Para compreender o verdadeiro impacto psicológico da nossa cultura, temos de ver esse ciclo evolutivo de maneira integral e holística.

O ciclo completo da metamorfose — aceleração, colapso, caos e ruptura — pode manifestar-se nas ocorrências de um único dia. Você pode começar o dia com um projeto que parece uma maravilha e, ao final do dia, jogá-lo no lixo. Outras idéias apenas casualmente mencionadas podem vir a ser a prioridade número 1, obrigando você a mudar de foco para voltar ao caminho certo. Uma pessoa que você julgava um estorvo salva inesperadamente sua cabeça e fornece-lhe a chave para uma ruptura, enquanto o seu melhor aliado nega fogo. Você pode fazer tudo de acordo com os planos e o projeto ir por água abaixo; ao mesmo tempo, seu maior erro vem a ser o empreendimento mais lucrativo. *Uma decisão produz um fracasso, e outra um sucesso, muitas vezes sem que tenham relação com o que você pensou, com o esforço que empregou nem com a expectativa que teve.*

Num dado momento, você considera a necessidade de acelerar, de entrar em colapso, de navegar o caos e de buscar novas possibilidades — ao mesmo tempo. O espírito da época não está em nenhuma fase isolada, mas na nossa capacidade de negociar todo o ciclo repetidas vezes. Ele requer que nos tornemos adeptos da detecção de mudanças sutis que indiquem que um novo conjunto de critérios está começando a operar. Precisamos saber quando mobilizar a velocidade, provocar a dissolução, navegar na companhia da ausência de forma ou discernir a ruptura, cada uma dessas ações no momento preciso que gera o efeito máximo.

> ***Essas quatro "atitudes" — mais rápido, mais devagar, em toda parte/em lugar algum e em algum lugar novo — vão ficar circulando na nossa psique até produzir e consolidar caminhos e ritmos psicológicos inteiramente novos.***

Você logo vai começar a agir como se tivesse nas mãos um controle remoto e ficasse mudando de canal. Sua capacidade de diagnosticar, de mudar e de combinar atitudes vai começar a moldar seus relacionamentos, seus projetos e seu negócio simultaneamente. De repente, a aceleração, o colapso, o caos e o desconhecido se tornam um único evento. O domínio da dinâmica de cada fase tomada isoladamente leva ao começo da formação de uma nova *gestalt* emocional que abrange todo o ciclo e lhe permite fundir, sem esforço, um estágio no outro.

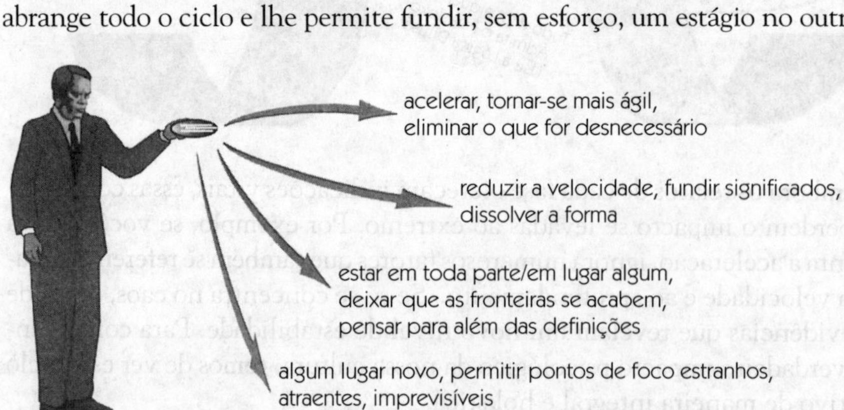

A noção de um ciclo evolutivo interminável ressoa atualmente em todas as corporações, em todos os negócios familiares, no governo e na nossa vida pessoal, deixando suas marcas onde quer que ponhamos os olhos. Algumas pessoas saem na onda da redução de níveis hierárquicos e nunca mais se recuperam; outras vendem de outra maneira seus serviços à empresa, ganhando mais e usufruindo de uma liberdade maior do que a que tinham antes. Algumas companhias encontram um obstáculo que ameaça sua sobrevivência e caem, ao passo que outras resistem e constroem novas dimensões de intimidade. Alguns relacionamentos sofrem um impasse e se afastam, enquanto outros voltam para estabelecer novas dimensões de intimidade. A diferença entre um resultado proveitoso e um prejudicial reside inteiramente na sua capacidade de pegar a onda com eficácia.

Claro que esses tipos de transição criativa sempre foram uma parte da vida. Mas o que os faz tão distintos dos de outros períodos da História é o fato de esses ciclos estarem ocorrendo com maior rapidez, vindos de mais direções, com maior freqüência e em mais níveis — *simultaneamente*. Eles estão exigindo novos graus de capacidade de adaptação.

Nossas faculdades corriqueiras de mudar deixaram de ser adequadas às dimensões de transformação que todos somos obrigados a integrar. O sucesso está na nossa habilidade de negociar esse ciclo de nascimento-morte sem ficar paralisados em alguma dimensão. O poder que vem do domínio das "descontinuidades contínuas" difere do poder que vem das fortes capacidades analíticas que um dia foram tão eficientes. A capacidade de dar saltos quânticos evoca qualidades bem diferentes das dos tipos de mudança seqüencial, de causa e efeito — ter uma visão, desenvolver um plano e colher os resultados.

A nova ordem de descontinuidade contínua é melhor descrita em termos de energia e de forças do que de estruturas e de forma. Ela se define mais pelo instinto e pela intuição do que pelos planos e pela teoria. Trata-se antes de um mundo misterioso e assombroso, de ritmos sutis, do que de certezas, de controle e de regras facilmente observáveis. Ela assemelha-se aos programas de computador que permitem que se combinem ou se "intercambiem" [*morph**] uma imagem em outra de modo que a transição entre elas fique imperceptível, sem que se saiba onde uma imagem termina e a outra começa nem os pontos em que uma ou a outra predomina.

A velocidade pode ser alcançada não pela aceleração, mas pela procura de caminhos alternativos ou pela completa parada. *Como a química da progressão agora obedece a leis diferentes*, *as pessoas vão saber que forças invisíveis afetam todo sistema*, *o que transforma a percepção numa das mais efetivas formas de poder*.

---

* O *morphing* [palavra composta a partir de *morfo*, forma, é um processo cinematográfico, controlado por computador, que muda formas ou aparências: de animal para homem, de um rosto para outro, etc. (N.T.)

Mais pessoas vão começar a compreender que podemos moldar a realidade de maneiras bastante profundas. A questão não é saber como entrar na chamada "segunda curva", mas como "se tornar" a terceira, a quarta e as curvas subseqüentes.

O espírito da nossa época está na intensidade com que aprendemos a criar cada uma dessas conjunturas transformadoras:

- Quanto aceleramos ou o que deixamos que acelere.
- Com que força desfazemos ou desintegramos o que já não está funcionando.
- Até que ponto e com que eficiência surfamos o vazio.
- E qual o tamanho que permitimos que os saltos tenham.

Rumo à Unidade de Transformação

A promessa da transformação contínua *é* o espírito-guia da nossa época. É a *gestalt* que dá sentido às diversas direções que há na nossa cultura. Trata-se de uma imagem que está emergindo simultaneamente de todos os pontos do globo, a partir de todas as disciplinas de pensamento. Essa promessa está no ar.

Estamos prestes a experimentar o que talvez seja o mais potente *zeitgeist* da história da humanidade. À medida que a nossa cultura global se apropria de imagens e as transmite ao coração de qualquer aldeiazinha perdida, mais pessoas vão partilhando as mesmas experiências e a mesma linguagem visual. Nunca antes o espírito da época cruzou tantas fronteiras e foi visto por tantas pessoas ao mesmo tempo.

A revista *Wired* fez uma interessante entrevista com o executivo-chefe da Mattel Toys. Quando lhe perguntaram o que as crianças de hoje querem nos brinquedos, ele disse uma só palavra: "transformação". A música contemporânea já incorporou o tema da transformação em letras que percorrem as ondas do rádio 24 horas por dia. A indústria do cinema e os meios de comunicação de massa começaram a se organizar em torno desse espírito, tornando-o conhecido. Num futuro não muito distante, podemos antecipar a existência de uma consciência global e da adesão ao espírito da transformação:

- As pessoas vão falar dos seus relacionamentos não tanto em termos de compatibilidade ou de mágoas passadas de que estejam se recuperando, mas em termos de saber se o relacionamento é dinâmico o suficiente para lançar cada pessoa num novo nível de auto-expressão.
- Os educadores terão tomado conhecimento de que as nossas escolas se tornaram irrelevantes e têm de ser completamente reformuladas para

reconhecer o novo espírito de transformação e para assentá-lo no cerne de todo projeto educacional.

- Os empresários terão aprendido que o futuro não está na expansão horizontal, mas em imaginar novas dimensões do mercado com base numa visão vertical com sintonia fina, que leva em conta fatores que estão bem além do horizonte tradicional dos negócios.
- Quando uma companhia tiver reduzido seus níveis gerenciais e se vir sujeita a uma demanda maior, as pessoas da área de recursos humanos vão aprender que a motivação tem de estar ancorada em algum novo sistema de crenças ainda não instalado e talvez nem mesmo descoberto.
- Nossos comentaristas terão começado a ver as coisas com os olhos desse espírito de intercâmbio de formas e a descrever as sombras e tensões das culturas contemporâneas como dores do parto da emergência de novos universos sociológicos.

Dentro de muito pouco tempo passaremos a ver todos os eventos por essas lentes da metamorfose. Esse padrão subjacente de dissolução cada vez mais profunda e de reemergência vai dominar gradativamente a nossa visão e controlar o ritmo de nossas emoções.

O espírito da nossa época é o sentimento emergente de que todos os conceitos são transitórios e todas as formas são mutáveis. A estabilidade é apenas uma função dos significados fixos. Quando os significados se dissolvem e se redefinem, a maneira como percebemos o mundo se altera para sempre. Isso está em paralelo com temas da física quântica, do budismo, das práticas xamânicas e do conhecimento intuitivo que os artistas têm. O notável de tudo isso é o fato de que as realidades dos negócios e o impacto das nossas mensagens culturais está levando todos nós a funcionar dessa maneira. Essa atitude não se limita a ser uma filosofia, mas chega mesmo a constituir uma nova realidade emocional.

O espírito da nossa época requer que cada um de nós passe a ser verdadeiramente criativo, não apenas com vistas a um projeto específico, mas como um modo cotidiano de ser. Se o espírito da nossa época é um "intercambiador de formas" [*morpher*], nós também somos isso. Esse é o novo sentido do eu, o novo ritmo emocional e cognitivo que está começando a assumir o controle.

Eis uma velha história sufi, um pouco alterada:

> *Amal está limpando a casa para receber a visita de amigos. No frenesi da limpeza, seu precioso anel rola para debaixo do sofá e ele não consegue encontrá-lo.*
>
> *Quando chegam, os amigos vêem Amal fora da casa procurando algo no gramado.*
>
> — *O que você está fazendo?* — PERGUNTAM ELES.
>
> — *Procurando o meu anel* — RESPONDE AMAL.
>
> — *Oh, deixe-nos ajudá-lo. Onde você o perdeu?* — DIZEM OS AMIGOS.
>
> — *Dentro de casa* — RESPONDE AMAL.
>
> — *E por que você o procura aqui fora?* — DIZEM OS AMIGOS.
>
> — *Porque aqui é que está claro* — RESPONDE AMAL.

É sedutor concentrar-se no brilho de uma economia em expansão vertiginosa e numa cultura cada vez mais cheia de variedade. Mas se o que buscamos é pessoal e interior, temos de olhar para dentro de nós mesmos para encontrá-lo. Se tivermos a coragem de fazer isso, depararemos com um estranho processo emocional em andamento, um processo que denomino **alquimia global**.

CAPÍTULO 2

Alquimia Global

O espírito de intercâmbio da nossa época está destroçando as formas que nos são caras e brincando com as nossas crenças mais sagradas. E, o que é mais importante, ele está lentamente dando nova forma ao nosso sentido de ser. Esse é o assunto deste capítulo.

Na Idade Média, os alquimistas queriam fabricar ouro a partir de elementos primários como o chumbo. Esse processo era uma maneira codificada de referir-se à transformação da consciência, visto que na época essas práticas tinham de ser mantidas em segredo. A mensagem secreta desses primeiros alquimistas era usar experiências comuns como recurso de transformação pessoal. Nosso desafio como alquimistas modernos é ir além da mera adaptação às transformações sociais que nos cercam, usando esses eventos como chaves da transformação pessoal.

> ***Alquimia global** é uma expressão que se refere à idéia de que as tendências culturais podem transformar nossa vida cotidiana quase sempre de maneira invisível. Ela se refere à parte da nossa psique que é inseparável da cultura mais ampla, que sente as dores do parto desta como nossas.*

Participation Mystique

Cada um de nós traz em si a capacidade inerente de ler a pulsação social. Por mais que você tente ignorar o que se passa ao seu redor, não é possível escapar dessa capacidade. Ela permeia todas as imagens que entram no seu campo perceptivo. Ela emana de cada produto em que você toca. Sentimentos misteriosos, que não podem ser plenamente explicados pelos eventos da sua vida, apossam-se de você.

A expressão *participation mystique* refere-se à nossa capacidade de absorver e herdar as tensões e ansiedades da Terra. Os alemães lhe dão o nome de *weltschmertz*, que significa "dor do mundo". As duas expressões giram em torno do ponto em que as nossas fronteiras pessoais se suavizam e sentimos como nossas as emoções do planeta. *Assim, boa parte do que tomamos como sentimentos pessoais pode na verdade estar ligada às oscilações do nosso mundo social mais amplo*.

O conceito oriental de *hara* ou *ki* leva essa idéia um passo além. Acredita-se que a área que fica a 5 centímetros abaixo do umbigo seja o ponto em que se concentra a nossa energia pessoal. Vi uma vez um homem de 1,92 metro e mais de 150 quilos ser levantado do chão e lançado no ar sem esforço por um mestre de Aikidō de corpo esguio que tinha apenas 1,55 metro. O mestre conseguira fazer isso não com a força física, mas por meio da concentração em seu *hara*. Fiquei fascinada ao descobrir que a tradução mais próxima de *hara* é "natureza interiorizada", a parte de nós que está em sintonia com o mundo. Quando localizamos esse lugar de unidade interior, nosso poder pessoal aumenta. Temos acesso a uma força e a uma criatividade que estão bem além das nossas capacidades.

Se de fato absorvemos e herdamos as emoções do mundo que nos cerca, e se essa conexão nos proporciona mais força, a abertura consciente da nossa capacidade de estabelecer intuitivamente vínculos com as forças sociais é um fator vital. Ela nos permite ficar mais sintonizados com o fluxo do futuro.

Uma Breve História do Futuro Próximo

O objetivo da próxima sessão é ajudá-lo a se abrir para essa conexão, não para oferecer um entendimento profundo das referências culturais que vou usar, mas para dar uma feição e uma compleição a sentimentos que já estão afetando a sua percepção.

Ignoramos muitas vezes esses tipos de sentimento porque o impacto dos eventos do mundo parece grande demais e os desafios que temos de enfrentar parecem muito assustadores. Só poderemos descobrir um portal para o futuro se permitirmos a nossa ligação emocional com a química peculiar desta época e tivermos acesso a uma força superior à nossa. Ao ler a próxima seção, tente concentrar-se nos sentimentos que ela provoca em você. Concentre-se nas emoções evocadas pelos eventos que descrevo. Preste atenção ao seu *hara*; ele já está em sintonia com as transformações sociais apresentadas a seguir.

A Primeira Onda

O ambiente de trabalho e o terreno econômico circundante estão se tornando mais voláteis e instáveis a cada dia que passa. Percorrer esse terreno imprevisível requer uma maior fluidez emocional.

Uma em quatro pessoas pensou seriamente em deixar o emprego no ano passado. Mais de uma em dez alterou sua escala de valores, afastando-se dos estilos de vida complicados em favor de um modo de vida mais simples, ou então conseguiu empregos que, embora de salário menor, oferecem maior satisfação pessoal. As doenças associadas ao *stress* e à fadiga são o principal problema dos países industrializados. Uma proporção extraordinária de uma em quatro pessoas vai apresentar este ano sintomas clínicos de ansiedade ou ficará clinicamente deprimida em algum momento da vida. Seja qual for a sua idade, você provavelmente pensará seriamente em fugir dessa vida agitada. Por que tantos de nós estão cansados, desconectados e desanimados com o que fazem?

1. *Todos os negócios estão passando por uma série de mudanças que vai definir continuamente não só o que eles fazem como também o modo como fazem.*

Das empresas pequenas, que empregam a maior parcela de mão-de-obra dos Estados Unidos, 86% dizem que no próximo ano vão promover uma *mudança significativa* na maneira como fazem negócios, e quase todas as grandes empresas se reestruturam para ficar nesse nível de flexibilidade. Quer você trabalhe numa grande corporação ou numa pequena empresa, quer seja um profissional autônomo, provavelmente está refletindo sobre todos ou alguns dos temas a seguir:

- *Novos mercados e novas dimensões do mercado.*
- *Novos tipos de produtos e serviços.*
- *Novas opções de entrega/novas formas de disseminação.*
- *Uma promoção mais inovadora e mais dramática destinada a se fazer notar.*
- *Novas tecnologias/novas habilidades.*
- *Novos tipos de consumidores* com necessidades mais especializadas, novos níveis de informação e capazes de se envolver diretamente no desenvolvimento do seu produto.
- *Nova administração e novas noções de liderança.*
- *Novos modelos de negócios* baseados na dissolução de fronteiras entre clientes, fornecedores, empresas de entrega, pesquisa, publicidade, etc.

É nesses tipos de *inovação social* que muitos julgam estar os *verdadeiros* novos horizontes de negócios.

➢ *Novas questões relativas aos empregados* por causa de uma crescente pressão exercida para que as empresas incluam na agenda corporativa creches e o treinamento em relações humanas.

➢ *Novas forças sociais* que surgem a partir de uma crescente militância dos consumidores e de exigências de aumento da responsabilidade corporativa.

Surgem novas exigências a partir de cada um dos fatores acima.

Não é de se surpreender que cada um de nós se sinta meio louco. Você pode ser contratado ou iniciar seu negócio com base num conjunto de pressupostos, mas enfrentar um conjunto inteiramente distinto de pressões bem no começo. Uma espécie de crise de identidade está se infiltrando em todos os níveis dos negócios.

2. *Essas práticas de negócios em rápida expansão são levadas a efeito, por sua vez, num ambiente de trabalho cada vez mais volátil.*

Mesmo com os níveis de emprego em altas históricas, a incerteza no trabalho nunca foi tão grande. Continuam as ondas de redução de níveis hierárquicos, mesmo com relatórios apontando lucros. À medida que mais empresas transferem suas operações para o exterior em busca de mão-de-obra mais barata e menos regulamentação, reduz-se seu compromisso com o trabalhador como pessoa. A mão-de-obra temporária e a mudança de sede permite que os negócios contornem restrições sindicais, economizem nos benefícios sociais e evitem de outras maneiras responsabilidades com o indivíduo. Fatores como esses contribuem para um fenômeno conhecido como extinção de cargos, a retirada permanente de cargos dos livros das empresas e a crescente capacidade das corporações no sentido de expandir seus quadros e contratar de acordo com suas necessidades.

Como as oportunidades são menores, é preciso firmar-se com a maior rapidez. A questão não é o que você sabe, mas o que você andou fazendo ultimamente. "Você Ltda." é uma solução que vem recebendo elogios, pelo menos entre o pessoal que trabalha nos escritórios. Não pense em benefícios nem em segurança. Não peça ao patrão que lhe indique uma direção. Você dirige sua própria empresa e o produto é *Você*. Essa autoconfiança pode aumentar as oportunidades de descobrir rumos sobremodo personalizados. Por outro lado, pode deixar algumas pessoas sentindo-se cada vez mais desvinculadas do ambiente em que trabalham.

À medida que esse novo ambiente de trabalho for se arraigando, seremos obrigados a modificar pressupostos fundamentais sobre o papel do trabalho na sociedade. Isso significa que seguir as regras e esperar que o trabalho duro seja recompensado vai deixando de ter primazia; significa ainda que valores inteiramente novos foram postos em jogo. *Nesse novo mundo econômico de menor lealdade, haverá grandes recompensas para a geração da motivação crescente que é tão necessária à inovação e que constitui a espinha dorsal de todo negócio.*

3. *Vem sendo promovida em torno do ambiente de trabalho em fluxo uma economia de crescentes disparidades que deixa no seu rastro maior incerteza.*

Os Estados Unidos têm hoje a maior disparidade de renda de todas as nações industrializadas: 20% da população controla 80% dos recursos, e 1% fica com a parte do leão: 67%. Estudos sugerem que a maioria da população americana está a um holerite da falta de moradia. A Europa está alcançando rapidamente os Estados Unidos, mostrando uma disparidade de renda que não se via desde a década de 1920, pouco antes de o fascismo assumir o poder. Michael Dertouzos, Diretor do Laboratório de Ciências da Computação do MIT [Massachusetts Institute of Technology] contraria de modo amplo a sabedoria popular. Ele afirma que o mercado da informação *não* vai aplainar o terreno, mas exacerbar a crescente separação entre ricos e pobres.[1]

Estamos criando efetivamente uma subclasse permanente destinada a trabalhar em troca de um salário diminuto que a cada ano tem um menor poder de compra. Da população americana, 25% agora é formada por analfabetos funcionais, o que causa espanto quando se pensa que em 1930, eles eram 4,3%. Numa era em que a produção é facilmente transferida para outros países, a maioria dos empregos bem pagos irá se concentrar em campos de alta tecnologia que requerem mais habilidades do que em qualquer período da história. Esses empregos ficarão de modo geral fora do alcance dos recém-chegados ao mercado de trabalho. Alguns sociólogos chegam a dizer que os Estados Unidos e a maioria das nações industrializadas estão criando dentro de suas próprias fronteiras o equivalente a países do Terceiro Mundo.

A História mostra que a insatisfação social é um resultado previsível quando se permitem que disparidades econômicas como essas alcancem grandes proporções. Outro risco é o de que em algum momento a economia mais ampla também entre em erosão se se deixar que só uma pequena parcela da população consiga consumir os produtos oferecidos. *Aproximamo-nos rapidamente de um limiar em que os pressupostos fundamentais dessa nossa economia movida a consumo terão de ser reexaminados.*

4. O mercado financeiro internacional mais amplo também pode ser um castelo de cartas que ainda não foi testado pelas realidades econômicas.

Trata-se da paráfrase de uma declaração de Alexandre Lamfalussy, um dos principais banqueiros do mundo industrial. Nosso sistema financeiro baseia-se cada vez menos na produção e cada vez mais no fluxo de capital. Está sendo criado no ciberespaço um universo financeiro paralelo, que apresenta derivativos e outros instrumentos exóticos de investimentos e que é manipulado por um clube de elite que detém uma incrível influência sobre as moedas e as taxas de juros, às vezes maior do que os próprios governos. Esse dinheiro não está vinculado a nenhuma coisa real. É um universo altamente volátil e desregulado dotado de extrema vulnerabilidade a flutuações. Na realidade, boa parte da economia mundial tornou-se um *videogame* financeiro.

5. Um só mundo, preparado ou não.

William Greider sugere que o capitalismo global ameaça devorar todas as culturas tal como as conhecemos. A nação-Estado praticamente desapareceu, e o mercado é o "novo ditador secreto".[2] A onda da informação levou a uma centralização do controle econômico que vai muito além da era industrial. Por causa da concentração das ações por um único grupo e das fusões, hoje quatorze gigantes da mídia controlam a vasta maioria de tudo o que vemos, ouvimos e lemos. A maioria das grandes cidades tem apenas um jornal, o que acabou com a batalha de opiniões. Venderam-nos sutilmente a idéia de que qualquer coisa diferente de um mercado completamente livre de restrições é de alguma maneira uma violação da Constituição [Americana], de que proteger o bem comum é antidemocrático.

O governo tem como único propósito a defesa do que é comum a todos, recursos partilhados das florestas, rios, seguridade social, educação e coisas do gênero. Se não se restaurar a crença na existência desses bens comuns, as nações tal como as conhecemos deixarão de existir. Para citar o financista internacional George Soros:

> *Não vejo como esse sistema possa sobreviver. A instabilidade política e financeira vai acabar se auto-alimentando de uma maneira auto-reforçadora. Na minha opinião, entramos num período de desintegração global, embora ainda não nos demos conta disso.*[3]

No final, nossa atual equação econômica mostra que de muitas maneiras o capitalismo, tal como se desenvolveu, pode ser um mito fracassado. Grande parte dele não evoluiu de um modo que apóie a saúde do planeta como um todo.

Não causa surpresa a nossa dificuldade de nos sentirmos seguros, motivados e comprometidos com o que fazemos. Pedem-nos para produzir mais, mesmo numa empresa menos leal e que ofereça menores recompensas, no âmbito de um sistema cada vez mais injusto; ao mesmo tempo, vemos o excedente de capital ser desviado para o que é essencialmente um jogo, tudo isso a serviço de uma ideologia que pode ir à falência. Mesmo que você não sofra o impacto direto dessas tendências econômicas, não pode deixar de sentir as oscilações produzidas por esse panorama econômico mais volátil, visto que ele se insinua pouco a pouco em todos os campos da atividade.

Claro que muitas empresas estão mais civilizadas e muitas pessoas adoram o que fazem. Para alguns, essa nova volatilidade está abrindo inúmeras oportunidades econômicas criativas. Há também quem ofereça uma visão inteiramente distinta, que sente que a economia não apenas está no caminho certo, mas no limiar de uma prosperidade global sem precedentes. Ainda que esta última seja a sua perspectiva, é cada vez mais difícil ignorar as sombras lançadas pelo número crescente de pessoas que sentem o outro cenário e o vivem. E poucos diriam que não existem pelo menos alguns grandes espaços de areia movediça econômica à nossa espera.

A Segunda Onda

Nossa vida pessoal pode ser mais louca do que a profissional.

Um estudo recente revelou que uma extraordinária parcela de 40% das mulheres que trabalham fora de casa consideram o que fazem mais relaxante do que ficar em casa. Por isso, elas ficam no trabalho por mais tempo do que precisam![4] Como a metade dos pais vive em algum outro lugar, eles também não ficam em casa. A violência doméstica não pára de crescer, razão por que a casa muitas vezes também não é um refúgio. Uma em cada quatro crianças vive na pobreza, e igual proporção vai crescer sem saber ler nem escrever. Estudos estimam, que, em média, os pais passam menos de 8 minutos por dia falando com os filhos. Claro que estamos estressados por um ambiente de trabalho em fluxo, mas tem-se a impressão de que o lar costuma apresentar iguais problemas! Para muitos, o *lar* se tornou o *trabalho*.

1. Mudanças na família nos arrojaram num novo mundo psicológico.

Sessenta por cento das crianças de grupos minoritários e 40% das crianças em geral vão ter apenas um dos genitores envolvido em sua vida. Setenta e cinco por cento de todas as crianças vão passar em algum ponto da vida por uma mudança na pessoa que funciona como seu genitor. Metade dos casamentos acaba em divórcio, e segundo alguns relatos, 40% das pessoas casadas têm casos.

A idéia do núcleo familiar surgiu há apenas uma ou duas gerações. Ao longo da História, os avós e a família ampliada sempre ajudaram na criação, no apoio e no cuidado das crianças. A rede de segurança social era fornecida pelo local ou pela tribo como um todo. Boa parte da razão pela qual o núcleo familiar tem problemas reside no fato de já não existir a família ampliada nem a comunidade. É irrealista esperar que um ou dois adultos tenham a combinação de experiência, tempo e energia para desempenhar todo o papel parental de que a criança precisa. É *de fato* necessária toda uma cidade para criar um filho!

Como resultado desses problemas, os membros da família nunca passaram tão pouco tempo juntos. Além de o tempo médio de interação entre pai e filho ser de 8 minutos por dia, boa parte do tempo é gasto com a logística: negociação de tarefas domésticas, transporte, etc. As crianças que crescem nesses lares lingüisticamente empobrecidos entram na escola com padrões de linguagem menos densos e pensamentos menos elaborados, uma deficiência que nunca se mostrou tão difícil de superar como agora.

No filme *True Lies*, Arnold Schwarzenegger se irrita quando a filha mostra ignorância total a respeito de algo que ele diz. Seu parceiro, Tom Arnold, zomba dele: "Você não sabe que deixou de ser pai dela? Madonna é a sua mãe e Axl Rose, seu pai." Se a média das crianças assiste seis horas de televisão por dia, quem é mesmo seu pai ou mãe? A mídia assumiu o controle e está moldando a mente de toda uma geração.

Além disso, o núcleo familiar é mal-equipado para transmitir um sentimento de História. A História é intergeracional. Quando os avós não estão presentes, lá se foram as raízes. *Em umas poucas gerações criamos um ambiente social em que as pessoas crescem desvinculadas do passado, da comunidade e, muitas vezes, dos próprios pais.*

2. *A onda da idade está prestes a arrebentar, trazendo consigo todo um conjunto de novas tensões.*

No mundo industrializado, a idade média se eleva agora todos os anos. Quase metade da população americana tem mais de 40 anos, e dentro de poucos anos quase uma em seis terá mais de 65. Em todo o mundo industrializado, uma porcentagem menor de pessoas terá de sustentar suas populações em envelhecimento, em detrimento da educação, da infra-estrutura e do cuidado das crianças. Essa situação ameaça contrapor os jovens aos velhos no próximo debate político. A idade poderá substituir a raça como o novo nexo da tensão social.

Os otimistas se animam com a crença de que uma população de idosos sábios chegará ao poder justo no momento em que os nossos desafios sociais alcançam seu nível mais elevado. Os pessimistas contestam isso, dizendo que a população em vias de envelhecimento vem de uma geração que aprendeu a ser perpetuamente jovem e a evitar questões difíceis. Seja essa população sábia ou tola, suas necessidades e valores logo vão dominar a resposta da América a essa grande estrutura dissipativa, da mesma maneira como a geração da Segunda Guerra Mundial dominou nos últimos quarenta anos. Dez trilhões de dólares em ativos estão prestes a ser postos nas mãos dessa geração, visto que os seus pais lhes deixam as maiores heranças da História! Para o bem ou para o mal, os "filhos de Woodstock" terão as rédeas das finanças quando o novo paradigma de fato se estabelecer, e seus valores serão uma força decisória na maneira como esse cenário vai se desenrolar.

3. *A comunidade em que vivemos está decaindo ou tornando-se virtual.*

Estudos mostram que, quando a polícia faz a ronda, as pessoas saem de casa e se encontram, e as lojinhas começam a ter movimento. O crime se reduz, as escolas melhoram e a qualidade de vida aumenta. Isso não é ciência barata. A separação significa decadência, e o envolvimento gera saúde. Mas as forças econômicas que estão desmontando o pouco que ainda resta das nossas comunidades não dão sinais de desistir.

A contribuição das corporações à comunidade sofreu redução e não vai aumentar, dado que os executivos-chefes estão mais interessados em proteger o preço das ações de sua companhia dos aventureiros e em embolsar grandes lucros. Em Estados nos quais o seguro de vida é menos acessível, aumentam dramaticamente as falências e o número de moradores de rua. Como dirá qualquer banqueiro, a abertura de cassinos diminui de fato a poupança. Quando se fecham indústrias, o crime aumenta. A freqüência de escolas particulares afasta os que têm mais recursos para ajudar as escolas públicas. Fatores como esses estão acabando com o pouco de vida comunitária que ainda temos.

As comunidades virtuais recém-emergentes poderão entrar em cena e restaurar o que perdemos? Embora se tenham feito extraordinários esforços no ciberespaço em favor da comunidade, as comunidades virtuais não substituem os contatos face a face. Elas nunca apresentarão o equivalente à vitalidade de uma vizinhança. O vínculo nas comunidades virtuais é, de modo geral, fraco. Ele só requer que se partilhem interesses, mas não a própria vida. Na verdade, essas comunidades podem até evitar que pessoas dispostas a se envolver participem de uma comunidade real, ao dar-lhes a ilusão de que já fazem isso virtualmente.

Sem comunidade não há sentido de lugar. Tornamo-nos nômades sociais, incapazes de nos fixar e raramente criamos vínculos que nos prendam. Adaptamo-nos com facilidade a novos ambientes, visto que os relacionamentos superficiais são não apenas aceitáveis como eficientes, estimulados que são por um mundo social em rapidíssima mudança.

Quase 20% das pessoas do mundo industrializado moram sozinhas, a maioria delas em locais em que não conhecem ninguém. Vivemos tão ocupados que quem mora com alguma outra pessoa mal consegue falar com ela. É mais assustador sair de casa, e de qualquer modo em casa há mais diversões. Estamos cada vez mais "internalizados", procurando criar à força um abrigo seguro cheio de brinquedinhos tecnológicos enquanto criamos novas maneiras de atender às nossas preferências pessoais e de aliviar o sofrimento decorrente da vida familiar e comunitária que deixamos de ter. A verdadeira tendência, tanto nas famílias como nas comunidades, é produzir um tecido social que promove o isolamento.

A Terceira Onda

A tensão da nossa vida e esse crescente isolamento pessoal são exacerbados, por sua vez, por um ambiente cultural bastante provocativo.

Trabalhar é difícil. O lar e a comunidade praticamente não existem. Para onde vamos então? Somos todos participantes de um ambiente intangível conhecido como cultura. Como tudo o mais, a cultura foi desarraigada da tradição. Por exemplo, a versão Disney de Hércules tem pouca semelhança com o mito grego original, e dentro de uns poucos anos ninguém vai sequer se lembrar de que existiu a primeira versão. A cultura reside na TV, na mídia e na Internet. Ela é criada momento a momento. Como a maioria das formas da mídia é programada a partir de interesses de mercado, seu alvo é antes a persuasão que a profundidade informativa. Embora o ambiente social que nos cerca costume estar mais próximo da "cultura *light*", o impacto é igualmente profundo.

1. *Enquanto a família e a comunidade entram em colapso, desenvolvemos uma cultura mais homogênea, unidimensional e facilmente manipulada.*

Com o advento da TV, as crianças estão se desenvolvendo com uma sensibilidade estética baseada em larga medida em experiências compartilhadas. Elas ouvem a mesma música e visitam *chat rooms* [salas de visita virtuais da Internet] globais. Crianças de países islâmicos fundamentalistas, de tribos africanas nômades e dos subúrbios de Chicago estão batendo o pé no mesmo compasso e cantando as mesmas letras. Toda mudança na nossa direção coletiva pode ser facilmente absorvida e assimilada, visto que não precisamos esperar que as idéias sejam filtradas por barreiras culturais lentas e renitentes. Todos começamos a ter a mesma mente, a querer as mesmas coisas, a nos mover em uníssono ao ritmo de uma batida global emergente.

2. *A aleatorização do poder; a centralização e a descentralização.* Ninguém está no controle; todos estão no controle. Alvin Toffler chama isso de *powershift* [deslocamento do poder], uma redefinição do que constitui o poder.[5] À medida que se desloca do campo dos recursos tangíveis para o domínio das idéias, da informação e da imaginação, o poder torna-se ao mesmo tempo mais acessível e fluido e mais centralizado e vulnerável.

No Oriente Médio, pessoas da margem ocidental do Jordão [Cisjordânia] iniciaram sua própria iniciativa de paz, forjando novos diálogos por *e-mail* e marcando encontros para tomar café. Um grupo ambientalista relativamente pequeno, o Rainforest Action Network [Rede de Ação pró-Floresta Tropical], tem movido na Internet uma eficaz guerra a uma das maiores multinacionais, a Mitsubishi, atacando-a por sua impiedosa destruição das florestas do mundo. A Internet tem um extraordinário potencial de alimentar o poder individual.

Ao mesmo tempo, esse acesso traz uma maior vulnerabilidade. Os especialistas militares passaram a acreditar que as guerras do futuro serão tecnoguerras, uma forma de terrorismo da informação. Recentemente, um ciberpirata [*hacker*] adolescente entrou nos sistemas de computadores do Pentágono, da Marinha, de empresas de serviços públicos, de aeroportos, de grandes corporações, companhias de crédito e outras instituições. Quando perguntaram ao menino se ele julgava haver algum sistema invulnerável, ele refletiu muito pouco antes de dizer "não". A parte mais assustadora da história é que esse menino nem era tão bom tecnicamente. Muitas são as pessoas com capacidade para fazer o que ele fez. Como são o país mais "plugado" do mundo, os Estados Unidos são de longe o alvo mais vulnerável. Vários foram os líderes militares a afirmar publicamente que um Pearl Harbor tecnológico é uma possibilidade nada remota.

Guardiães da privacidade e da liberdade individual na Internet consideram essa posição alarmista, um complô para invadir a privacidade pessoal e controlar o mundo digital. Trata-se de um interessante laço de retroalimentação: o crescente acesso pessoal leva a uma crescente vulnerabilidade, que leva a uma crescente propensão a monitorar e a controlar, o que, por sua vez, gera uma redução da liberdade pessoal e da privacidade. Não há para isso uma resposta simples, mas põe lenha na fogueira da constatação de que a cultura, um dia fonte de direção e de estabilidade, passou a ser tão difícil de negociar quanto todas as outras coisas.

3. Como se não bastasse, está sendo construído nessa nova paisagem digital um novo ambiente conceitual e social.

A TV é uma mídia que nos "empurra" [*push*] um conjunto de imagens. Os jornais são um meio que deixa "puxar" [*pull*]. Eles permitem que puxemos o que desejamos. Mas é raro falarmos deles nesses termos. Segue-se que uma das características mais dominantes do ciberespaço não é tanto o que os computadores podem fazer por nós, mas o modo como nos fazem pensar, falar e relacionar-nos.

O computador torna-se uma janela para um mundo de pulsos e fluxos, de padrões e de vórtices. Os "ciber-sociólogos" falam com assombro da democratização da informação. Eles dizem que a vida evolutiva de uma idéia como o diálogo cria cada nova permutação, o que torna impossível a propriedade.

Um dos resultados disso é um novo universo social. No ciberespaço o eu já não está na personalidade e nem mesmo no gênero; estes passam a ser máscaras que podem ser colocadas e tiradas à vontade. Não é só a qualidade das salas de bate-papo que as faz atraentes; é o fascínio de poder brincar com o nosso sentido de identidade. Claro que uma ou outra pessoa se descontrola, fica viciada na fantasia com relação a si mesma e fica cada vez mais incapaz de enfrentar a realidade da vida não-digital. Porém, potencialmente, um usuário mais equilibrado pode de fato tornar-se mais auto-realizado depois de descobrir o caráter transitório da identidade.

Esse novo mundo da informação é sedutor, intrusivo e requer cada vez mais uma atenção maior de nossa parte. Embora tenhamos ganho nos últimos vinte anos mais algumas horas semanais de lazer, gastamos todas elas em assistir a mais televisão. Há nesse novo ambiente da informação algo de sombrio que é mais insidioso do que a nossa perda contínua de privacidade ou o tecnoterrorismo. Com o volume de dados de que somos receptores fica difícil ouvir nossos próprios pensamentos. O provocador conjunto de escolhas nos priva da direção de nós mesmos. *As preferências tomam o lugar da verdadeira individualidade, o que nos torna mais passivos e abertos à sugestão.*

4. Por outro lado, à medida que a nossa conversação global progride, pode vir a surgir um diálogo mais complexo.

A Net é de muitas maneiras apenas um grande evento em grupo. Sem lideranças nem regras evidentes, sua principal tarefa parece ser a de observar-se a si mesma. Mesmo as empresas comerciais com claras metas financeiras mal conseguem entender a noção do livre acesso a todos. A Internet será moldada pela atenção que dermos ao mundo de energia que está na base das nossas palavras. Novos *softwares*, navegadores da Internet e linguagens são apenas o produto de programadores astutos que escutam uma direção que se manifesta na superfície e oferecem uma maneira de suportá-la tecnicamente.

A Rede Mundial de Computadores está prestes a se assemelhar a um sistema nervoso global. A mais diminuta unidade de discurso pode ser levada ao coração dos centros mundiais de poder. Os navegadores da Internet e a tecnologia do "empurra" funcionam justamente como redes neurais, filtrando e organizando pacotes de informação. A Internet dá voz a pessoas e idéias que normalmente teriam sido editadas. Quanto mais universal se torna, tanto mais o acesso reflete vivamente as tensões e resoluções globais. Ele vai ser equivalente a dar uma espiada num enorme planeta para ver que pensamentos estão à deriva e quais dentre eles se fundem e formam conceitos mais densos e permanentes.

A cultura moderna passou a ser uma louca colcha de retalhos de ideologias misturadas: o antigo e o novo, o Oriente e o Ocidente, a ciência e a arte. Os ensinamentos esotéricos e os mantidos em estrito segredo por todas as religiões do mundo estão agora disponíveis para o consumo geral. Com o corpo de conhecimentos do mundo tornando-se instantaneamente acessível, chegaremos cada vez mais perto do contato com a consciência e o inconsciente coletivos de toda a história humana. *Conceitualmente, habitamos agora o centro do universo, capazes de ter acesso a todas as culturas e épocas para obter a informação que precisamos.*

5. *É, em última análise, a fragilidade do nosso ambiente, e não a economia, o ciberespaço ou novos domínios conceituais, que vai proporcionar o contexto para a unidade e a base para uma aldeia global.*

A ecologia é o nexo último do pensamento global. Todas as separações se dissolvem em torno desse item. Está claro que banir os clorofluorcarbonos [CFC] no mundo industrial é irrelevante se a China permitir o seu uso. Se a Rússia continuar a jogar resíduos radiativos no Mar do Norte, quanto tempo vai demorar para que as frotas de pesca de todo o mundo comecem a ser afetadas? Se as florestas tropicais contribuem tanto para o oxigênio do mundo, por quanto tempo ainda elas serão devastadas até que fiquemos todos um pouco sem ar? Em todas as dimensões — água, ar, solo, extinção das espécies, destruição de hábitats —, o problema ambiental está alcançando um limiar crítico. Solucioná-lo vai requerer a cooperação de todas as nações. Afinal, sempre fomos biologicamente um só mundo.

Assim, nossa casa fora de casa também não é tão relaxante. Trata-se de uma diversidade homogeneizante que se diverte com o nosso sentido de eu e brinca com a nossa capacidade de pensar independentemente. Nossa cultura global é, ao mesmo tempo, mais dominadora e mais vulnerável do que em qualquer outro período da História. Ela está nos unindo num nível sem precedentes e, ao mesmo tempo, está aumentando o nosso potencial de temer os outros de maneiras que nunca teríamos podido sonhar. Ela nos desafia a entabular diálogos mais complexos, provoca-nos a despertar e nos pede para agirmos como se o planeta importasse. A cultura foi um dia acolhedora, uma fonte de apoio, de definição, de estabilidade, de proteção. Agora, ela tem caráter de confronto, de provocação, configurando-se como algo de que estamos tentando escapar.

Uma Onda dentro de uma Onda dentro de uma Onda

Se pudermos representar visualmente essas três ondas, teremos uma ilustração semelhante à de uma boneca russa, com uma onda dentro da outra. A onda da transformação econômica ecoa na transfiguração das nossas famílias e comunidades e se faz sentir nas imagens culturais que todos partilhamos.

E é no interior desse ambiente turbulento, instável e intercambiável que você está. Como se sente? Assoberbado? Desafiado? Assustado? Estimulado? Mesmo que todas essas questões não pareçam diretamente relevantes para você, trata-se de preocupações que chegam à nossa percepção e se alojam nas extremidades da nossa mente, gesticulando para que as deixemos entrar. Quando você decide sobre a escola para a qual mandar seu filho, como investir seu dinheiro ou se deve ou não mudar de carreira, fatores como esses o deixam, de modo sutil, mais sensível, indeciso, confuso ou preocupado com suas escolhas.

Não é de se surpreender que seja difícil saber o que se quer ou o que de fato importa. Nem que desejemos muitas vezes conseguir um refúgio em meio à tormenta. Ou que ansiemos por simplicidade e por alguém que simplesmente nos diga o que fazer. Sentimos intuitivamente toda essa turbulência e incerteza em nosso íntimo.

Embora alguns de nós por certo estejam procurando ocultar de si mesmos a magnitude dos desafios que temos diante de nós, creio que a maioria de fato se acha, sem o saber, numa profunda ressonância com o espírito da nossa época. É por isso que tantos estão deprimidos, assustados ou apáticos: sabemos o que enfrentamos. Muitas vezes atribuímos sentimentos como esses a uma inadaptação pessoal, mas eles podem ser na verdade uma reação saudável e sensível ao que sucede ao nosso redor. Sentimentos de desespero e de confusão podem revelar a nossa ligação intuitiva com os eventos do mundo. Entendidos assim, estes podem antes tornar-se para nós um fator de fortalecimento do que de isolamento. Em meio a essas reações mais dolorosas, estamos igualmente sujeitos a visões inexplicáveis e ilógicas de esperança. Esses sentimentos também podem ser compreendidos como componentes da *participation mystique*. Estamos igualmente numa maior sintonia fina com os sutis caminhos que podem nos levar a um mundo que funcione. Sejam esses sentimentos desagradáveis ou visionários, é vital ser paciente e escutar cuidadosamente essas agitações, dado que neles está a chave de uma alquimia essencial que tem de ocorrer.

> ***Se pegarmos uma pessoa da Idade Média e a transportarmos magicamente para o nosso tempo, o impacto disso seria incalculável. Essa pessoa não apenas veria muitas coisas desconhecidas; é provável que a química da cultura moderna deixasse seus nervos em frangalhos.***

Para falar a verdade, nós mesmos estamos a ponto de deixar em frangalhos nosso sistema nervoso! E nossos modelos mentais. Para não falar dos nossos hábitos psicológicos. Integramos num único ano uma complexidade que os nossos ancestrais teriam levado uma ou duas gerações para digerir. Vemo-nos diante de escolhas morais que desgastariam um exército de Salomões. Todos os tremores e abalos da nossa economia, das nossas famílias, comunidades e da cultura como um todo fizeram que perdêssemos sentido, direção, identidade e mesmo clareza acerca do que é ou não real. Tal como Amal em nossa história sufi de abertura, temos de ir para dentro se quisermos encontrar o que de fato perdemos.

O Portal Tem de Ser Pessoal

Uma cultura que está simultaneamente se fazendo em pedaços e se formando de novas maneiras demanda organizações capazes de suportar essa pressão. No início, novas mudanças organizacionais levarão a aumentos de produtividade e à inovação à medida que se apresentarem novas fronteiras. Mas se a cultura começar a dar saltos com rapidez superior à capacidade de mudança das organizações, no final a produtividade e a inovação vão estagnar ou declinar, já que a organização não consegue acompanhá-la.

Da mesma maneira, organizações turbulentas e em transformação no começo proporcionarão às pessoas uma criatividade e oportunidades cada vez maiores. Organizações caóticas, intercambiáveis, abrem portas para que as pessoas surfem em novos mundos sem fronteiras. Mas se nossas organizações se alterarem numa velocidade superior à que as pessoas conseguem acompanhar, mais uma vez esse aparente progresso vai redundar em declínio por causa do número cada vez maior de pessoas que vão ser deixadas para trás.

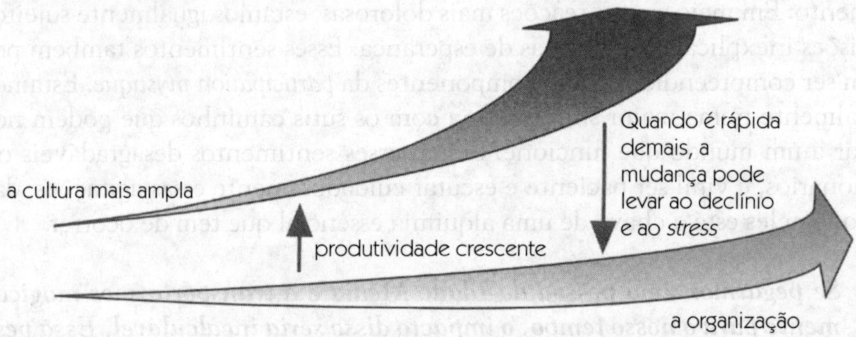

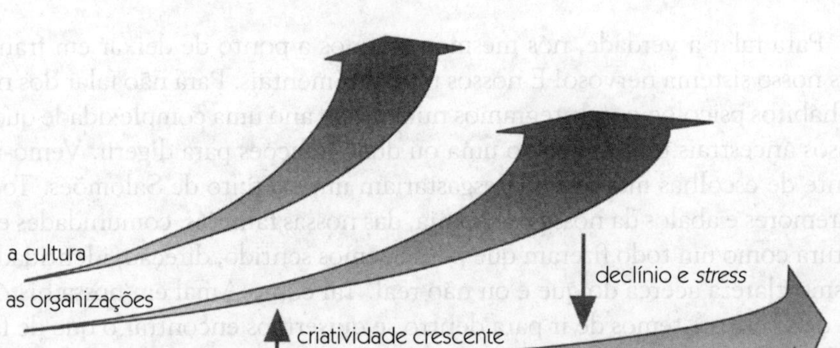

Assim, a curva de aprendizagem do indivíduo representa em última análise o ritmo mais rápido em que uma curva pode se mover.

E aqui está o ponto-chave: os verdadeiros desafios que a nossa cultura enfrenta são pessoais. Os limiares críticos têm um caráter psicológico/emocional/espiritual e têm que ver com a nossa maneira de processar informações, formar decisões, construir relacionamentos, administrar o conflito, lidar com a ansiedade, manter a integridade interior e forjar novos valores. É na natureza desses pontos de ruptura que toda transformação cultural tem em última análise de se apoiar. É nessa fronteira tão pessoal que a verdadeira forma do futuro vai nascer.

Ondas de mudança social se abatem sobre nós todas as noites, enquanto dormimos, forçando-nos a acordar na manhã seguinte de uma nova maneira. Isso está nos deixando um tanto abalados, com sentimentos há muito submersos sendo agitados. É bem natural ter irrupções inexplicadas de visões e enervantes influxos de desespero. Nossa cultura está nos fazendo despertar do nosso torpor pessoal. Há em nosso íntimo um lugar, muito parecido com um giroscópio, que está captando com precisão esse mar de transformações e descobertas e localizando formas de ajuste interno a um novo conjunto de forças e desequilíbrios. Trata-se da alquimia global, a consciência cada vez mais ampla de que temos de construir nossas escolhas pessoais a partir das informações tão peculiares que são codificadas nesta época.

A parte central da Austrália é um enorme e contínuo deserto do tamanho dos Estados Unidos continental. As condições ali não são muito propícias à vida humana; as temperaturas costumam passar dos 48°. Alimentos e água são escassos e não há postos avançados. Trata-se de uma fronteira bastante inóspita. Durante anos os primeiros colonos europeus tentaram em vão cruzar esse deserto, tendo perecido na tentativa repetidos grupos. Por fim, esses primeiros ocupantes do lugar conseguiram cruzá-lo, por meio da pura vontade e de grande número de viajantes, perdendo muitos pelo caminho. Mesmo hoje se vêem restos enferrujados de jeeps *com restos humanos nesse ermo australiano, tudo o que sobrou de viajantes que erraram no cálculo de combustível e de água.*

Contudo, durante 42 mil anos os aborígines cruzaram esse mesmo deserto, sem nunca se perder nem morrer de fome, nunca indo sem água e levando quase nenhuma provisão. Pelo caminho, criaram famílias, criaram uma arte e uma música magníficas e desenvolveram uma rica tradição espiritual.

Os aborígines seguiram os versos das canções. Quando encontravam um olho d'água, eles cantavam a canção que os levaria ao seguinte, que lhes dizia o que procurar e guiava sua imaginação durante a jornada. Os versos de suas canções eram mais fortes do que os cavalos, buggies, *automóveis e do que a tecnologia dos europeus. Esses versos lhes permitiam trazer à existência, por meio da música, um mundo invisível.*

Estamos iniciando uma jornada bem mais desafiadora do que cruzar o deserto australiano — cruzamos paradigmas, abalamos limiares emocionais e entramos em contato com novas realidades. Temos muitas vezes a impressão de procurar às cegas nosso caminho para esse futuro, esperando o melhor. Podemos evidentemente usar alguns versos de canções! Este capítulo descreve oito habilidades que podem nos ajudar a trazer à existência, por força do cantar, um novo mundo. Tal como versos de canções, essas habilidades nos oferecem **um mapa psicológico do futuro**.

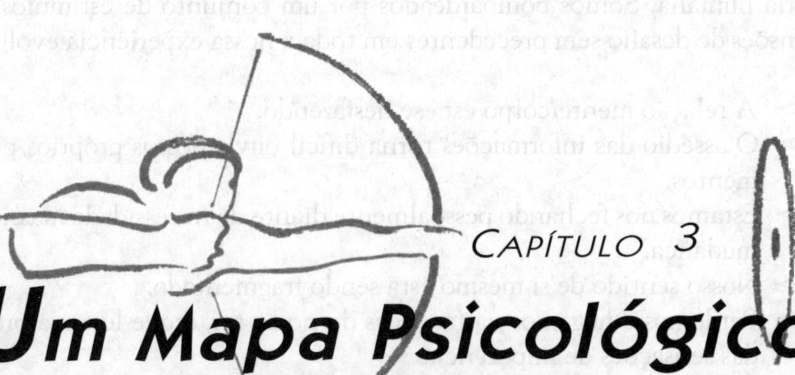

CAPÍTULO 3

Um Mapa Psicológico do Futuro

Estamos participando definitivamente da *mystique* e, atrevo-me a dizer, "sentindo a dor".

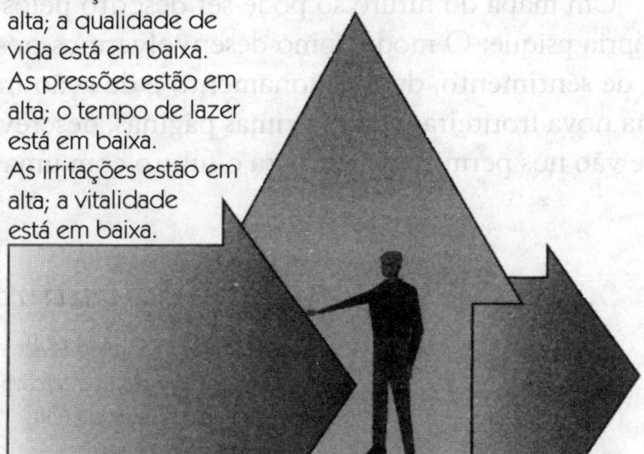

Como evitar o colapso total?
Pela Descoberta de um Mapa

Estamos entrando num universo psicológico inexplorado, sem igual na história humana. Somos bombardeados por um conjunto de estímulos e de dimensões de desafio sem precedentes em toda a nossa experiência evolutiva.

- A relação mente/corpo está se desfazendo.
- O assédio das informações torna difícil ouvir nossos próprios pensamentos.
- Estamos nos fechando pessoalmente diante da necessidade massiva de mudança.
- Nosso sentido de si mesmo está sendo fragmentado.
- Perdemos e negamos vastas áreas do nosso ser, o que levou a profundas sensações de impotência.
- É mais difícil ter o sentimento de um propósito, dada a grande falta de clareza de nossos rumos culturais mais amplos.
- Sob muitos aspectos, estamos mais isolados em termos sociais do que em qualquer outro momento da História.
- É cada vez mais difícil estar à altura das exigências que temos diante de nós.

Um mapa do futuro só pode ser descrito pelos pontos extremos da nossa própria psique. O modo como desenvolvermos nossos padrões de pensamento, de sentimento, de relacionamento e de ação irá moldar os parâmetros de uma nova fronteira. Nas próximas páginas, descrevo oito domínios essenciais que vão nos permitir rumar para o futuro com uma atitude mais ampla.

A Zona do Futuro

Precisaremos de maneiras de:
aumentar a integração mente/corpo,
incrementar o desempenho,
transcender o stress,
e desenvolver uma sabedoria cinestésica capaz de suportar um mundo mais digital.

A mais importante questão em pauta é como adaptar 40 mil anos de programação genética a uma cultura que se aproxima da velocidade da luz. Esqueça de mais *gigabites*; o que de fato precisamos é de uma ponte neurológica para o século XXI. Apesar da liberdade cronológica que a tecnologia nos dá, boa parte da vida moderna ainda requer que nos sujeitemos constantemente aos nossos padrões biológicos primais. A maioria das pessoas sofre de uma fadiga crônica culturalmente induzida, porque cortamos os nossos vínculos com as fontes da nossa vitalidade natural. Sublimamos sentimentos bem normais por causa do nosso compromisso com o que precisamos fazer. Esses tipos de discrepâncias desassociam a integridade mente/corpo. Ao mesmo tempo que somos pressionados a fazer mais, estamos nos desvinculando. Precisamos descobrir caminhos que nos levem a um melhor desempenho e a uma maior vitalidade, que restaurem a sabedoria mente/corpo que perdemos. Um mundo de alta tecnologia pode tornar o corpo menos relevante, a não ser que usemos esse desafio para descobrir formas de aumentar nossa sabedoria do corpo.

Um Novo Sentido

Teremos de sentir:
com mais rapidez, com maior alcance, com maior profundidade,
adquirindo a capacidade de precognição e de saber o que vem por aí.

O diagnóstico da moda é algo chamado DDA — distúrbio do déficit de atenção. Quando se tem DDA, é mais difícil manter a concentração, o campo de atenção se estreita, o compromisso com uma direção fica sobremodo tênue e a pessoa muda muito de idéia. Há dificuldades para concatenar as idéias. As informações se confundem. Não conseguimos lembrar onde ouvimos o quê. As idéias se simplificam a ponto de ficarmos embotados. Nosso mundo, com tamanha densidade de informação, depende de um estilo de percepção mais sutil. Temos de localizar novos níveis de atenção e de discernimento para acompanhar o ritmo do dilúvio de informações que entram no nosso campo. Além de uma edição mais eficaz dessas informações, teremos necessidade do equivalente a um novo sentido para ver através do nosso ambiente sensorial incrivelmente intrusivo e distribuído por múltiplas camadas.

As Emoções da Mudança

Precisaremos ser:
mais fluidos,
mais responsivos e dinâmicos em nossos sentimentos,
e nos tornar, em última análise, mestres da mudança.

Alguns sociólogos julgam que uma nova geração começa a cada período de mais ou menos cinco ou seis anos, com novos gostos musicais, sensibilidades estéticas, gíria e mudanças de valores. Com a atual aceleração, essas transições "geracionais" logo poderão reduzir-se a alguns anos ou mesmo meses. Temos de ser capazes de mudar a nossa visão de mundo, a nossa sensibilidade e as nossas expectativas de acordo com as necessidades ou breve nos veremos várias gerações atrasados. Todo esse "intercâmbio" requer que todo sentimento e toda opinião fluam sem esforço uns para os outros. Sistemas caóticos dissolvem fronteiras; a forma transforma-se em processo. Quando o processo é dominante, o *como* abordar o problema passa a ser mais importante do que *qual* é o problema. Isso exige um novo treinamento emocional, uma espécie de capacidade que denomino "mudança xamânica".

Criando Mitos

Precisaremos:
de maior compreensão de como o sentimento de nós mesmos é construído,
da capacidade de reinventar a nós mesmos, de criar novas identidades quando quisermos
e de descobrir uma consciência de nós mesmos que transcenda a fluidez do nosso mundo.

O nosso sentido de eu nunca foi mais fraco. Vemo-nos inundados por tantas formas de persuasão que não temos tempo de elaborar uma reação pessoal. Como previu McLuhan, meios quentes como a TV se infiltram na nossa atenção de uma maneira que meios frios, como os livros, não podem fazer. Precisamos de maneiras de restabelecer um sentido de eu capaz de enfrentar um ambiente bem mais sedutor, "quente" e dominador. Um mundo cultural mais fluido requer a capacidade de alterar à vontade o nosso sentido de eu. Quem poderia prever que *Reviving Ophelia*, um livro sobre a auto-imagem de meninas adolescentes da nossa sociedade, chegaria à lista dos mais vendidos? Esse fato indica algo bem mais profundo: estamos aprisionados pelas nossas imagens culturais, sabemos instintivamente disso e sabemos que nos é necessário reviver.

A Dança das Sombras

Precisaremos:
da capacidade de localizar verdades mais profundas,
visto que, para onde quer que nos voltemos, a negação está sendo abalada.
Num mundo que fratura o nosso sentido de eu e a nossa capacidade de nos relacionar,
precisamos de novas capacidades para enfrentar o que repudiamos.

Todos os recantos da psique pública são expostos; a negação é solapada e a verdade é desfigurada. Temos de descobrir em que ponto estamos mentindo para nós mesmos se desejamos poder um dia fazer voltar ao sistema alguma verdade. Teremos finalmente de enfrentar as questões e as pessoas que "jogamos pela janela". E nesse seu retorno, elas serão bem maiores do que quando as alijamos casualmente em nosso primeiro contato. Quando um sistema está perto do ponto de ebulição, há necessidade de capacidades aprimoradas de enfrentar o calor. Mas todos nós nos deixamos restringir. A fadiga da compaixão, o embotamento da comunicação e a fuga dos relacionamentos são formas de entorpecimento que se estabeleceu. Temos de despertar mais uma vez nossos sentimentos para reagir ao que de fato está acontecendo. Precisamos de pessoas capazes de enfrentar as partes suprimidas da nossa cultura, as partes negadas dos nossos negócios e das nossas famílias, bem como os sentimentos submersos em nosso próprio íntimo. "A luta das sombras" será um talento muito necessário nos próximos anos.

Por que Precisamos Transpirar

Precisaremos:
de raízes mais profundas, de um centro mais profundo,
de caminhos para uma maior participação
e de fontes para uma orientação cada vez melhor.

Os rituais tradicionais são criados para evitar que o nosso ego se descontrole; eles insistem em que os nossos esforços refluam com vistas a servir a um bem maior. Na cultura ocidental, fomos desiniciados. Na verdade, a auto-expressão irrestrita é considerada ousada. Mas no final nos sentiremos demasiado sozinhos e não alimentados pelas nossas ações. Só o furo cada vez maior em nossa alma tem o potencial de nos levar a uma nova visão. O aspecto mais fascinante dos sistemas caóticos é o fato de eles sempre levarem a uma liberdade sem precedentes. Com uma tela cada vez mais vazia diante de si, as pessoas estão livres para aproveitar incríveis oportunidades. A partir desse vazio extraordinário, a visão, a escolha e a intenção adquirem uma importância e uma força que não estão disponíveis em épocas mais estáveis.

O Poder da Intimidade

Precisaremos:
de uma maneira de acabar com o nosso isolamento
e de novos níveis de intimidade capazes de suportar o crescente caos.
Cada novo nível de conexão vai requerer um novo grau de profundidade.

Somos recompensados por aprender a não confiar em ninguém. A autoconfiança é objeto de tamanha veneração que somos impelidos a extirpar quaisquer vestígios da temida co-dependência. Como é menos comum poder contar com os outros, concentramo-nos ainda mais em nós mesmos. Dedicamos menos tempo a conversas complexas e dotadas de sentido, de modo que partes profundas do nosso ser nunca são tocadas. A poesia que há em nossa alma muitas vezes seca por desuso. Curiosamente, ao mesmo tempo que esse isolamento auto-imposto se dissemina, temos o mais elevado nível de interdependência cultural que já existiu. A nova economia exige uma cooperação e uma colaboração sem precedentes entre pessoas diferentes. Precisaremos elaborar novos conceitos sociais a partir dessa aparente divergência. O segredo está em compreender a real natureza da intimidade; trata-se de um conceito a que devemos ter acesso para obter sabedoria. Necessitamos nos recordar de como fazer crescer esse fruto no meio de um jardim que raramente é regado.

Acelerando os Resultados

Precisamos:
de formas de ganhar tempo,
de estratégias para queimar etapas
e de formas de agir que ofereçam uma via para o autoconhecimento.

Diz-se que um negócio baseado na informação opera dez vezes mais rápido do que uma empresa mais tradicional, vindo daí a expressão *net time* [tempo de rede]. À medida que as estratégias da informação se infiltram em todos os campos de negócios, a hipervelocidade característica do mundo digital vai se tornando o *status quo*. Os laços de retroalimentação entre produto e consumidor, entre uso e redesenho, entre entrega e produção ficaram mais curtos. Os responsáveis por sua interpretação precisam de novas estratégias de reação. Novas capacidades e estratégias organizacionais não vão bastar. Somente jogando com as nossas noções da realidade podemos de fato esboçar um novo paradigma de ação.

O Portal/O Mapa

É isso. Se organizar essas habilidades numa única imagem, você vai ver que elas revelam uma estratégia bem coerente para entrar no futuro. Em todos os casos, as nossas faculdades corriqueiras são incrementadas em conseqüência da descoberta de novas capacidades.

A Zona do Futuro
Um Novo Sentido
As Emoções da Mudança
Criando Mitos
A Dança das Sombras
Por que Precisamos Transpirar
O Poder da Intimidade
Acelerando os Resultados

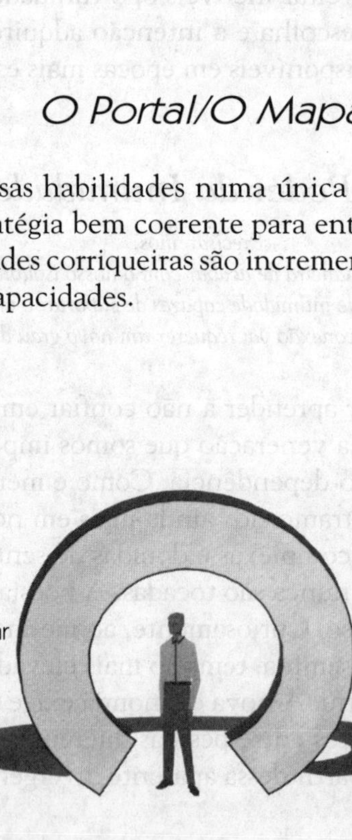

Esses oito domínios servem não só de mapa como de portal. Eles descrevem para onde devemos ir e estratégias para tornar isso real numa cultura em que o caos se instalou. Tal como os versos de uma canção, eles oferecem uma maneira de viajar por um mundo psicológico que é muitas vezes invisível a olho nu.

Aprendendo a Navegar

Pedem-nos que sejamos mais fluidos e resistentes. Ao mesmo tempo, somos desafiados a ser mais concentrados, mais capazes de manter o nosso eixo. É-nos pedido que deixemos as nossas fronteiras se tornar mais flexíveis no mesmo momento em que estamos descobrindo um sentido mais profundo do que queremos. É-nos solicitado ver mais à frente e ser mais responsivos ao momento presente. Essas orientações aparentemente divergentes significam que não há uma resposta única ao espírito da nossa época. Por isso a idéia da navegação é bem mais adequada à nossa preparação para os desafios que nos esperam.

A navegação não é uma técnica nem uma solução fixa. Ela *é uma qualidade da individualidade*. Apóia-se na capacidade de ter acesso a novos recursos da inteligência. Se obtivermos bússolas interiores mais precisas, poderemos negociar mares nunca navegados cada vez mais vastos. Logo, a navegação é a maneira mais proveitosa de revelação de novas dimensões do mundo que nos cerca. É a via que leva à verdadeira criatividade.

À medida que, na próxima seção, avançarmos na exploração desses oito territórios, a discussão vai se concentrar em como usar cada tema como artefato centralizador. Cada tema será examinado não como um conjunto de processos definidos de "como fazer", mas como um contexto para a passagem por um conjunto particular de desafios.

O Jogo Interior do Futuro

A ruptura de que o nosso mundo precisa tão desesperadamente só pode nascer no interior da nossa psique. Os capítulos seguintes analisam o que acontece quando nossas ondas habituais de percepção não se sustentam e os nossos sentidos têm de se reorganizar num novo nível ou o que ocorre quando os significados tradicionais caem por terra e temos de encontrar a capacidade de criar novas histórias. Todos os capítulos seguirão um mesmo padrão, e descreverei uma nova ordem de possibilidade que pode surgir dos elementos tão corriqueiros da nossa vida cotidiana.

Os biólogos usam o termo *co-evolução* para descrever a interdependência entre a evolução de uma espécie e o seu ambiente. Eles descobriram abundantes provas de que os organismos e o seu ambiente circundante evoluem simultaneamente. As mudanças de uma espécie e as mudanças no ambiente dessa espécie parecem surgir de maneiras mutuamente benéficas, provavelmente como um evento compartilhado. Assim, nosso ambiente econômico, social e cultural intercambiável tem de estar inextricavelmente ligado ao nosso desenvolvimento pessoal.

Isso é a* participation mystique. *É a parte do seu ser que pode sentir as dores do parto desses mundos econômicos, culturais e sociais emergentes como as sementes da sua própria transformação.

Nossa psique é mais suscetível àquilo que só pode receber o nome de impulso do futuro. A maioria das pessoas sabe bem que herdou da infância uma realidade emocional que continua a projetar no presente. É muito mais difícil perceber que aquela pessoa que você está se tornando também é projetada no momento presente. Entramos num período da história humana no qual aquilo em que devemos nos transformar passou a ser dominante.

Como o trabalho, o lar e a cultura estão prestes a ultrapassar a nossa experiência passada, seremos forçados a elaborar novas soluções. Estamos sendo impelidos a obter um conhecimento novo e sem precedentes. Embora devamos fazer alguns ajustes, como nos desplugar com maior freqüência, dar uma parada ou redescobrir a comunidade, essas ações isoladas não serão suficientes.

É muito tarde para fazer voltar o relógio. Temos de *acionar de qualquer jeito* a nossa cultura em aceleração, decadente, turbulenta e decrépita e deixar que ela nos transforme. Temos de fazer eco ao espírito da nossa época. Como o futuro vem até nós como um F-16 na pista de decolagem, o verdadeiro segredo é saber se podemos permitir-lhe que mude quem somos.

O real poder do nosso mundo digital, do nanosegundo, da terceira onda, está na capacidade de mudar nossa psicologia pessoal. Se pudermos integrar essas mudanças societais mais amplas, teremos, pela primeira vez na história humana, o potencial de nos desenvolver conscientemente como indivíduos e como cultura. Se não pudermos mudar a qualidade das nossas reações pessoais, nossos vastos desenvolvimentos tecnológicos vão significar muito pouco. Tal como no filme *Stargate*, vamos simplesmente nos ver num futuro que não apresenta, literal e metaforicamente, mais do que uma arma maior.

Um mapa psicológico do futuro depende da definição de novas capacidades que se acham embutidas em nossas corriqueiras atividades do dia-a-dia. Estamos co-evoluindo no âmbito de um ambiente mais turbulento e indefinido. Estamos ficando mais argutos como resultado do fato de vivermos numa época mais complexa e mais cheia de dimensões. O portal para um futuro diferente está numa solução muito simples: nossa disposição de vivenciar a nós mesmos com maior intensidade.

PARTE 2

COMO CHEGAREMOS LÁ?

Oito Instrumentos de Navegação

Fui há alguns anos a um concerto organizado pelo músico Peter Gabriel chamado WOMAD, The World of Music and Dance [O mundo da música e da dança]. Umas vinte bandas de todo o mundo tocaram sua música tradicional ao lado de bandas mais contemporâneas. No local do concerto, Gabriel armara vários palcos que eram usados simultaneamente e uma grande barraca chamada A Zona do Futuro. Eu não iria perder isso.

No interior da barraca, encontrei uma ampla variedade de jogos interativos. Um deles permitia a criação de imagens que dançavam na parede, e essas imagens brincavam com as configurações criadas por outras pessoas. Noutro, dançarinos tinham presos ao corpo sensores que permitiam aos seus movimentos a criação de sons. Eles compunham música ao fazer movimentos. Enquanto brincava com esses jogos, eu podia ouvir, com não muita nitidez, os sons vindos de dois palcos, enquanto os ritmos de um país se misturavam com a batida de outro. Gabriel tentava criar uma experiência de como o nosso mundo pode evoluir. Ele estava provocando a formação de um holograma vivo, que respirava, do rumo que o nosso mundo pode estar seguindo.

A experiência criada por Gabriel permaneceu comigo todos esses anos; posso trazer sua lembrança à mente num segundo. Desde então, tenho estado intrigada com a idéia de que poderíamos transportar-nos para um cenário futuro num nível tão intenso que teríamos condições de sentir de fato como seria estar de fato ali. Trata-se de uma capacidade muito relevante para a nossa época. A fim de acompanhar um futuro que se lança sobre nós como um F-16, cada um de nós deve recorrer às suas capacidades ocultas de entrar **na zona do futuro**.

CAPÍTULO 4

A Zona do Futuro

Um amigo nosso começa às vezes seus seminários com a questão provocadora: "Qual é o seu propósito de estar aqui?" (Neste planeta, neste momento.) As pessoas respondem usando complexas afirmações ou noções abstratas. Depois de algumas respostas desse gênero, ele diz: "Seu propósito é dominar o estar num corpo. Se não fosse esse o seu propósito, vocês não estariam num."

Parte do nosso propósito é forjar um relacionamento com o nosso corpo que se equipare ao pulsar criativo da nossa época. Entrar no futuro depende em última análise de ter um corpo que possa levar você até lá. Como eu já disse, *gigabites* não bastam, precisamos de uma ponte *neurológica* para o século XXI.

Há cinco características da vida moderna que causam um impacto sobre a maneira como vivenciamos a relação entre o corpo e a mente.

- Vemo-nos diante de um impacto ambiental sem paralelo sobre o nosso corpo, fazendo que o *stress* seja o primeiro fator vinculado às doenças nos países industrializados. Alergias, problemas do sinus e dificuldades respiratórias foram considerados oficialmente uma epidemia. Essa tensão física aumentada, aliada à sensação de bombardeio advinda da poluição sonora e do caos visual, nos leva muitas vezes ao "embotamento" e à tentativa de esquecer o corpo. Ignoramos ou suprimimos cada vez mais as nossas mensagens fisiológicas, levando a vida nos termos da vontade de poder e da adrenalina.
- Pedem-nos igualmente que mudemos os ritmos primordiais de atenção para nos adaptarmos à agenda dos negócios. Os ritmos naturais de atenção têm cerca de 90 minutos de duração, mas muitas reuniões vão

além disso. Para a maioria das pessoas, a sesta é um fato fisiológico; as taxas de açúcar no sangue e do metabolismo baixam naturalmente, provocando a vontade de dormir. Mas nós ignoramos esse padrão, ingerimos uma dose de cafeína e nos forçamos a prosseguir. Os pesquisadores do sono afirmam que a grande maioria das pessoas do mundo industrializado sofre de privação de sono como resultado da eletricidade e da possibilidade de continuarmos a trabalhar ou de assistir à TV. Essa privação do sono compromete drasticamente o julgamento, reduz o intervalo de atenção e aumenta a frustração. Em nosso esforço de adaptação aos ritmos culturais em aceleração, impomos a nós mesmos um número cada vez maior de coisas, algo que cria mais uma camada de desconexão do que o nosso corpo sente naturalmente.

- A medicina alopática nos ensinou a curar sintomas. Assim, aprendemos a sentir o corpo como elementos isolados em vez de senti-lo como um sistema unificado. Isso não se limita a fazer com que percamos o contato com o corpo; leva-nos ainda a dividi-lo em partes estanques.
- Há outras implicações inerentes à tecnologia moderna que nos alteram ainda mais o sentido do corpo. A idéia de "extensão do corpo" foi explorada detalhadamente pelo antropólogo Edward T. Hall e por outros.[1] Os telescópios são extensões dos olhos, os carros são extensões dos pés e da locomoção. Os computadores estendem a capacidade da mente de processar informações. O resultado é uma alteração das nossas fronteiras físicas normais, passando o nosso corpo a parecer literalmente menos físico. A isso se referiu McLuhan com a expressão "efeito de desencarnação"; nós nos identificamos mais estreitamente com os processos mentais e temos uma consciência mais abstrata do corpo.
- O F2F [*face-to-face*], ou contato face-a-face, agora requer um nome. Movimentar o corpo para trabalhar ou para participar do intercâmbio social é cada vez mais opcional. As alternativas ao F2F tornaram-se tão numerosas que usá-las é algo altamente sedutor. Muitos sociólogos sustentam ser essa uma das grandes atrações do ciberespaço. Sentimo-nos mais potentes, menos restritos, capazes de ter acesso a eventos que estão além do lugar em que o nosso corpo está. Assim, o corpo começa a ser tido como fonte de limitação, não tão flexível como a sensação que temos nesse mundo digital.

Vemo-nos, pois, diante de um problema. A vida moderna nos obriga a passar por cima dos ritmos naturais e da sabedoria do corpo. Ela nos leva a cortar a ligação com a realidade física, à nossa separação desta, assim como nos faz considerá-la uma fonte de limitação. Não basta ir à academia. A ioga e as artes marciais chegam mais perto. O que de fato precisamos é de modelos para forjar uma relação mais evoluída entre a mente e o corpo que não apenas sejam capazes de suportar essas intrusões mas que da mesma maneira levem a uma liberdade tão sólida quanto o que o mundo digital parece prometer.

Logo, a nossa relação mente/corpo está sendo "reparadigmatizada" como todas as outras coisas. Todos nós precisamos de um caminho que aumente a vitalidade e reduza o *stress*. Precisamos de uma senda que nos faça ter acesso à sabedoria contida na experiência física. A relação mente-corpo tem de ser mais alinhada do que já o foi, porque é nela que vamos encontrar as sementes da ponte neurológica de que precisamos tão desesperadamente.

Uma Convergência Necessária

Retomemos brevemente a imagem do arqueiro zen. Quando ele estica a corda do arco, a relação mente/corpo está mais unificada. Sua ação no mundo está mais alinhada com seus pensamentos. Trata-se de um estado de crescente relaxamento, de aumento da eficiência e de desempenho mais aprimorado.

As habilidades do arqueiro zen têm nesse momento maior relevância do que antes. Temos de tomar decisões com menos informações. Trabalhamos com pessoas que mal conhecemos em projetos que exigem uma intensa compatibilidade. Pedem-nos rotineiramente que resolvamos problemas que representam um desafio às nossas limitações. A resposta às crescentes exigências da nossa época pode estar nos mais antigos campos do conhecimento. Enquanto a maioria da população mundial procurava avanços tecnológicos para melhorar seu desempenho, um pequeno contingente de xamãs, místicos, monges e não-conformistas sempre confiaram na experiência de estados avançados de consciência. E neste momento essas duas potentes tendências estão convergindo.

O Arqueiro Zen Tem de Aprender a Disparar com Seu Arco no Hiperespaço

Os estados que esses monges e não-conformistas vêm aperfeiçoando há milênios são uma perfeita solução para as tensões que ora enfrentamos. O ritmo da vida moderna facilita a sensação de termos alcançado o limite do que suportamos. A resposta não está em administrar o tempo de forma mais eficaz nem em extrair mais horas do dia. Quando chegamos ao limite das nossas capacidades normais de resolução de problemas, ao limite dos nossos níveis de atenção, ou nos sentimos bloqueados em nossa expressão criativa, a única solução é saltar para um novo domínio de ação.

O que o Arqueiro Zen Sabe?

Há dias em que simplesmente sentimos estar no lugar certo na hora certa; seja qual for a nossa ação, o impacto é forte e positivo. Talvez chamemos alguém e alguma coisa dê grandes resultados. Há ocasiões nas quais podemos fazer numa tarde o trabalho de uma semana ou passar um enorme número de horas voltados para um projeto sem ficar cansados. Nesses momentos, alcançamos naturalmente o que constitui a experiência do arqueiro Zen. Trata-se de algo que vai além de ter sorte ou de ter um bom dia. Esses momentos revelam a capacidade que todos temos de entrar em contato com uma experiência da realidade mais irrestrita.

No atletismo, dá-se a esse fenômeno a designação de *a zona*. Isso vem sendo estudado há anos. Stan Musial, atleta que faz parte do Hall da Fama, afirmou que, nesse estado, era capaz de ver as costuras de uma bola de basquete lançada a mais de 150 quilômetros por hora. A ginasta olímpica Carol Johnson disse que a barra de equilíbrio ficava mais larga quando ela se encontrava na zona. O golfista Tony Jackson deu-lhe o nome de "casulo de concentração". Os pilotos de Fórmula 1 falam disso com as palavras "dirigir acima de si mesmo". Scott Hamilton, o skatista acrobático número um do mundo, diz que, quando entra na zona, "você desliza como bobo". Sua mente cede o controle e seu corpo o assume.

Quando quebrou o recorde da milha de quatro minutos, Roger Bannister percebeu que entrara num desses momentos. Suas palavras depois da corrida foram: "Tendo perdido a consciência dos meus movimentos, descobri uma nova unidade com a natureza. Descobri uma nova fonte de beleza e de força, uma fonte que nunca pensei que existisse."[2]

Em 1968, na Cidade do México, ocorreu um dos mais extraordinários momentos da história dos esportes. Robert Beamer alcançou 9,6 metros no salto com vara, surpreendentes 5,6 metros acima do recorde anterior! Foram necessários anos para que o recorde anterior fosse superado mesmo em 17 centímetros, o que foi ocorrendo em pequenos aumentos de, por vezes, menos de 2 centímetros! Depois do salto, Beamer teve um ataque de catalepsia, literalmente abalado pelo que acontecera. Quando lhe perguntaram como se sentira antes do salto, ele disse: "Eu estava correndo assustado. Eu me encontrava em algum lugar entre o tempo e o espaço."[3] Tal como Bannister, ele reconheceu que descerrara o véu da realidade física.

O biólogo Lyall Watson dá a momentos como esse o nome de *velocidade perfeita*. Todos os componentes de uma ação — a preparação, a multidão, o tempo, a psicologia, a partida — se alinham de maneira que, para o atleta, parece suspender a lei da gravidade. É como se eles existissem num mundo diferente que tem regras mais flexíveis e maleáveis governando o desempenho.

Claro que esse estado atinge todas as profissões e recebe muitos nomes — *fluxo*, *a ranhura*, *desempenho máximo* —, todos eles são maneiras de dizer que *a força está com você*. Einstein disse que suas idéias "chegavam". Elas lhe surgiam completas; o subseqüente registro por escrito da teoria era secundário. O grande músico de jazz Thelonius Monk disse certa feita que "Eu estava tocando tão concentrado que tudo parou, tudo ficou em silêncio e, de repente, acabou."

No seu clássico *O ato da criação*, Arthur Koestler diz que um ato é verdadeiramente criativo se nos permite tocar o desconhecido.[4] Quando o momento criativo atinge seu ápice, a experiência normal se desfaz e temos acesso a um conhecimento que antes não estava disponível. Tal como as experiências de Bannister, Beamer, Einstein ou de Thelonius Monk, o ato criativo nos transporta a um domínio que está além do espaço e do tempo comuns. Koestler usa dois desenhos para distinguir o ato criativo do ato trágico, ou, nesse caso, do desempenho comum. A primeira ilustração mostra o movimento das marés, de pico e vale, um pico levando ao vale seguinte. Sua segunda ilustração tem grande semelhança com a imagem do primeiro capítulo: ocorre um movimento descontínuo que leva a uma outra ordem de experiência.

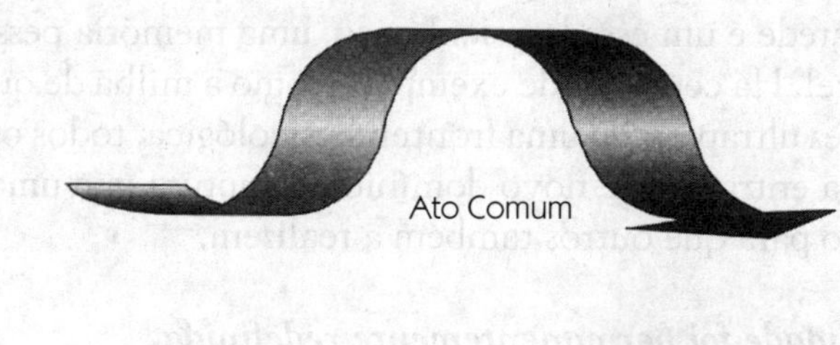

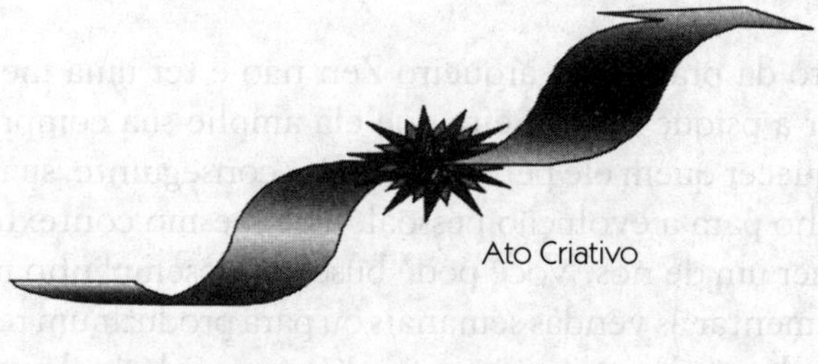

Como você pode ver, a zona é um caminho voltado para permitir que o nosso corpo passe pelo mesmo ciclo criativo descrito na primeira seção. Ela está em paralelo com o espírito de intercâmbio [*morphing*] da nossa época. Constitui o que se pode denominar um estado "hiperfísico", em que o corpo está mais estreitamente alinhado com o ritmo do nosso tempo. Ela representa a qualidade da atenção e da ação capaz de fazer a velocidade e o caos da nossa vida parecer mais manejáveis.

A Parede

O momento crítico é o ponto no qual escolhemos entre dar um salto para um novo domínio e nos dissolver lentamente até podermos nos recompor. O atleta que "atinge a parede" e persiste faz que ocorram um novo vento e um novo fluxo de força mais despojado de esforço do que o que havia antes. A conjuntura crítica sempre aparece quando nos sentimos mais frustrados ou fatigados; é portanto um momento crucial em todo processo criativo.

A zona, o fluxo ou o ato criativo também refletem descrições da experiência mística. O recurso à experiência mística pode nos permitir aprender mais sobre como negociar a presença da parede, esse momento tão crítico de descontinuidade.

A consciência cósmica, o samadhi ou o satori envolvem uma dissolução do ego, das crenças condicionadas que cada um de nós absorve do nosso ambiente. O que bloqueia a entrada nessa nova consciência é apenas a nossa *lembrança* do que éramos antes e a parte de nós que se apega a essa imagem. Quando o praticante está na experiência do satori, já não sente uma separação — dos outros, do que está a sua volta — nem mesmo dentro de si.

A entrada na zona pode exigir somente o "esquecimento" de quem você pensa ser. A parede é um estado psicológico, uma memória pessoal e coletiva do que é possível. Há centenas de exemplos, como a milha de quatro minutos, em que, uma vez ultrapassada uma fronteira psicológica, todos os atletas ficam mais livres para entrar nesse novo domínio. A ruptura que uma pessoa causa abre o caminho para que outros também a realizem.

A possibilidade foi permanentemente redefinida.

O propósito da prática do arqueiro Zen não é ter uma melhor pontaria, mas reorganizar a psique de maneira que ela amplie sua compreensão de si e lhe permita esquecer quem ele pensa que é. Por conseguinte, sua ação no mundo é um caminho para a evolução pessoal. Esse mesmo contexto está à disposição de qualquer um de nós. Você pode buscar o desempenho máximo com o propósito de aumentar as vendas semanais ou para produzir um relatório genial. Ou esses resultados podem assumir um caráter secundário diante de sua meta mais ampla de aprender a atuar num domínio mais fluido e expansivo de criatividade. Com a primeira abordagem, você consegue fazer as coisas. Com a segunda, *além* de conseguir fazer as coisas, você se diverte mais, passa a ter menos *stress*, fica bem mais sábio e incorpora ao seu ser uma capacidade que pode ser usada em qualquer lugar e a todo momento.

Assim, o propósito principal de adquirir o conhecimento para ter acesso à zona reside no fato de ela oferecer um caminho prático para a reestruturação do seu sentido de eu e, em conseqüência, da sua relação mente/corpo, de modo mais fluido e expansivo — o que é precisamente o que o ritmo da nossa cultura exige de nós.

Como é esse Novo Domínio?

Todas as culturas indígenas conhecem a zona e têm rituais claros destinados a dissolver os seus vínculos com a percepção ordinária para poder deixar-se ficar nesse mundo mais fluido. Por meio de práticas como caminhar sobre o fogo, dança do transe, buscas de visão e práticas xamanistas, a pessoa é guiada a entrar num domínio de possibilidades expandidas — e provocada a fazer isso. As culturas que têm evocado esse estado há milhares de anos o descrevem como um lugar que se pode visitar. Os Mayaruna a denominam "a terra de antes do começo do tempo"; os aborígines australianos, de "tempo do sonho".

Os aborígines têm tal experiência no acesso ao tempo do sonho que são capazes de pintá-lo nos seus desenhos dos versos da canção. Eles são conhecidos como os melhores rastreadores do mundo, capazes de seguir a pista de uma pessoa mesmo anos depois de ela ter passado pelo deserto. Quando lhes é perguntado como fazem isso, eles respondem: "É fácil: eu apenas encontro a pessoa no tempo do sonho e caminho ao lado dela." Em outras palavras, os rastreadores aborígines parecem transcender as restrições normais do tempo e do espaço. O tempo do sonho não é apenas uma visão poética; trata-se de uma realidade vivida.

O Tempo do Sonho é um Lugar em que o Desejo e a Realização São uma só Coisa

Trata-se do mesmo lugar tocado pelo arqueiro zen quando o desejo de atingir o alvo e a percepção do alvo se fundem numa única experiência. Todo exemplo dado desse estado — as idéias de Einstein surgindo, o piloto de Fórmula 1 dirigindo acima de suas possibilidades, Scott Hamilton no *skate* como bobo — requer que se entre nesse domínio em que o corpo e a mente estão mais unificados. Ele acontece quando a dualidade do nosso mundo interior, o que desejamos, e da nossa experiência exterior, o que de fato acontece, passa a ser um processo mais integral.

Podemos encontrar nas mais diversas culturas, em todas as profissões, ao longo da História, descrições impressionantemente semelhantes desse momento. Um músico tem acesso a um *conhecimento* semelhante ao dos amantes que ouvem intuitivamente as mensagens telepáticas do parceiro. Quem passa por uma experiência de cura espontânea sente a mesma *certeza* acerca da sua saúde recém-descoberta que um físico ao fazer uma descoberta notável e saber que ela está correta ou um homem de negócios na mesa de negociações que sabe exatamente que lance fazer no momento certo. Um xamã que caminha sobre carvões em brasa *percebe* de uma maneira bem parecida com a do atleta no jogo da sua vida. O desempenho máximo, as rupturas criativas, a realização pessoal, o humor e o amor, todos eles nos permitem alcançar um lugar de consciência bem parecido.

Não são apenas as descrições que são semelhantes; parece haver conseqüências universais e bem discerníveis da entrada nesse estado. Temos acesso a sentimentos, conhecimentos e resultados que transcendem os que costumam estar à nossa disposição. Seja ao cuidar do jardim numa tarde de primavera, ao perder todo o sentido do eu ou ao ter um desempenho excepcional ou muito criativo, as pessoas tendem a relatar alguns ou todos os catorze atributos a seguir como parte da experiência "hiperfísica".

1. O *tempo foi alterado*. O tempo pode parecer mais rápido ou mais lento. A sensação do tempo linear desaparece, havendo em seu lugar uma experiência de intemporalidade. A pessoa fica mais concentrada no momento presente como se só ele existisse. Pesquisadores descobriram que as ondas cerebrais se alteram nesses momentos, sugerindo que estão processando um volume de informações superior ao costumeiro. Se um volume de informações maior do que o normal passa pela nossa consciência, talvez seja essa a base fisiológica da sensação de que acontecem mais coisas e, por conseguinte, de que o tempo é alterado.

2. *Tem-se um acesso intuitivo às informações que vai além do que se pode explicar racionalmente*. O conhecimento adquirido por meio das experiências da zona tem uma qualidade diferente. As idéias parecem entrar na mente sem intenção nem esforço, e se mostram com todos os detalhes. Há com freqüência um curioso desapego da pessoa com relação às suas idéias, como se as informações não lhe pertencessem, mas simplesmente tivessem vindo por meio dela. Stravinski disse que não compôs A *Sagração da Primavera*, mas que foi apenas um veículo. Em vez de ser procurada, a criatividade *vem*.

3. *Esse conhecimento é acompanhado de uma certeza; a pessoa sabe que sabe*. Ela costuma sentir-se dominada pelo saber que ocorre na zona. A cisão entre pensar e fazer desaparece, sendo portanto mais fácil agir a partir das informações recebidas. Quando Friedrich von Kekulé teve seu famoso sonho da serpente que mordia a própria cauda, ele despertou com a certeza de que o carbono é um anel. Ele não contemplou a possibilidade de que fosse. Em vez disso, correu para o seu laboratório. Friedrich não teve dúvidas, e os testes subseqüentes comprovaram o seu sonho.

4. A *percepção torna-se acentuada e mais profunda.* As pessoas relatam que vêem mais, ouvem com maior acuidade e tocam com maior intensidade. Beethoven escreveu algumas de suas melhores obras quando estava completamente surdo, tendo dito que conseguia *ouvir* toda a obra concluída. Às vezes os sentidos separados se integram numa experiência unificada chamada *sinestesia*, o que sugere que a percepção advém de uma ordem mais profunda de experiência que não emprega as sensações comuns.

5. A *relação mente/corpo fica mais integrada, o que resulta em maior força, maior vitalidade e maior coordenação.* O corpo é elevado à fluidez da mente, e a mente elevada à sabedoria do corpo. A coordenação temporal fica aprimorada; reduz-se a tensão. Toda sensação de fadiga evapora. Nesse estado, as pessoas têm maior consciência do funcionamento do corpo e podem detectar com precisão, bem como modificar conscientemente, a pulsação e o nível da pressão arterial. Tem-se acesso a uma força e a uma vitalidade que se acham num lugar que transcende o puramente físico, tal como ocorre quando a mãe consegue miraculosamente levantar um carro para tirar o filho de debaixo dele.

6. O *foco das ações se intensifica e elas ficam mais centradas no alvo.* A pessoa passa a agir instintivamente, em algum lugar além da mente, saltando antes de olhar, agindo antes de pensar. Você já estendeu a mão e alcançou um copo que estava caindo da mesa, mesmo antes de a sua mente consciente se dar conta do que estava acontecendo? A sensação aqui é a mesma. A mente se desapega, deixando a sabedoria do corpo livre para aflorar. Tem-se dado a isso a designação de *conhecimento intuitivo*, um conhecimento de natureza cinestésica, fora da percepção consciente.

7. *Reduz-se o conflito interior; o processo de decisão é facilitado.* Este é um subproduto extremamente útil da zona. Vivenciam-se menos mensagens conflituosas, tendo-se portanto mais condições de ir ao centro das questões. Pesquisadores descobriram indícios da existência nesse estado de maior sincronicidade entre os hemisférios direito e esquerdo do cérebro. Isso pode gerar uma sensação de coerência interior e, portanto, decisões mais bem fundadas.

8. A *concentração torna-se extraordinária.* É como um casulo de concentração. Você entra em sintonia somente com o que é relevante para a tarefa à mão. Estando você mais integrado com o seu corpo, a concentração é mais profunda. Um pianista de fama mundial foi afetado a tal ponto pela artrite que mal podia segurar um copo d'água, mas nos concertos podia tocar durante horas sem sentir dor. A suspensão da dor era possível porque havia menor separação entre o pianista e o ato de tocar. O *agir* superava a dor. A concentração que se sente nesse estado é como uma bolha que isola a pessoa das distrações da consciência comum.

9. *O engajamento na ação é mais fácil.* Como você sabe que sabe, as dúvidas e temores desaparecem. A ação toma conta da pessoa de uma maneira que torna o engajamento integral. As pessoas relatam que, em vez de respirar, "são respiradas"; em lugar de tocar a música, ela as toca. Nesse estado, há uma fusão tão completa com uma tarefa que sua realização se automatiza. A "condição ativa" [*doingness*] se apossa da pessoa.

10. *Tem-se a sensação de saber qual o propósito maior da existência individual.* Nessa zona, as pessoas relatam que ficam sabendo por que estão neste planeta. Por exemplo, quando estava no jogo de sua vida, Pelé, jogador de futebol de fama mundial, percebeu o sentido maior de sua vida e sentiu a necessidade de escrever um livro para explicar suas experiências. Muitas vezes você é levado a se expressar de maneiras até então desconhecidas por você. Desde que se trate de um lugar de amplas possibilidades, torna-se mais fácil ter sonhos maiores.

11. *Esse estado costuma ser acompanhado de uma sensação de felicidade e de bem-estar.* Tem-se a impressão de que se está no lugar certo no momento certo. Há a sensação de que tinha de haver uma orquestração específica de eventos, como se uma inteligência superior guiasse a pessoa em seu caminho. A pessoa se sente relaxada e em estado de graça, como se pudesse fazer mais coisas acontecer com um mínimo esforço.

12. *Quando se trabalha com outras pessoas, há uma crescente integração e magia.* As pessoas "pegam" esse estado umas das outras. Quando entra na zona, um membro da equipe pode levá-la a ficar excepcional. Sou uma jogadora de tênis medíocre. Tive certa vez a oportunidade de jogar com um ex-participante da Copa Davis e não somente fiz o melhor jogo da minha vida, como a sua capacidade, seu estado de espírito bem-aventurado, pareceu transferir-se para mim. Os estados elevados de consciência parecem transferíveis.

13. *Nosso relacionamento com as outras pessoas fica mais profundo, mais compassivo.* Quando a pessoa está na zona, ela fica mais capacitada a perceber, para além das aparências de superfície, as reais necessidades alheias. Fica-se mais sintonizado com os outros, como se o bem-estar de uma pessoa estivesse vinculado com o de outra. As pessoas costumam dizer que, depois de entrar na zona, passam a ter muita coisa boa para dar a outrem.

14. *Aumenta igualmente o vínculo com o planeta e com toda a vida.* A vida parece bem mais profunda do que os intermináveis dramas que descrevem a atividade cotidiana. O falecido físico Itzhak Bentov descobriu que, em estados de meditação profunda, nossas ondas cerebrais aproximam-se mais da freqüência do campo eletromagnético que circunda a Terra. Ele apresentou a

hipótese segundo a qual essa ressonância fisiológica com a Terra pode levar a uma maior sensação de ressonância psicológica.[5] Jung apresentou uma hipótese semelhante em sua descrição do inconsciente coletivo, uma sabedoria planetária arquetípica a que pessoas em todos os períodos da História tiveram acesso.

A Zona é uma Perfeita Solução para o Aumento do Stress e para a Aparente Regressão do Físico na Vida Moderna

Se pudéssemos entrar nesse estado à vontade, a vida seria muito mais simples. Quando Philip e eu começamos a falar da zona em nossas apresentações, há quase quinze anos, poucas pessoas tinham ouvido o termo. Era necessário reservar um tempo para algumas explicações a fim de levar as pessoas a perceber que falávamos de algo que vai bem além do estar de bom humor ou do ter um bom dia. Hoje, quase todos já conhecem o termo e sabem exatamente por que ele tem tamanha força. Foram escritos recentemente vários livros equiparando a zona com a liderança mais avançada e com a administração mais criativa. O livro de dieta de Barry Sears, *The Zone*, sugere que os nossos hábitos alimentares podem ativar um neuro-hormônio associado com os estados de desempenho máximo. Desse modo, podemos, por meio da alimentação, promover o prolongamento de estados como esse. O estrondoso sucesso do livro de Sears sugere que um público maior deseja estar na zona.

Creio que as pessoas têm maior consciência desse estado não simplesmente por causa da cobertura dos meios de comunicação, mas porque estão tendo pessoalmente mais experiências diretas dele. A química da vida moderna é ideal para induzir experiências da zona. Os catorze atributos da zona proporcionam uma perfeita solução para épocas de muito *stress* e de pesadas exigências.

O Portal do Comportamento

Dois dos mais conhecidos pesquisadores da zona são Mihaly Csikszentmihalyi e Michael Murphy. Eles documentaram milhares de casos de excelência de desempenho, e chegaram a conclusões notavelmente semelhantes acerca do que esse estado pode indicar.

No seu livro *The Flow*, Csikszentmihalyi afirma:

> *Depois de cada episódio de fluxo, a pessoa se torna cada vez mais peculiarmente o que ela é, menos previsível, dotada de capacidades mais*

raras... O fluxo ajuda a integração do eu porque, nesse estado de concentração profunda, a consciência adquire uma boa organização incomum... E quando a experiência chega ao fim, a pessoa se sente mais "inteira" do que antes, não só interiormente como também com relação às outras pessoas e ao mundo em geral.[6]

E em sua magistral pesquisa intercultural do fenômeno, *The Future of the Body*, Michael Murphy diz:

Acredito que certos tipos de desenvolvimento humano extraordinário anunciam uma terceira transcendência evolutiva. Com eles, começou a surgir na Terra um novo nível de existência, um nível cujos padrões não podem ser adequadamente especificados pela física, pela biologia ou pela corrente dominante da ciência social.[7]

Concordo com essas conclusões. Os catorze atributos que se manifestam naturalmente revelam uma visão extraordinária do futuro. Se se tivesse um fácil acesso à zona, a vida tal como a conhecemos se transformaria. Os relacionamentos seriam mais telepáticos, os projetos atrairiam recursos com maior facilidade e se desenvolveriam com maior rapidez por causa do aumento de sincronicidade. A motivação viria com menor esforço, visto que a nossa certeza e concentração nos impeliriam a agir. **Se o futuro reside na descoberta de estados mais intensos no presente, a zona por certo revela ser uma amostra do que vem por aí.**

O biólogo Lyall Watson diz que essas experiências da zona são "eventos mutacionais", dado que alteram as nossas próprias definições do que é possível. Foi por isso que eu a comparei à barraca "A Zona do Futuro", de Peter Gabriel. Ela proporciona evidências palpáveis do que pode vir a ser, num futuro não muito distante, um estado normal de consciência. Com efeito, talvez esse seja o verdadeiro propósito das experiências da zona: permitir que tenhamos uma vivência antecipada da nossa capacidade de agir no mundo.

Os psicólogos ampliaram recentemente suas noções de inteligência, identificando sete tipos diferentes, como a espacial, a musical, etc. A mais conhecida, a inteligência emocional, é uma qualidade que algumas pessoas possuem no sentido de poder usar suas emoções, e com elas se relacionar, de maneira mais produtiva. **Podemos considerar a zona como uma modalidade de "metainteligência". Sempre que temos acesso a esse estado e nele nos detemos, ele faz com que todas as nossas faculdades — emocional, cognitiva, somática, etc. — alcancem um nível mais elevado.**

Células Fisicamente Alteradas e Novos Anfíbios

Claro que muitos místicos e poetas exploraram a idéia de um estado "emergente" de consciência. Emerson o chamou de "supramente", Bucke referiu-se a ele com a designação de "consciência cósmica", e o místico indiano Sri Aurobindo o denominou "supramental". O padre jesuíta Pierre Teilhard de Chardin descreveu o mecanismo dessa evolução como uma maior "interiorização", um aprofundamento interior que se desvelaria em resposta a um mundo em evolução.

Filósofos radicais como Timothy Leary e Terrence McKenna dão uma inflexão moderna à nossa interpretação desse estado. Eles recomendam que, mais do que de um novo *software* (crenças), é preciso uma reorganização do próprio *hardware* do nosso sistema nervoso.

É precisamente uma reorganização que acontece na zona. As informações são processadas de outra maneira, nosso sentido do eu se altera, há mudanças na percepção, dissolvem-se os condicionamentos, alteram-se nossas ondas cerebrais e a nossa fisiologia tem reações diferentes. Depois de cada experiência, somos transformados para sempre, passando a ser dotados de capacidades mais raras.

Ocorre uma "memorização muscular". Tal como acontece com andar de bicicleta, o corpo conserva uma memória permanente do "lugar" onde esteve. Depois de cada experiência com o estado de fluxo, temos maior facilidade para recuperá-lo, o que sugere uma mudança permanente no próprio corpo. É por isso que os atletas têm acesso mais freqüente à zona; parte da sua atividade consiste em reconhecer quando chegam a esse estado, de modo que eles também passam a saber como voltar a ele. Eles treinam para seguir a pista. Não é por acaso que muitos atletas profissionais têm sucesso como apresentadores de programas. Eles têm algo que as outras pessoas desejam aprender.

É muito comum que, ao termos uma experiência culminante, fiquemos com a impressão de que ela sempre existiu e de que nunca saímos dela, de ela ser uma característica sempre presente, porém não percebida, da nossa consciência. Cada vez que entramos na zona, ou reino transcendente, uma parte de nós nunca sai de lá. Trata-se da alteração física das células, ou "memorização muscular". Nossa experiência normal de repente é colorida por toda experiência subseqüente dessa expansão. Somos tocados para sempre e começamos a ansiar por ter essa experiência como um estado permanente.

Quando os girinos desenvolvem sua capacidade de viver na terra, eles passam lentamente por mudanças fisiológicas. Há um momento em que seus pulmões já se formaram e eles podem respirar na terra, porém suas guelras ainda funcionam, de modo que podem igualmente respirar dentro da água. Nesse estágio, surgem perninhas funcionais, porém eles ainda podem nadar com os vestígios da cauda.

Os anfíbios têm ambos os conjuntos de órgãos para viver tanto na terra como na água. Do mesmo modo, podemos estar desenvolvendo as primeiras características daquilo que vai terminar por se tornar um estado permanente. **Por algum tempo, a capacidade de ação comum e a ação extraordinária da zona vão coexistir.** Tal como as guelras dos girinos, o pensamento racional, linear, pode mostrar-se cada vez menos eficaz. A crença na separação mente/corpo pode um dia parecer uma lembrança remota. Essas idéias podem dissolver-se como os resquícios da cauda dos girinos, à medida que passarmos cada vez mais tempo na fluidez intensificada da zona.

O Futuro só Existe no Presente

Se a zona é o portal para um estado futuro, temos de examinar mais detidamente o que designamos por futuro. Ele não é algo que exista no tempo cronológico. É uma construção da nossa mente, uma metáfora do potencial não realizado do desconhecido. Como tudo pode acontecer amanhã, podemos adotar a noção de possibilidades ilimitadas. Sempre que temos contato com possibilidades que se acham além da nossa realidade condicionada, entramos no futuro.

A zona se assemelha ao futuro porque nos leva para além das restrições do pensamento dualista; a pessoa *sabe* o que fazer. Trata-se de uma certeza que excede os limites do pensamento comum. Ela nos leva para além da dúvida e da inércia, e nós podemos descobrir sem esforço o entusiasmo para agir. Cada vez que se toca um dos catorze atributos da zona e se transcendem as limitações que antes se tinham, alcança-se, na realidade, o próprio futuro.

Um cientista estava criando alguns peixinhos num pequeno tanque de vidro. Ele colocou esse tanquinho dentro de um tanque maior que continha peixes adultos. Os peixinhos do pequeno tanque viam os peixes adultos no tanque maior, mas não podiam nadar até eles por causa da barreira de vidro.

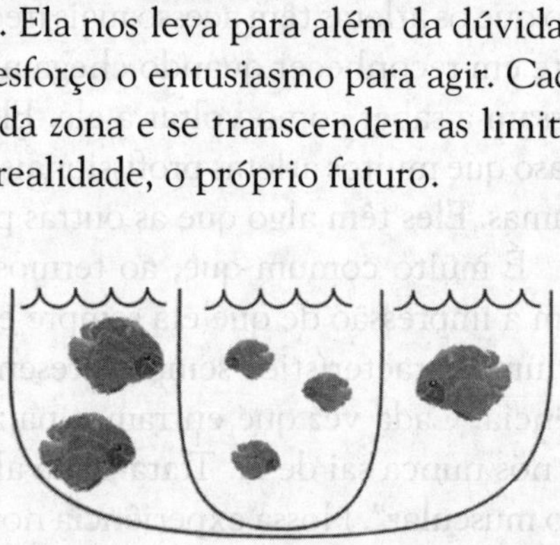

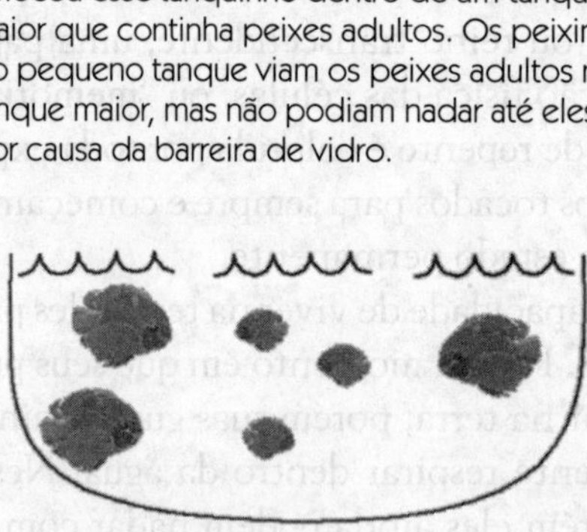

Quando os peixinhos cresceram, o pesquisador removeu o vidro do seu tanquinho para que eles pudessem nadar livremente. Mas eles não o fizeram! Eles paravam no perímetro do que fora uma parede de vidro. Essa experiência condicionada era mais real para eles do que o fato de o vidro ter sido removido. Embora o tanquinho já não existisse, a lembrança dele persistia.

Somos todos um pouco como esses peixinhos. Agimos no âmbito do que aprendemos com o passado. Nosso condicionamento molda os parâmetros do nosso mundo. No momento em que "nadamos" para além de uma fronteira passada, ficamos eufóricos por ter transcendido a nossa existência conhecida. Nesse instante, deixamos para trás os nossos hábitos e o nosso condicionamento; há a liberdade de não mais seguir literalmente uma lembrança. Todas as tradições espirituais referem-se a isso pelo termo *despertar*, emergir do sonho enevoado do nosso passado.

O presente é o nosso ponto de poder. É o único momento em que temos escolha, o único momento em que podemos ir além das lembranças que nele projetamos. Somente por meio da ampliação das nossas sensações no presente podemos um dia alcançar alguma coisa diferente do que já conhecemos. É às vezes necessário algum tempo até apreendermos por inteiro essa idéia. Nos livros de Carlos Castañeda, o feiticeiro Iaqui, Don Juan, passa intermináveis horas e cerca de três livros tentando levar Carlos a compreender justamente esse conceito. Entrar no futuro significa dispor-se a ter sensações que nunca se teve antes. Significa convocar o que Castañeda denomina "um ato de poder", bem como a reformulação das características do que se pensa que se vê.

> *Há um curioso episódio do programa de televisão* Jornada nas Estrelas: A Próxima Geração. *A cena de abertura mostra a tripulação da nave jogando pôquer. Minutos depois, soa o alarme e os oficiais são chamados para a ponte para uma emergência. Pouco depois, a nave explode e todos morrem.*
>
> *Depois do comercial, vemos exatamente a mesma cena do começo: a tripulação jogando pôquer e recebendo as mesmas cartas de antes. A seqüência se repete: o alarme toca, o navio explode, todos morrem. Vemos mais uma vez a tripulação jogando pôquer. Só que dessa vez um dos membros da tripulação adivinha corretamente qual vai ser a próxima carta. A seqüência pôquer-alarme-explosão se repete mais algumas vezes. Mas a cada vez que o ciclo se repete a tripulação se lembra de mais coisas referentes ao que está para acontecer. A pessoa começa a se dar conta de que já esteve na mesma situação. Eles começam a despertar.*
>
> *A cada repetição, eles ficam mais argutos. Eles se apercebem de que estão num desses desagradáveis círculos do tempo que os faz repetir vezes sem conta a mesma seqüência de vinte minutos.*
>
> *Eles plantam para si mesmos pistas que os "despertem" para o fato de que continuam a tomar a decisão errada, por mais lógica que seja ela. Apesar de essa decisão ser sempre a mais racional, a nave fica explodindo repetidamente. Eles têm de se lembrar de fazer alguma opção diferente em vez

de a que se apresentar como melhor e que os leva à destruição final. Eles acabam por elaborar novas bases para a sua decisão. Eles conseguem fazer a opção menos óbvia, o que salva a nave e os retira do ciclo do tempo.

Todos vivemos numa versão dessa história de *Jornada nas Estrelas*. As nossas limitações recordadas funcionam como uma fita em eterna repetição. Vamos a uma reunião e representamos os mesmos papéis e damos as mesmas opiniões de tantas reuniões passadas. Dias depois de começarmos a trabalhar com um novo parceiro, recriamos os padrões que seguimos com parceiros anteriores. Vivemos com alguém durante anos, mas temos repetidas vezes as mesmas discussões.

Todas as formas de crescimento pessoal se resumem ao processo de plantar para nós mesmos pistas que digam "Ei, acorde! Você já fez isso antes. Faça uma opção diferente!" Tal como a tripulação de *Jornada nas Estrelas*, embora sejamos impelidos de maneira quase irresistível a fazer as mesmas opções do passado, alguma parte nebulosa da nossa mente está vagamente desperta o bastante para fazer soar o alarme que nos leve a alguma coisa diferente. Desafiamos a atração da escolha óbvia e partimos noutra direção, demonstrando um ato de poder. A entrada no futuro, ou o verdadeiro acesso a novas possibilidades, requer uma transformação no presente e a quebra de vínculos com o passado.

Estive Ali, Fiz Isso

Sempre que tocamos nessa questão em nossos seminários, alguém sempre se lembra de uma época em que esteve na zona. Um compositor se recorda de um período de seis meses durante o qual escreveu todas as canções que foram a base de quase dez anos de carreira. Um corretor se recorda de uma sucessão de lances de "sorte" em que durante meses todo investimento feito acertava em cheio, período que lhe garantiu uma posição boa que ele mantém até hoje. Esses períodos podem ser prolongados e proporcionar fama e fortuna, assim como podem ser pontuais e rápidos, como seguir um forte impulso de ir almoçar num lugar diferente e encontrar um amigo que não se vê há anos.

Na realidade não há diferença funcional entre o que acontece nessas breves experiências, nas mais prolongadas e nas que produzem resultados mais imediatos. De fato, sob muitos aspectos as experiências simples são mais relevantes para compreendermos a zona. As grandes experiências culminantes podem ser descartadas mais facilmente como eventos que ocorrem uma vez na vida ou como vinculadas com um período em que se era mais jovem e mais atirado. As experiências mais comuns da zona nos permitem ver que essa realidade ampliada é sempre apenas uma simples escolha.

Viver a Zona ou não Viver a Zona

Entramos nesse estado e dele saímos o tempo todo, mas não lhe damos importância ou o ignoramos pelo fato de que ele não costuma ser objeto de discussão.

- ➢ Poderíamos ignorar as mais extraordinárias experiências de ruptura porque ninguém fala disso?
- ➢ Poderíamos esquecer esses momentos simples de maior facilidade porque nossos amigos estão sempre falando do seu grande cansaço ou das muitas coisas que têm para fazer?
- ➢ Será que as empresas limitam inconscientemente as pessoas que estão num ciclo criativo por causa de sua ênfase excessiva na obtenção de resultados de curto prazo?
- ➢ Será que damos mais atenção ao nosso trabalho duro do que aos períodos de facilidade por causa da ideologia persistente de que sem esforço não se consegue nada?

Imagine se, quando você era criança, seus pais percebessem todas as ocasiões em que você estivesse passando por uma experiência culminante e lhe dissessem: "Vá em frente, você está na zona. Não se preocupe em voltar para casa na hora do jantar. Não interrompa sua experiência." Suponha que, sempre que você falasse de um pressentimento, houvesse estímulo para seguir em frente e não lhe pedissem para explicar por que você se sentia assim, ou, que, quando você estivesse sonhando acordado, seu devaneio fosse considerado produtivo. Imagine se a conversa típica da hora do jantar incluísse a discussão por todos dos momentos do dia em que as coisas ficaram fáceis para eles e a sua vitalidade pareceu interminável. Ou se na escola se estudasse como é estar em perfeita sintonia, a natureza do processo criativo e o fato de as ondas cerebrais tenderem a mudar durante estados alterados de consciência, ou se os professores o treinassem para entrar nesse estado?

Suponha então que os programas de entrevistas da televisão perguntassem regularmente aos convidados como eles criam as condições para golpes de sorte, e que os noticiários cobrissem regularmente histórias sobre projetos concluídos antes do previsto no empenho por descobrir elementos que permitissem a outras pessoas fazer o mesmo. Se nos permitissem crescer assim e se alterasse nessa direção o ambiente social mais amplo, entrar na zona seria uma experiência bem mais aceita e mais freqüente.

Uma das razões pelas quais vemos a zona como algo raro está no fato de ela ainda não ser parte da cultura mais ampla. É mais socialmente aceitável concentrar-nos em nosso grau de *stress* do que em nossa inspiração. Enquanto tivermos por foco a luta, ela vai ser o elemento dominante na nossa atenção.

Enquanto dispusermos de poucas oportunidades para partilhar esses momentos miraculosos, eles continuarão a parecer fugidios.

O filme *Don Juan de Marco* é uma excelente ilustração do caminho de transição que todos temos de seguir para viver a partir da zona.

> *Johnny Depp como Don Juan ou é de fato o melhor amante do mundo ou, o que é mais provável, vive num mundo de ilusão decorrente de um grave trauma da infância. Marlon Brando representa um psiquiatra que está de plantão na noite em que a personagem de Depp tenta o suicídio e que passa então a ser seu terapeuta.*
>
> *Brando está a uma semana da aposentadoria. Seu casamento com Faye Dunaway é bom, embora um pouco privado de paixão depois de tantos anos. Ele poderia facilmente aposentar-se e, mais que depressa, deixar de cuidar desse paciente prescrevendo-lhe as drogas corretas. Apesar disso, ele enfrenta os superiores para ficar com o caso e resiste ao uso de remédios a fim de ver qual é de fato a condição do seu paciente. Bem no íntimo, Brando sente que precisa de Don Juan talvez mais do que este dele.*
>
> *Enquanto Brando, com certa paixão, tenta tirar Depp de sua fantasia, este tenta, com toda a paixão, fazer Brando entrar nela. Trata-se de uma realidade mágica em que os sonhos se realizam e os dias são repletos de uma paixão interminável.*
>
> *Tecnicamente, Don Juan vê as mesmas coisas que seu psiquiatra, mas as registra por meio de outros filtros. Num dado momento, Brando pergunta a Depp se ele compreende que está num hospital psiquiátrico. Depp, que insiste em chamar Brando de "Don Carlos", responde: "Don Carlos, o senhor chama isto de hospital? Eu o chamo de sua hacienda!"*
>
> *Claro que, no final das contas, Depp consegue defender melhor a sua tese. Brando está mais interessado em entrar em seu mundo do que ele em sair. Na cena final, Brando entra num universo paralelo no qual é de fato Don Carlos, e Dunaway se une a ele no que promete ser noites de prazer. A razão pela qual Brando entra no mundo de Depp é o fato de que, se aceitar que de fato é Don Juan, o maior amante do mundo, Brando poderá ser ele e possuir igual poder!*

O poder do papel de Don Juan está em ser ele alguém que transformou por completo o mundo que vê. Ele vê as cadeiras e as mesas, e tudo o mais que todos vêem, mas também percebe qualidades invisíveis ao olho normal. Tal como a atleta que alcança a velocidade perfeita, Don Juan vive num mundo que tem outras regras.

Peço-lhe que faça a mesma transição que Brando faz. Tracei um perfil glorioso de uma zona na qual os sonhos se realizam e reina a paixão. Você provavelmente está intrigado; parte de você, como foi o caso de Brando, deseja entrar nesse universo, mas o peso da vida corriqueira domina os seus sentidos e a razão sentencia: "Belo conceito, mas irresponsável e irrealista."

Você pode pensar: "Mesmo que acreditasse nesse lugar louco da zona, como eu poderia viver nele? As pessoas não iriam me achar estranho? Eu não perderia meu equilíbrio e minha capacidade de agir no mundo cotidiano? E se por acaso eu entrasse lá e não pudesse mais sair?"

Johnny Depp dedica-se a fazer que Brando entre em seu mundo. Ele sabe que Brando tem *realmente* de querer estar lá e que do contrário não haverá coisa alguma capaz de persuadi-lo. O mesmo acontece aqui. Por mais mágico que você torne o cultivo de um estado de fluxo, você só vai poder expandir a sua experiência desse estado se o desejar. Uma vez que você reconheça um *desejo* de viver nessa realidade ampliada e a partir dela, tudo vai começar a mudar.

De repente há um mundo diferente,
e o infinito é apenas mais um jogo.

All of a Sudden, de Laraji[8]

O primeiro instrumento para a navegação no futuro é a nossa capacidade de entrar em estados avançados de consciência que nos permitam fazer o próprio corpo se alterar. Trata-se da mais fundamental maneira que podemos ter de moldar de outra forma o que está por vir.

- Em primeiro lugar, isso representa uma aceleração da percepção, uma capacidade de se ter acesso a informações, de processá-las e de organizá-las de outra forma.
- Em segundo lugar, entrar na zona é algo que atinge o âmago do que está sendo transformado. O tempo e o espaço, os próprios alicerces do pensamento racional são confrontados. Temos acesso a um lugar em que as regras da manifestação são influenciadas de maneira mais direta pela nossa consciência.
- Em terceiro lugar, isso nos permite ter como foco a inevitabilidade desse rumo. Trata-se de uma reação evolutiva a um ambiente mais complexo e estressante.

- Por fim, ele põe em relevo o desejo natural que todos temos de agir a partir de um novo nível de existência. Os relatos sobre a entrada na zona obviamente nos fascinam, e é natural que queiramos partilhar dessa experiência.

Aos poucos, tanto as nossas eventuais experiências na zona como os nossos esforços intencionais no sentido de chegar a ela vão começar a transformar o nosso sistema nervoso num novo "circuito". Cultivaremos a capacidade de entrar conscientemente nesses estados e de nos manter neles por períodos mais longos. E um dia poderemos até descobrir que entramos nesse novo mundo para sempre.

Praticando a Zona

Há em latim dois termos distintos para conhecimento, *lexis* e *praxis*. Este capítulo e cada um dos sete seguintes dividem-se nessas duas partes.

- *Lexis* é o conhecimento que se apóia na linguagem. O sonho lingüístico da primeira parte do capítulo (que você acabou de completar) tem como objetivo abrir a sua imaginação e levá-lo a pensar.
- *Praxis* é o conhecimento que se apóia na razão. Trata-se de um conhecimento que só pode ser descoberto na prática, que se assemelha a aprender a andar de bicicleta e que, uma vez adquirido, nunca deixa de existir. A segunda parte de cada capítulo é uma seção prática na qual vou descrever maneiras de incorporar essas idéias à sua vida diária; por exemplo, como você começa a entrar na zona com mais freqüência. A prática exige tempo e compromisso. Mas se você praticar bem a segunda parte, não vai precisar se lembrar de nenhuma coisa dita na primeira; as idéias terão se tornado suas.

Dar Nome à Zona

O simples fato de ter um nome para a zona, bem como a vontade de começar a perceber quando essa experiência ocorre pode, em si e por si, aumentar a freqüência da sua ocorrência.

Havia uma tribo sul-americana que não tinha um nome para o vermelho. Se o matiz fosse mais próximo do laranja, eles o chamavam de laranja. Se fosse mais próximo do roxo, eles o chamavam de roxo. Mas depois que um antropólogo os ajudou a criar um nome para o vermelho, eles foram capazes de distinguir uma cor que nunca tinham visto antes e começaram a vê-la em toda parte. Da mesma maneira, o simples fato de ter um nome e um conceito para esse estado provavelmente fará com que você comece a ter experiências de entrada na zona com maior freqüência.

Você pode querer simplesmente fazer uma anotação na sua agenda cada vez que sentir que está entrando num estado de zona.

Uma conhecida nossa que fez isso conscienciosamente descobriu que, a cada semana que passava, aumentavam suas anotações. Ela se deu conta de que sempre entrara em estados de expansão da consciência, mas simplesmente não percebia isso. Ela descobriu ainda que o simples fato de atentar para esses estados aumentava a freqüência com que ocorriam. Trata-se de uma forma do efeito Hawthorne, baseado em alguns estudos que descobriram que, quando decidimos observar um dado comportamento, as pessoas começam a mostrar esse comportamento simplesmente porque estamos procurando por ele. Logo, o simples nomear e reconhecer os estados de zona constitui um excelente exercício inicial.

Sincronia Mente/Corpo

Os atletas descobriram que o estado de zona sempre se faz acompanhar de uma condição de maior integração mente/corpo. Eis um exercício simples que se pode fazer na mesa do escritório para promover a integração mente/corpo:

Peça a um amigo que cronometre para você sessenta segundos. Ou então marque no cronômetro um minuto. Feche os olhos. Abra-os assim que julgar que se passou um minuto. Veja o quanto está próximo ou distante de acertar esse tempo. Se estiver estressado ou excessivamente agitado, você muitas vezes vai julgar que se passou um minuto quando só se passaram mais ou menos quarenta segundos. Esses minutos de quarenta segundos, ou mesmo de cinqüenta, criam a sensação psicológica de sempre estar sendo pressionado ou apressado. Fiz isso uma vez com uma executiva bem estressada. Ela julgou que se passara um minuto quando haviam decorrido apenas trinta segundos!

Esse processo simples tem sido usado como medida do que se chama "doença do tempo", um fenômeno recente em que as pessoas estão com tal grau de *stress* que já não percebem com precisão o tempo cronológico. Esse é um exercício que você pode fazer em vários momentos do dia, sempre que sentir que não pode dar conta das coisas porque elas exercem sobre você uma pressão intolerável. *Essa é uma maneira de reajustar seu relógio interior.* Reserve alguns minutos para realizar esse processo e, então, faça uma pausa. O fato de você se deixar relaxar até poder perceber com maior precisão um minuto ou sessenta segundos é um enorme passo rumo à sensação de maior equilíbrio. O equilíbrio é uma das condições necessárias à entrada na zona.

Reduzir a Velocidade e Aprofundar-se

Em muitos momentos do dia, você provavelmente tem a sensação de que seus pensamentos ou ações estão começando a se dispersar. Diante de um projeto que parece estar perdendo o ímpeto ou de uma reunião que parece se deteriorar, tendemos a nos esforçar ainda mais e, como resultado, distanciamo-nos ainda mais de um estado de fluxo. Se ocorrer repetidamente, isso na verdade começa a desencadear uma memorização muscular do esforço e da batalha, e o corpo também aprende a entrar nesse estado.

> *Quando perceber um momento em que seus pensamentos ou ações começam a se dispersar, tente parar. Faça uma pausa e dedique-se a alguma outra coisa. Parar significa mais do que simplesmente descansar; envolve o relaxamento em outro ritmo. Ao começar a fazer experiências com paradas intencionais, pretendendo com isso entrar em outro ritmo, você vai descobrir a incrível força que reside nesse simples ato.*

Essa pausa funciona mais ou menos como o exercício anterior: é uma maneira de reajustar o relógio interior. Ao se familiarizar melhor com o ritmo que acompanha um estado de fluidez, você vai se tornar mais sensível ao momento em que sair dele e vai desejar automaticamente voltar a essa sensação de sincronia interior.

Pistas

Além de reajustar o relógio interior, há uma gama de comportamentos associados com o estar no fluxo. Na verdade, a principal diferença entre os atletas de classe internacional e os atletas simplesmente bons é o fato de os grandes vencedores parecerem ter mais pistas para identificar o momento em que entraram na zona. Eles captam a experiência bem no começo e podem relaxar nela de maneira mais plena, visto que têm mais parâmetros para descrevê-la.

Os catorze atributos apresentados numa seção anterior deste capítulo podem servir como o seu conjunto de pistas. Pedimos certa vez a um grupo de pessoas que participavam do nosso seminário que passassem um dia concentrando-se em cada um dos atributos. Um dia elas percebiam flutuações em seu sentido normal de tempo; outro dia prestavam atenção aos momentos em que sentiam um aumento da certeza e assim por diante. Ao final de duas semanas, o grupo sentiu ter uma compreensão muito melhor da gama de pistas que podem sugerir a entrada num estado de expansão. Por que você não tenta fazer isso?

Nas próximas duas semanas, passe um dia concentrando a atenção numa pista de cada vez. Você pode fazer isso mentalmente ou usar a técnica do diário, isto é, fazer uma breve anotação cada vez que perceber um atributo particular entrando em sua consciência.

Não Feche a Porta

O pai de Philip, Roy, nos contou uma grande história. Roy pratica há muito tempo a meditação transcendental. Um dia ele foi a um retiro montado em território Hopi. Ele perguntou aonde podia ir meditar e eles sugeriram que entrasse numa *kiva*, uma construção redonda tradicional parcialmente subterrânea. Roy entrou e começou a meditar como sempre faz todo dia. Quase instantaneamente, ele entrou numa experiência de consciência cósmica. Era um estado de que ele já ouvira falar, mas que nunca experimentara pessoalmente nesse nível. Ele entrou em êxtase. Então um pensamento inócuo lhe cruzou a mente: *ele se esquecera de fechar a porta*. Claramente cônscio do estado profundo em que se encontrava, ele decidiu que fazia sentido levantar-se e fechar a porta para que ninguém lhe perturbasse o devaneio. Feito isso, sentou-se outra vez para continuar a jornada, mas a experiência passara.

Fechar a porta encerrou o que estava acontecendo. Revendo a situação, ele se deu conta de que o pensamento sobre a porta *não* fora inócuo. Fora na realidade um disfarce para um terror inexpresso, seu medo de se perder naquele estado e nunca poder recuperar sua personalidade. Seu medo assumiu a máscara de um pensamento aparentemente normal. Estar no fluxo é uma situação desconhecida, podendo dar a impressão de estar além da nossa capacidade.

Todos fecham a porta na experiência da zona porque ela representa maior energia e liberdade do que estamos acostumados a ter. Você pode se encontrar num estado de fluxo criativo, parar inocentemente para responder a um telefonema e nunca mais conseguir voltar ao ponto em que se encontrava. Estou tendo uma conversa extraordinária com alguém e sugiro que continuemos ficando mais à vontade e sentando em algum lugar, e simplesmente descubro, ao chegar ao novo lugar, que o momento passou. No filme *Bull Durham*, a personagem de Tim Robbins, o lançador, põe um dia a cinta-liga preta de Susan Sarandon para dar sorte e entra numa excelente fase. A personagem de Kevin Costner, o pegador, mais tarde insiste com Robbins para que ele use a cinta-liga todos os dias, por meses a fio. Como diz Costner, "Não se deve mudar o que está dando certo." Não se sai do lugar em que se está, não se telefona, não se tira a cinta-liga, não se faz coisa alguma!

Vale a pena começar a identificar as maneiras características que você emprega para sair de suas zonas. Da próxima vez que acontecer, comece a manter registros do que acontece quando você sai de estados de fluxo. Você fica cansado? Sua mente vagueia? Você se sente agitado e desperto? Dispomos de infinitas maneiras de fazer isso. Depois de atentar para a maneira como você sai desse estado, faça experiências com ele e tente relaxar para poder ficar nele por mais um tempo. Cada vez que conseguir prolongar a experiência, você estará aumentando a sua capacidade de mantê-la. Trata-se de um portal que você pode aprender a manter aberto.

O outro motivo pelo qual saímos de uma experiência de fluxo é o fato de alcançarmos o que poderia ser denominado um limiar energético — a alegria parece demasiada.

Peça a um amigo que realize com você o processo a seguir. Peça a ele para elogiá-lo, dizendo-lhe todas as suas características de que gosta. A pessoa precisa, ao fazer isso, parar sempre que sentir que você de alguma maneira bloqueou a afirmação ou não a aceitou plenamente. Você vai indicar-lhe isso ao piscar com mais rapidez, movimentar de repente os olhos, distrair-se ou sorrir. Cada vez que isso acontecer, a pessoa pára e lhe pergunta o que há. Você vai perceber invariavelmente que teve um pensamento irrelevante enquanto seu amigo falava, ou uma emoção como tristeza ou culpa que o fez ausentar-se psicologicamente da situação. Depois de descrever o que aconteceu, peça-lhe que o elogie e repita o processo.

À medida que você aprender a detectar suas maneiras favoritas de evitar os elogios, você vai descobrir que pode estar presente a eles cada vez por mais tempo e com uma firmeza cada vez maior. Ser elogiado é como manter uma experiência de grande energia de qualquer natureza. Tendo passado pelo processo, você será capaz de aplicá-lo a outras situações, como um projeto ou um relacionamento que simplesmente não parecem deslanchar.

A Velocidade Perfeita

Cada um de nós dispõe de condições bem pessoais que facilitam o contato com a zona.

Faça uma relação de cinco ou seis momentos cruciais recentes em que você entrou na zona por um período mais prolongado. Passe alguns momentos examinando cada experiência. O que aconteceu pouco antes e no exato momento de você entrar na experiência? Que elementos estiveram presentes: o prazo final ou a ausência de prazo final; trabalhar sozinho ou trabalhar com outras pessoas; condições de calma, semelhantes à meditação, ou um grande caos. Após analisar cada experiência, veja se você pode identificar quaisquer características comuns. No final, faça experimentos com a especificação de suas condições de trabalho de modo que essas características se apresentem.

Desafio e Maestria

Uma observação que Csikszentmihalyi e outros fizeram é de que os estados de zona são desencadeados com maior freqüência quando há um equilíbrio entre desafio e maestria. Desafio grande demais leva a um estímulo exagerado e ao *stress*. Concentrar-se em demasia em não correr nenhum risco leva ao tédio e à estagnação. A maioria das pessoas tende a cair num campo ou no outro. Algumas pessoas mantêm-se constantemente num estado de estímulo excessivo, precisando concentrar-se na instauração de bolsões de certeza e de calma. Outras tendem a proteger-se e a manter-se em segurança, precisando portanto concentrar-se mais no correr riscos e na definição de novos desafios. É útil determinar em que campo você tende a cair e ajustar seu estilo de trabalho/de vida adicionando ou reduzindo riscos e desafios.

A Construção de um Ambiente Social

Alguém que conhecemos estava colaborando num projeto criativo muito importante. Como participara de alguns dos nossos seminários e tinha muita familiaridade com a experiência de entrada na zona, essa pessoa começou a assinalar ao parceiro os momentos em que os dois estavam na zona e as soluções pareciam vir sem esforço. O simples fato de esses momentos serem assinalados fez que os dois percebessem que tinham-se tornado mais cônscios dos seus ritmos de trabalho e começado a usar o seu tempo com maior sucesso.

> *Há maneiras de indicar experiências na zona sem que os outros nos considerem estranhos demais. Se estiver numa reunião, você pode dizer algo como "Acho que temos agora um bom ponto de partida" ou "Excelente observação!" Tente observar até mesmo mudanças sutis em que o fluxo ocorre mais livremente.*

Estive há pouco tempo envolvida numa série frustrante de reuniões relativas a um projeto voluntário. Eu estava prestes a desistir por causa da grande desorganização das reuniões. Por sorte me lembrei deste processo e na reunião seguinte eu tinha apenas uma meta: reconhecer verbalmente toda vez que sentisse que se fizera algum progresso, *por menor que fosse*. Depois que passei uma hora fazendo observações como essas, pareceu-me que tínhamos tido a nossa primeira reunião decente. No final, aquele grupo caótico e bastante diversificado conseguiu promover um grande evento comunitário. Quer essas observações tenham simplesmente me mantido envolvida de maneira mais criativa ou de fato alteraram as coisas, como me pareceu, pela primeira vez pude estar numa reunião sem ter vontade de gritar!

Despertando Don Juan

A real chave da entrada mais freqüente em estados de expansão é o desejo de fazer isso. Todos temos maneiras de conseguir o que de fato queremos. O simples desejo de agir a partir desse estado fará com que você descubra formas de desencadeá-lo.

Uma estratégia interessante é uma técnica chamada reformulação, que teve como pioneiro o psicólogo Erik Erikson, e que foi tornada popular por uma forma de tratamento chamada programação neurolingüística. Com essa técnica, você pensa sobre alguma coisa que de fato deseja, talvez um carro novo ou férias numa ilha exótica. Você pensa no assunto por vários minutos com a intenção de construir o sentimento de, verdadeiramente, desejá-lo. Uma vez que alcance o nível da experiência cinestética de querer, você pode mantê-la ao mesmo tempo que altera o objeto do seu desejo. Nesse caso, permita-se sentir que quer estar na zona com a mesma intensidade e especificidade com que sentiria se o objeto fosse um carro novo.

Philip fica constantemente obcecado com qualquer engenhoca. Poucas semanas depois de tê-la obtido, ele depara com outra coisa que deseja e começa a pensar nela com a mesma intensidade. Surgiu-lhe a idéia de transferir esses pensamentos obsessivos com relação a engenhocas para o desejo de estar no auge de sua criatividade. Toda vez que ele percebia que estava pensando num novo brinquedinho, reformulava o desejo. Ele dizia para si mesmo: "Mas o que eu quero de verdade é maior criatividade." Parece meio estranho, mas funcionava. Não só isso nos economizava um monte de dinheiro como, no período em que fazia isso, Philip conseguia uma quantidade e uma qualidade de trabalho feito que superava qualquer coisa que já tivesse realizado.

Quanto mais você discerne, reconhece, provoca e sustenta a experiência da zona, tanto mais ela irá lhe parecer um estado de consciência que se acha à sua disposição — um instrumento à mão para momentos de hipervelocidade e de altas exigências. Lembre-se de que a chave para ancorar esse estado é concentrar-se na experiência cinestética, na "memória muscular" de estar e ficar lá. Embora seja fácil nos perdermos nos maravilhosos sentimentos da zona, trata-se de uma experiência neurológica que afeta os nossos ritmos físicos, as nossas capacidades sensoriais e até mesmo as nossas ondas cerebrais. Se for correta, a pesquisa inicial vai finalmente começar a mudar sua própria estrutura física e servir de ponte neurológica.

Há vários anos, com o advento da fotografia digital, desenvolveu-se um artefato chamado "Magic Eye".

À primeira vista, o Magic Eye se mostra como uma série aleatória de pontos coloridos com muitos espaços vazios e pouco atrativo estético. Há na imagem pouca coisa capaz de atrair a atenção. Na verdade, ele é um tanto privado de atrativos e parece bobo.

Se você relaxar os olhos da maneira certa, surge subitamente uma imagem em terceira dimensão, que nada tem que ver com a sua percepção precedente de pontos caóticos. A imagem que aparece é fascinante, complexa, apresentando um surpreendente nível de detalhes. Na verdade, ela é construída a partir de uma fotografia da qual foram retirados tantos pontos que por um longo tempo tudo o que você pode ver são os espaços e a aleatoriedade. Quando a nova imagem finalmente se mostra, é como se outra camada de realidade aflorasse.

O Magic Eye é comumente usado para ilustrar a mudança de paradigma, visto que a sensação vai bem além de uma ilusão de óptica normal. Não é uma mera mudança de percepção, mas outra ordem de experiência. Você fica olhando, relaxando e modificando os seus filtros interiores até que finalmente essa ruptura visual ocorra.

A nossa paisagem cultural mostra-se com freqüência tão pouco atraente quanto, à primeira vista, o Magic Eye — fraturada, aleatória, sem sentido, com padrões sem atrativos estéticos. Mas, tal como ocorre com o Magic Eye, se você relaxar e deixar que seus preconceitos se dissipem, é possível descobrir uma imagem de surpreendente profundidade e riqueza de detalhes oculta sob as suas impressões iniciais. O Capítulo 5 descreve uma série de mudanças perceptivas que são mais adequadas à captação de imagens na nossa atual paisagem cultural. Trata-se de uma mudança que pode afigurar-se a princípio **um novo sentido**.

CAPÍTULO 5

Um Novo Sentido

O nosso ambiente já não se compõe de florestas e montanhas, de estações lentas e de cores sutis. Em menos de duzentos anos, criamos um mundo sensorial inteiramente novo.

As arenas nas quais trabalhamos e nos divertimos se acham repletas de idéias, de informações e de elementos mentais. Do Produto Nacional Bruto, 60% vem hoje de atividades vinculadas com informações. Os gerentes lêem em geral centenas de milhares de palavras por dia e passam 60% do tempo trabalhando com papéis, digitais e não-digitais. Os noticiários de televisão apresentam imagens que se alteram a cada 11,5 segundos, contra 23 segundos há apenas uma década. Todos os jornais do país se degradaram em termos de vocabulário e de gramática, em parte porque dispomos de capacidades lingüísticas mais pobres, mas também para que possamos conseguir a informação com maior rapidez. As frases complexas e as palavras menos comuns nos retardam. Em menos de um ano, o número de usuários da Internet vai dobrar, provavelmente dobrando também os *bits* que estão percorrendo as auto-estradas da informação. Os ciclos de produtos declinam a cada mês que passa: hoje, é possível montar um automóvel em poucos dias; um livro sobre um determinado tema em destaque pode chegar às livrarias em semanas. Quem toma decisões no âmbito de ciclos de mercado como esses tem de ser capaz de perceber tendências muito antes de elas serem visíveis aos olhos comuns.

Estamos entrando numa era fundamentalmente nova, tanto de estratégia de negócios como de estratégia de crescimento pessoal. Por muito tempo, concentramo-nos no desenvolvimento de habilidades e na melhoria da qualidade. Pessoas e organizações, em vez de saber mais, tentavam aprimorar o que faziam. A nova era na qual nos encontramos vai basear-se cada vez mais na percepção e na nossa capacidade de compreender para onde as coisas estão indo. O direcionamento dos negócios e pessoal vai se apoiar menos em recursos, produtos e modelos fixos, e mais no nosso estoque infinito de idéias e de criatividade, bem como na nossa capacidade de perceber oportunidades. O que importa já não é quem você conhece, nem o que você conhece, mas com que profundidade você pode ver.

Se temos de aprender a ver além do horizonte, também temos de compreender melhor a natureza do nosso atual ambiente sensorial. O nosso mundo da informação passou a ser não apenas prolífico e importuno, como também fragmentado e desarticulado. Essa massa de dados indiferenciados e não solicitados ameaça solapar a nossa saúde cognitiva. Nossos intervalos de atenção se reduzem e temos menos tempo para sutilezas. Embora nos peçam que vejamos mais, estamos com freqüência sentindo menos. Para fazer a transição, as nossas percepções têm de fazer eco ao ambiente que nos cerca — mais rápidas, mais insistentes e mais sintonizadas com o que vem por aí.

Sete Adaptações Sensoriais

➢ O *futuro está chegando mais rápido*. Parece que há uma janela perpetuamente aberta para o que vem por aí, uma característica permanente do nosso mundo sensorial. A linha que separa o hoje do amanhã é bastante tênue. Logo, o que quer que esteja fermentando na fronteira tem impacto muito mais rápido sobre os nossos assuntos cotidianos. Temos de adquirir faculdades para tratar com essa experiência "bitemporal". A nossa percepção do que está por vir tem de ser sintonizada e aguçada para ser tão desenvolvida quanto o próprio futuro.

➢ A *quantidade de informações disponíveis adquiriu tamanha envergadura que já não é mais o primeiro plano, mas o fundo*. O conhecimento já não dispõe de uma forma nem um perfil discerníveis. Ele é, em vez disso, um campo em que se apóiam as nossas ações. Os detalhes desaparecem, a informação fica imprecisa. Num mar de dados em movimento vertiginoso, direções, fluxos e interconexões tornam-se mais evidentes. Temos de nos adaptar, por meio da aprendizagem, para ver com uma atenção mais indulgente, com tipos inteiramente diferentes de filtros.

➢ O *ritmo da vida moderna estreitou muito a nossa janela de atenção*. Se os dados não chegarem rapidamente a nós, estamos perdidos. Nosso tempo de resposta foi reduzido. Os laços de retroalimentação estão mais rígidos. O impacto de uma dada ação se mostra com maior rapidez. Há o perigo de que, se caminharmos com maior rapidez, as coisas venham a ser tão simplificadas e superficiais que perderão o sentido. Para compensar, o conhecimento tem de tornar-se mais instintivo, advindo de raízes mais profundas, comprometido com verdades mais arquetípicas.

- *Para onde quer que nos voltemos, somos acossados pela informação.* Para atrair a nossa atenção, aumenta-se a cada ano o volume, às vezes metaforicamente, ao criar imagens mais sedutoras. Elas passaram a ser o que a MTV chama de "açúcar para os olhos [*eye candy*]". Quanto mais açúcar ingerirmos, tanto menor o nosso apetite por informações sutis, complexas, mais nutritivas. Seguindo essa dieta de açúcar, vamos perder todo o sentido de nós mesmos e ficar cognitivamente fora de forma, a não ser que descubramos um novo conjunto de prioridades sensoriais.
- A *própria velocidade altera a percepção.* Ela induz uma qualidade de intuição ampliada e aguça os nossos sentidos. Uma "paranormalização" das nossas percepções vai emergir à medida que nossas fronteiras normais forem redefinidas. Um projeto em hipervelocidade pode provocar o surgimento de capacidades estranhas e incomuns que não se fazem presentes em condições normais.
- *Nosso novo ambiente sensorial vai requerer identidades mais fluidas para que se possa compreender a natureza multiforme do mundo da informação.* Nossa história, nosso estilo de vida e nossas aspirações moldam, todos eles, as nossas interpretações. O órgão dos sentidos último é quem você é.
- *Para ver além do horizonte, temos de descobrir novas fontes de paixão.* Isso vai nos permitir a contraposição ao crescente entorpecimento que o volume cada vez maior de informações que nos envolve parece provocar.

Como você pode ver, o futuro vai exigir percepções mais complexas, profundas e incomuns. Se você tiver um amplo sentido do que está por vir, será mais fácil sentir-se centrado num mundo cada vez mais caótico. É mais ou menos como estar num vasto *videogame*. Com a expansão dos seus sentidos, você tem a impressão de que as personagens não estão surgindo na sua frente com a mesma rapidez. A expansão da percepção reduz a velocidade das coisas. Ela permite que um mundo em aceleração finalmente pareça estar se movendo num ritmo muito mais tranqüilo.

As páginas a seguir detalham essas sete adaptações sensoriais, para torná-las mais práticas e usáveis.

1. Nas Margens

Alguém que participou de alguns dos nossos seminários é proprietário de uma das mais prestigiosas companhias dedicadas a prever as tendências da moda. Num dado ano, ele contratou o filho de 20 anos para viajar por diferentes cidades; ele percorreu as ruas de Bruxelas a Nova Delhi, olhando o que os meninos vestiam, muitas vezes nas áreas mais pobres. Essas idéias que vêm das margens da sociedade foram então transformadas numa majestosa revista e vendidas às elites do mundo da moda para que elas saibam o que têm pela frente. Se elas simplesmente removessem os tecidos e as amostras de cor, a revista poderia facilmente ser reimpressa como uma excelente previsão de novas tendências sociológicas.

Essa mesma dinâmica se faz presente em todos os campos. Os sons da rua se tornam os Grammys do ano seguinte. As explorações dos piratas adolescentes da informática passaram a ser rapidamente a base das ações em alta do ano seguinte. Companhias dirigidas por membros da "Geração X" estão redefinindo o papel da administração. Empresas "desconhecidas" que funcionam sem regras estão estimulando outras a aprender o seu jogo. Há muitos anos, trabalhei como terapeuta familiar e descobri que o filho mais novo, o que fica à margem por causa da idade, tinha com freqüência a percepção mais clara do que estava *de fato* acontecendo com os pais.

O futuro sempre espreita às margens, entre os que estão menos aprisionados pelo sistema.

Enquanto quem está no centro se concentra no fortalecimento do seu poder, os que se acham fora do laço estão livres para pensar para além do sistema. Um empreendedor nos disse que mais de 50% das novas invenções são criação de pessoas que não são parte direta do campo a que se aplicam. A maior competição que as principais empresas do mundo enfrentam não vem dos seus pares, mas de empresas iniciantes que estão livres para mudar o modo de agir da indústria, como a Southwest Airlines ou a Netscape. As empresas de informação estão aprendendo rapidamente que, quando pensa que tem uma boa idéia, o programador, se não conseguir o que quer, pode obter rapidamente o capital para iniciar a sua própria empresa. Dessa maneira, as margens estão começando a adquirir mais poder.

Uma recente pesquisa perguntou a uma ampla gama de funcionários corporativos de que lugar, segundo eles, vinha em sua empresa a *verdadeira* liderança. Mencionaram-se dez áreas: o executivo-chefe, vice-presidentes, a gerência média, vendas, *marketing*, secretaria, etc. Cada área recebeu entre 6 e 10% dos votos. Ou seja, a liderança pode vir de qualquer lugar.[1] Não há topo; a margem está em toda parte.

Se o futuro está na margem, e a margem tem maior poder e pode estar em toda parte, temos de aprender a localizar os pontos em que de fato se encontram os limiares. As pessoas pensam às vezes que a margem está nos tabus culturais, e então elas buscam ampliar os limites do que é aceitável. Esse foi o tipo de estratégia que Calvin Klein usou quando causou sensação ao mostrar o que parecia serem modelos pré-adolescentes em poses provocativas. Filmes, livros e anúncios seguem essa linha, tentando ser mais ousados, sombrios, chocantes ou mais "alguma coisa" para se destacar. Isso pode ter sido um caminho valioso quando regras e papéis rígidos eram mais arraigados. Porém, num mundo caótico, o ultrajante está ficando cada vez mais impotente para atrair a atenção. Gritar mais alto ou dar um grito mais estranho do que o de qualquer outra pessoa é simplesmente insistir no que já se conhece.

A fronteira agora está num lugar mais sutil. Os novos limiares serão encontrados na concepção de novas dimensões. Alguns especialistas chamam isso de *visão vertical*, a capacidade de ver através e além das imagens óbvias.

Em algumas ocasiões, a fronteira está com pessoas que deixaram o sistema e em descobrir o que as fez sair dele. Por vezes ela existe em coisas tão óbvias que são ignoradas. Howard Jones criou a Callback, um negócio de 40 milhões de dólares e uma indústria de 500 milhões por ano, a partir de uma simples observação que muitos antes dele tinham percebido: custava mais ligar de Paris para Nova York do que de Nova York para Paris. Outras vezes, a fronteira está em desafiar vacas sagradas. John Stack introduziu a revolucionária idéia da gerência do livro aberto, ao permitir que todos vissem e participassem das finanças da empresa. Ele credita a essa estratégia a salvação de sua empresa, a SRC Holdings, bem como o que levou a algumas das maiores realizações desta. E outras vezes ainda a fronteira está em seguir novos valores. A Real Goods, uma fornecedora 24 horas de materiais de construção, é o pequeno negócio de maior crescimento nos Estados Unidos. Um desenho infantil famoso da Inglaterra está varrendo o mercado norte-americano. Ele se destaca porque a animação usa baixa tecnologia, os cortes são tão lentos quanto os dos desenhos dos anos 1950 e porque os textos são inocentes e as histórias contêm pouca ação.

As fronteiras não são encontradas propriamente num dado lugar. Elas podem estar em toda parte, em qualquer nível, em todo ângulo de abordagem. É popular agora aconselhar pessoas que querem fazer carreira a ler revistas fora do seu campo ou ir a conferências sobre tópicos que não tenham relação com o seu trabalho. Na verdade, as publicações tradicionais da maioria dos campos tendem a seguir o mesmo pressuposto, razão por que podem oferecer poucas coisas novas. A vida real nas margens tem de ser mais profunda. Ela se apóia menos em novos conteúdos do que numa atitude persistente e incansável.

A empresa de previsão de tendências da moda de que falei páginas atrás não mandou ninguém para fazer a mesma viagem a cidades estrangeiras no ano seguinte. Em vez disso, fez alguma coisa de que nunca se tinha ouvido falar. Ela enviou um livro sem nenhuma amostra de tecido; as previsões basearam-se por inteiro em idéias. E no outro ano, sua fronteira estava em outro lugar. Embora seus funcionários tenham escrivaninhas que ficam em linha reta e a empresa siga uma linha de negócios tradicional, trata-se de uma empresa com uma atitude de buscar nas margens. E essa atitude é modificada constantemente a partir do topo, da seleção de livros de arte de classe mundial na biblioteca e da insistência num acabamento gráfico de tirar o fôlego à contínua insistência em que o pessoal corra riscos. Não há atalhos para a verdadeira criatividade.

A fronteira não é o que a competição ou outra pessoa qualquer esteja fazendo, mas o que você poderia estar fazendo, mas está ignorando. Ela está em seus próprios valores e crenças. A maneira de começar a expandir seu campo de percepção é aprender a olhar, afastando-se do seu centro, para os pensamentos incômodos na fronteira da sua psique, percepções que estão pouco além da consciência comum. Em conversas, isso pode significar seguir a observação improvisada em vez do ponto principal. Significa estar alerta a sutis mudanças do processo de pensamento que são muito fáceis de perder. Significa aproveitar oportunidades e enfrentar o conflito. Significa confrontar o óbvio, cercar-se da excelência, qualquer que possa ser a sua estética. Isso requer, antes de tudo, uma sincera intenção de procurar os limiares.

Dentre tudo o que fazemos em nossos seminários, minha atividade favorita é identificar fragmentos de informação que levem à próxima direção. Se o futuro está se revelando com maior rapidez, o que quer que esteja fermentando na circunferência vai entrar em nossa vida antes de nos darmos conta. Assim, precisamos de um olho mais aguçado para desenvolver essa visão periférica. O futuro demanda um forte compromisso com esse estilo perceptivo de "andar à margem".

2.Campos e Fluxos Indiscerníveis

Boa parte da sensação de velocidade que experimentamos na nossa cultura tem que ver com o volume de informação que nos assola. Num dia, podemos ver centenas de anúncios, ler centenas de milhares de palavras e encontrar mais pessoas do que antigamente víamos numa vida inteira. A informação é barata, acessível, e a maior parcela da atividade do mundo industrializado se dedica agora a fazê-la circular de um lado para o outro. Diante de tamanha abundância, nós nos desligamos e ficamos demasiado entorpecidos para perceber os detalhes.

Procuramos pessoas ou serviços que pré-digiram para nós, dizendo-nos o que é importante. Empresas que filtram o mundo para nós e nos entregam esse mundo numa forma mais personalizada representam um dos setores de maior crescimento da economia da informação. Um avanço tecnológico chamado Agents permite que os nossos computadores aprendam as nossas preferências e editem informações para nós. Dizem os críticos que Agents e outras tecnologias que nos "empurram" informações vão nos deixar mais preguiçosos, reduzindo o nosso discernimento e a nossa capacidade mental — igualzinho à TV. Os proponentes dizem que esses efeitos são apenas temporários e que, uma vez que se desenvolva a tecnologia, teremos superaumentado o nosso cérebro. Com essas "ciberajudas", poderemos percorrer montanhas de informação.

Com ou sem esse apoio técnico, estamos de qualquer maneira percorrendo um rio de sensações. A fábrica de brinquedos Mattel determinou que as crianças podem reter entre 80 e 90% do que ouvem em anúncios hipervelozes com mais de cem imagens editadas em sessenta segundos. Os adultos consideram esses anúncios irritantes e não guardam quase nada deles. Ao mesmo tempo, os alunos do colegial consideram a complexidade lingüística e os ritmos de Shakespeare ou de Joyce igualmente enfadonhos. Seus cérebros não podem parar o suficiente para ouvir as palavras.[2] Eis um curioso dilema sensorial: Shakespeare *versus* MTV — a capacidade sensorial para um desses termos parece obliterar o outro.

Talvez o conhecimento do dilema nos permita começar a desenvolver duas modalidades sensoriais, a hipervelocidade e a hiperprofundidade, e a cultivar as duas. A hipervelocidade requer que nos concentremos em parcelas mais amplas de informação do que em idéias específicas. Ironicamente, isso requer uma capacidade mais profunda de desapego dos detalhes, de não se deixar apreender por eles. É o tipo de conhecimento instintivo exigido quando se dirige um carro em alta velocidade. Você deixa que a sua mente relaxe e que os seus reflexos comandem.

> *Fui uma vez a uma conferência de alto nível que incluía parte da elite da biologia, da física e de outros campos acadêmicos. Eu compreendia cerca de 50% do que eles diziam e ficava prestando uma atenção maior para poder captar um pouco mais. Fui com um amigo, cuja primeira língua é o italiano e que provavelmente tem apenas cerca de 75% da minha proficiência em inglês. Ele nem tentou apreender os detalhes; relaxou e dedicou-se a uma compreensão bem menos literal. Na nossa discussão mais tarde, tive a impressão de que ele compreendera toda a conferência mais, talvez mesmo mais, do que os oradores. Assim como as crianças capazes de acompanhar anúncios hipervelozes, ele escutou o campo, o fluxo, o pulso e a direção. Talvez ele seja simplesmente mais esperto do que eu, mas creio que atentar para os detalhes na verdade diminuiu a minha compreensão.*

Buckminster Fuller, um dos grandes pensadores de sistemas da nossa época, teve um distúrbio visual não-diagnosticado em seus primeiros anos de vida. Ele tem certeza de que passar a infância num estado de indefinição visual teve relação direta com o seu talento para pensar em termos de campos e de sistemas; ele via o mundo sem olhos fixos. A visão hiperveloz requer permitir que o mar de dados saia da nossa visão imediata e se torne fundo. Quando ele é visto na forma de um panorama, novas dimensões da maneira como a informação é organizada podem vir para o primeiro plano.

Isso também requer uma espécie de atitude do tipo "pule antes de olhar". Cada vez mais empresas deixaram de lado o longo prazo e os orçamentos de vários anos a partir do pressuposto de que o planejamento é inseparável da ação. Somente quando se está sentado com um cliente mostrando o produto ou supervisionando um novo membro da empresa é que se "pega" de repente o próximo passo a dar, individualmente ou em termos da empresa. O fazer *é* a análise. Todos sabemos intuitivamente isso; sempre ficamos mais capazes quando temos de responder a perguntas específicas de alguém. Assim sendo, por que continuamos a confiar demais, continuamente, na predeterminação das nossas metas? É muito mais útil fazer uma relação de situações novas e desafiadoras nas quais nos podemos pôr. Nesse novo mundo sensorial, é bem mais aconselhável projetar seu ambiente de aprendizagem, o contexto no qual você pretende situar-se, do que seus objetivos.

As empresas que se baseiam na informação estão liderando a caminhada para esse novo estilo de percepção ao fazer eco à natureza do ambiente digital em que operam. Na nova economia da Rede, "o modelo dos negócios é constantemente monitorado, reavaliado e redirecionado".[3] Essas empresas redirecionadas, e frouxamente formadas, são capazes de desistir de um produto existente se encontrarem um novo que pareça melhor. Elas não vinculam a sua identidade com um produto, mas com uma inteligência corporativa que pode ser flexivelmente aplicada. Elas se concentram no desenvolvimento da capacidade de resposta e da flexibilidade. Suas metas são frouxas, muitas vezes não plenamente articuladas até que haja necessidade de se definirem — e mesmo assim só temporariamente.

É hoje um fato aceito que quem obtém os melhores desempenhos no novo mundo da informação são em geral os que têm um estilo de conhecimento instintivo, não-racional, bastante desenvolvido. Essas pessoas trabalham conscientemente para ter menos imagens mentais de como as coisas devem desenvolver-se. Há ocasiões em que as suas idéias não podem ser plenamente articuladas. Elas pensam com menos pensamentos. Elas podem não ser capazes de quantificar seus palpites. Os novos agentes da percepção podem só ser capazes de dizer: "Este é o rumo que precisamos seguir; eu simplesmente sei isso."

No nosso passado sensorial recente, quando um projeto não seguia o rumo esperado, procurávamos saber o que estava errado. No mundo dos fluxos e campos de informação, não há certo nem errado.

Quando um projeto segue um rumo inesperado, em vez de corrigi-lo, *você o segue*. A história arquetípica é o modo como a 3M inventou os bilhetes colantes. Em sua pesquisa para criar uma supercola, um pesquisador acabou com uma cola minimamente eficaz. Portanto, metaforicamente, se a cola não cola muito bem, vá em frente. Em vez de corrigi-la, descubra um mercado para uma cola que cole mediocremente!

Se você teve a oportunidade de dirigir um carro na Europa ou no Oeste americano, onde não há limites de velocidade, deve saber que, quando vai a mais de 160 quilômetros por hora, você não se preocupa se ouvir um carro buzinando, percebe que alguém está se aproximando ou sente simplesmente que precisa evitar alguma coisa. Na verdade, todas as avenidas de entrada de dados se fundem numa só. Essa é exatamente a maneira pela qual começamos a agir. É como se todas as nossas antenas estivessem alertas, procurando quaisquer "oscilações da força". Sabemos de uma maneira que parece transcender os nossos sentidos comuns. As novas pessoas supra-sensoriais confiam nesse estilo sensorial indefinido. Elas cultivam palpites, seguem direções ilógicas, agem mais aleatoriamente, sentem-se à vontade com detalhes difusos e permitem que as suas empresas sigam em frente, mesmo que nunca consigam conceber uma declaração de missão.

Esse conhecimento difuso e rápido tem de ser equilibrado por uma resposta instintiva mais inteligente. Um jogador que tem uma ampla perspectiva do campo sente as coisas de um modo diferente de um amador. O profissional tem uma maior profundidade que advém de instintos mais cultivados e de uma "intuição" mais inteligente, de uma maneira mais aprimorada de vivenciar o mundo. Quanto mais ampla e difusa a sua perspectiva, tanto maior o compromisso que você tem de fazer com sua habilidade, com sua profundidade e com sua precisão.

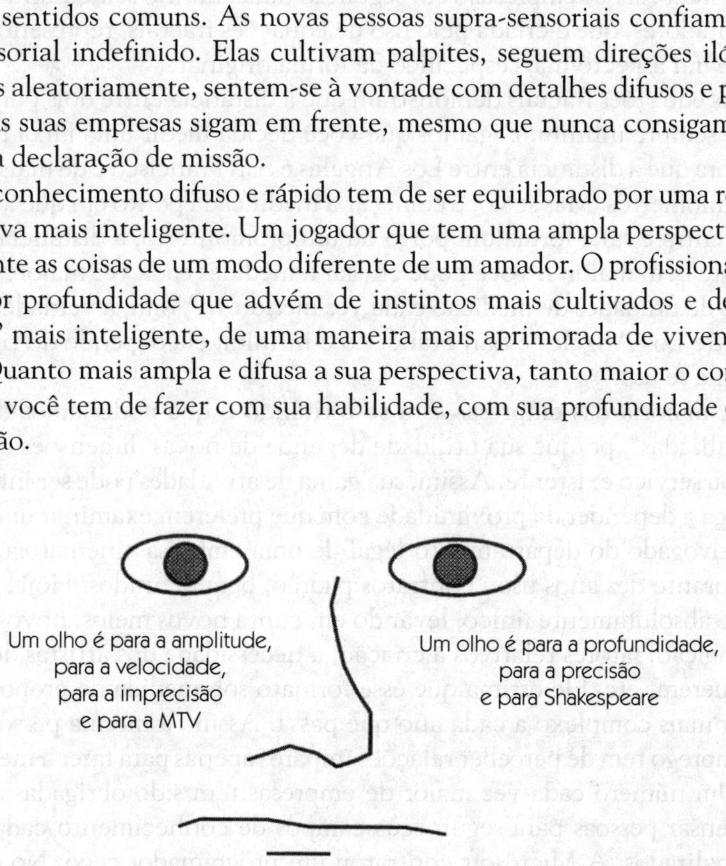

A próxima seção trata do segundo estilo perceptivo, a *hiperprofundidade*. Você pode avaliar que alguém capaz de reter informações de anúncios com cem imagens por minuto e também de apreender as nuanças da obra de Shakespeare seria um exímio jogador no campo que escolhesse.

3. *Atenção Precisa*

Para equilibrar essas perspectivas difusas mais amplas, precisamos expandir a nossa concentração. Organizações difusas precisam de pessoas mais bem-preparadas. Quanto mais brandas as regras, tanto mais aprimoradas precisam ser as nossas capacidades. Embora nos ofereçam cada vez mais oportunidades, a maioria de nós tem precisado estreitar a sua atenção nos últimos anos. Disseminaram-se especialidades dentro de especialidades dentro de especialidades. A maioria das empresas vem seguindo um caminho semelhante à arte dos computadores, que é criada pelo uso de equações fractais, representando cada padrão um aspecto mais específico da forma original.

As equações fractais demonstram que a distância entre dois pontos quaisquer é sempre infinita. Digamos que você decida medir uma faixa litorânea e descubra que a distância entre Los Angeles e San Francisco é de mais ou menos 600 quilômetros. Mas se você começar a medir cada ponto em que a faixa litorânea entra e sai e forma um porto ou um promontório, a distância fica subitamente bem maior. E você pode chegar a medidas cada vez maiores por meio do uso de unidades de medição cada vez menores. Assim, a verdadeira distância entre Los Angeles e San Francisco é infinita; ela depende do tipo de medida que se usa.

A maioria das empresas está se tornando o que poderíamos denominar "fractalizadas", porque sua utilidade depende de novas dimensões do seu produto ou serviço existente. Assim, sua gama de atividades pode ser infinitamente longa a depender da proximidade com que preferem examinar um mercado. Um advogado do departamento legal de uma empresa cinematográfica disse que durante dez anos usou contratos padrão, bem definidos. Hoje, cada contrato é absolutamente único, levando em conta novos meios, novos canais de distribuição, fatores relativos à criação, a necessidade dos artistas de definir o que querem, etc. Ele estima que esse formato sob medida de propostas vai se tornar mais complexo a cada ano que passa. Assim, a mesma pessoa no mesmo emprego tem de perceber relações ímpares apenas para fazer a mesma coisa.

Um número cada vez maior de empresas tem sido obrigadas a liberar e compensar pessoas para seguir seus campos de conhecimento cada vez mais personalizados. A Microsoft contratou um programador cego. No esforço de criar para si um ambiente de trabalho aceitável, ele desenvolveu uma série de produtos que puseram a Microsoft na vanguarda de programas para cegos. Ele não foi contratado para fazer isso, mas foi-lhe dada permissão para criar uma nova curva fractal, e a corporação maior tinha a inteligência corporativa que permitiu que ela ouvisse.

Os mercados continuam a se fragmentar em campos cada vez mais específicos aos cuidados de pessoas com áreas de conhecimento mais personalizadas e impulsos mais individualizados. Todos os negócios ficaram mais técnicos e suas direções passaram a ser mais especializadas. Como é freqüente você contratar alguém com conhecimento maior que o seu, a supervisão à moda antiga sai de cena. O conhecimento já não se acumula no centro ou no topo. As mais elevadas formas de conhecimento estão no cerne de cada pessoa. Nesse novo mundo fractalizado de organização de negócios, tem de haver espaço para que as pessoas desenvolvam vínculos cada vez menores e mais direcionados e, por conseguinte, novas dimensões do mercado e da inteligência organizacional.

Nesse novo mundo sensorial, as peculiaridades, uma vida consciente e a paixão pessoal são com freqüência suas principais qualidades.

Se estiver procurando uma solução, você não irá necessariamente em busca da pessoa que tem maior experiência ou poder organizacional; você irá ao encontro de alguém cuja posição ofereça uma perspectiva melhor. Por vezes é o cliente que tem o ângulo necessário, outras vezes um fornecedor ou então alguém de outro departamento. Assim sendo, você tem de descobrir uma maneira de servir os outros que maximize o que eles sabem em vez de promover o que você sabe. O novo mundo da percepção requer o uso dos pontos fortes e perspectivas peculiares de cada pessoa.

Uma das contrapartes do fato de ter as coisas rápidas e frouxas é que a capacidade de suportar sofre com isso. Suportar é a capacidade de persistir ao longo de múltiplas camadas, razão pela qual é tão difícil ouvir Shakespeare. Desenvolver suas próprias peculiaridades, ter uma vida consciente e expressar sua atitude individual no mundo são fortes maneiras de construir a resistência. Isso cria uma profundidade que pode começar a contrabalançar as maneiras rápidas e soltas pelas quais também temos de agir.

A promoção da resistência ou precisão requer que se saiba quando alguém "tem a força" e está conectado num alto nível com seu pedaço do mundo, deixando, nesses momentos, que esse alguém lidere. Requer a reestruturação de fronteiras de modo que esses micromovimentos possam seguir a direção da organização mais ampla. Exige não só confiança, mas também a criação de um espaço destinado a expressões sobremodo personalizadas da criatividade. Demanda que se deixe qualquer um liderar, mesmo que seja um cliente, se ele por acaso estiver no ponto peculiar de que se precisa num dado momento. Também permite que a precisão e a profundidade se tornem valores motores. A liderança está em apoiar ativamente as pessoas ao seu redor a saber mais do que você, a estimulá-las a mergulhar mais fundo em sua própria perspectiva particular sobre a realidade e saber como seguir, numa conversa, num projeto ou numa negociação, a linha mais "suculenta".

4. Novas Prioridades

Localizar prioridades tem que ver com "seguir o caminho suculento", descobrir as direções mais promissoras.

> Num certo momento, a lei do retorno decrescente passa a agir,
> o mar de informações já não contribui para a nossa qualidade de vida,
> mas, em vez disso, começa a cultivar o *stress*, a confusão e a ignorância.
> A sobrecarga de informações ameaça a nossa capacidade de auto-educação,
> deixando-nos mais vulneráveis como consumidores e menos coesos como sociedade.[4]
>
> *Data Smog*, David Shenk

Cada aumento de velocidade requer que se redefinam prioridades. A 60 quilômetros por hora, as placas de trânsito são importantes. A 160, mal se podem ver as placas e tudo o que importa é se manter na estrada. À medida que sua velocidade pessoal ou corporativa aumenta, a pergunta que você deve continuamente fazer é: "De que informação realmente preciso?" Essa pergunta é tão importante quanto costumava ser a definição de metas. Seremos cada vez mais definidos por aquilo a que damos atenção. O lugar para o qual preferimos olhar é o que vai finalmente preencher o espaço.

Há muitos anos, eu trabalhava num escritório de administração que usava um arcabouço teórico chamado "teorética da decisão". Ajudávamos as empresas a definir os tipos de decisões que elas poderiam ter de tomar com vários anos de antecedência e então as auxiliávamos a planejar seus sistemas de coleta de dados para que pudessem alimentar essas decisões futuras. A característica mais importante desse trabalho foi o fato de que a definição de necessidades de informação se tornou uma maneira de moldar a inteligência organizacional. Inconscientemente, as pessoas prestavam mais atenção criativa às informações que tinham escolhido como importantes. Aquilo para que você olha agora passa a ser aquilo que você finalmente vai ver com o passar do tempo. Se você mudar o que está procurando, verá coisas diferentes. O que você prefere perceber, editar e priorizar são formas inconscientes de construção de cenário ou de visualização.

Repete-se muito que o *New York Times* de domingo tem mais informações do que a média que uma pessoa do século XVII encontrava em toda a sua vida. Imagine ter anos para ponderar sobre a seção de viagens. Você não precisaria fazer escolhas acerca de onde gastaria seus recursos de informação. Como estamos absorvendo num fim de semana o que foi um dia uma vida de informação, o critério de seleção é vital.

Uma disponibilidade quase ilimitada de informação pode nos viciar. Grandes gráficos e títulos atraentes o impelem a ler mais um artigo de que você não vai se lembrar. A crescente onda de informação ameaça expulsar para longe a verdadeira inteligência. O escritor/consultor Tom Peters adverte que em breve tudo o que poderemos ver é "lixo passando à velocidade da luz".

Evidentemente, o trabalho de edição é uma maneira fundamental de separar o lixo da informação. Se você fixar prioridades, a massa de informações que parece indiferenciada e superior à nossa capacidade pode proporcionar um caminho para um pensamento mais informado. Toda escola e todo negócio deveriam oferecer um curso de administração da informação — como escolher critérios de informação, como saber quando você tem uma abordagem adequada a uma questão e *quando não tem*, como perceber tendências, como ler as entrelinhas, como avaliar informações conflitantes e assim por diante. Se sua empresa ou escola não oferece esse curso, dê um jeito de fazê-lo. Sua saúde intelectual está em jogo. Faça uma dieta de informação: desligue a TV, deixe de lado o jornal e dê a si mesmo algum espaço criativo para respirar.

Boa parte dos chamados dados cruzou a linha da persuasão. Boa parte do que lemos e ouvimos são na realidade histórias fornecidas aos jornalistas por companhias de relações públicas que trabalham para as corporações. Será que o desenvolvimento de um novo computador ou de um novo carro é de fato notícia? As férias de uma celebridade são? Essas coisas estão na página como notícia, mas são na maioria das vezes promoção. Quando há tanta informação sendo "empurrada" em cima de você, é difícil distinguir entre opinião, persuasão e verdadeiras notícias. Tudo se mistura, a não ser que você aguce a sua capacidade crítica.

O mais sério aspecto de uma dieta rica em informações e de uma paisagem sedutora é que os nossos sentidos se concentram no exterior e perdemos a capacidade de perceber mensagens interiores. Começam a surgir pesquisas que afirmam que crianças que passam horas olhando a TV e telas de computadores podem passar por alterações em suas ondas cerebrais que os pesquisadores interpretam como a perda da capacidade de criar imagens interiores. Além disso, o declínio dessa capacidade tem também sido associado ao fato de essas crianças ter sentimentos mais agressivos e violentos. Isso poderia ser parte da razão pela qual "perdemos a paciência com tudo", motivo de todos parecerem estar de pavio curto?

Estabelecer prioridades talvez seja a única maneira de garantir que você pense seus próprios pensamentos. Criar imagens interiores pode ser uma necessidade para manter a sanidade mental. Sabe-se que as pessoas privadas do sono REM, o período em que sonhamos, em poucos dias começam a ter delírios e podem até enlouquecer. Talvez as imagens interiores, o fato de termos nossas próprias idéias e visões, sejam uma forma desperta de sono REM. Estabelecer prioridades em termos de informação pode ser uma maneira essencial de proteger as nossas faculdades imaginativas e, portanto, a nossa saúde emocional.

Exercitar o "olho" capaz de mostrar-se sensível a Shakespeare é necessário para contrabalançar o novo olho que reage a anúncios hiper-rápidos. Creio que é importante passar uma parte de todos os dias devaneando, sem nenhuma intenção de um dia pôr em prática os sonhos, a imaginação pela imaginação, o desligamento voltado apenas para reduzir o ritmo do nosso estilo sensorial. Alguns psicólogos vincularam o devaneio com a inteligência nas crianças — justo os dados que você estava procurando! Quando voltar a se preparar para o seu próximo bom devaneio, diga aos colegas: "Vou apenas me concentrar em minhas imagens interiores e aguçar a minha inteligência por alguns momentos."

5. A *Paranormalização*

Há uma razão pela qual as pessoas se tornam pilotos de carros de corrida; a velocidade é um *estimulante*. Quando um projeto está hiper-rápido, costuma-se ter uma sensação agradável. Parte do vício de trabalhar é o apego à boa sensação que causam os surtos de adrenalina. É provável que você aja corretamente ao conter o hábito da adrenalina, mas como ele é uma parte sempre presente e natural de sua fisiologia, quando estiver num surto de adrenalina, ao menos tente usá-lo com maior consciência para expandir os seus sentidos e a sua mente.

Hoje, os neuropsicólogos pensam que as substâncias alucinógenas agem inibindo a tendência natural do cérebro de bloquear estímulos. A velocidade cultural ou a aceleração de um projeto podem agir de uma maneira muito semelhante; estamos sentindo muito mais coisas desconhecidas. Quando ocorrem rupturas drásticas, ou um projeto ou idéia se aceleram, as pessoas de repente ficam mais espertas, a percepção delas se aguça, elas ouvem coisas por trás das palavras e captam padrões antes indetectáveis.

Além dos surtos de adrenalina que expandem os nossos sentidos, também estamos habitando um ambiente mais complexo que está ampliando a nossa receptividade. Na operação do nosso sistema sensorial, os receptores produzem a natureza da sensação. Os bastões do olho são receptores que nos permitem ver linhas e formas. Os cones são outra forma de receptor que nos permite ver cores. Outros tipos de receptores fazem que freqüências do mundo se mostrem como sons ou toques. Na verdade, nadamos num mar de freqüências indiferenciadas que o nosso cérebro transmuta em formas, cores, sons e cheiros. Assim, o meio é a mensagem. Os receptores moldam a natureza dos dados captados. Teoricamente, se desenvolvêssemos novos receptores, começaríamos a distinguir experiências hoje não disponíveis. Se estamos sendo submetidos a uma nova gama e a uma nova velocidade de estímulos cognitivos, podemos estar na verdade desenvolvendo receptores inteiramente novos.

Uma forma que isso pode tomar é a evolução lingüística. Estamos no meio de uma explosão da linguagem. Dicionários inteiros são agora dedicados ao novo jargão. Um número surpreendente de palavras do New Webster's não existia há vinte anos. Fico surpresa quando o corretor ortográfico do meu novo programa não consegue reconhecer palavras que já considero de uso comum.

Os futurólogos dão uma grande contribuição a essa indústria em crescimento. Toffler pode ter iniciado a tendência há mais de vinte anos ao introduzir o conceito de *choque do futuro*. Agora, todos são bons no caminho da linguagem; definimos o nosso nicho próprio criando novas palavras. Seu modo de vida pode até conter uma referência a uma maravilhosa palavra que você cunhou. Faith Popcorn é conhecida do público como criadora dos termos "encasulando" [*cocooning*] e "voltar ao útero" [*wombing in*]. Watts Wacker está pondo na moda a expressão "nobreza decadente" [*downward nobility*]. Uma referência a mensagens que não recorrem ao materialismo. Termos como esses podem lançar estratégias de *marketing* inteiramente novas para empresas. Novas palavras são uma eficiente maneira de criar receptores e de identificar fenômenos antes não-reconhecidos de maneiras que possam torná-los usáveis. Os esquimós têm centenas de palavras para designar a neve, pois vêem distinções às quais não daríamos atenção. Tornamo-nos os "esquimós" do *marketing*: dispomos de centenas de palavras para forças sociais que as pessoas no passado não conheciam ou às quais não davam atenção.

Em 1954, Alan Freid, o mais famoso DJ [*disk-jockey*] de todos os tempos, entrou no ar e disse com todas as letras: "O *Rhythm and Blues* está por fora; a partir de hoje vamos chamar essa música *Rock and Roll*." A partir da força de uma nova frase, foi introduzida toda uma nova era musical — e uma geração inteira passou a ter uma nova identidade.

Todo mês, a revista *Fast Company* apresenta o perfil de uma pessoa que ocupa uma função inovadora, como Criador de Problemas, presumivelmente para desencadear idéias no leitor. É interessante analisar os sonhos pessoais ou novas direções de negócios em termos da criação de uma frase que abra novas portas. Philip e eu conhecemos um homem que criou um cargo totalmente novo, "*spin* fractal". Ele então abordou uma empresa levando sua invenção e foi contratado para preencher o cargo que ele mesmo concebera.

6. *Troca de Máscaras*

Um dos mais interessantes elementos da crescente velocidade do fluxo de informações é o fato de ela alterar o sentimento de nós mesmos. A maneira como nos referimos a nós mesmos torna-se menos vinculada com histórias e eventos passados e se concentra mais no que está por vir. Nas entrevistas para emprego, as pessoas costumavam acentuar realizações passadas. Agora, candidatos a empregos estão sendo treinados para falar acerca dos rumos que *pretendem* seguir, do que *se propõem* a oferecer no futuro. Passa-se do foco histórico para o foco intencional.

Uma atmosfera de regras e prioridades em constante mudança exige que se seja capaz de mudar de atitude à vontade. Como a Net nos permite assumir identidades construídas, estamos todos obtendo alguma prática nisso. Essa fluidez em termos de *persona* é um desenvolvimento cultural extraordinário. Mudar de identidade é uma das mais potentes formas de permitir que surjam novas percepções, o que representa uma atitude mental substancialmente nova. (Há mais sobre isso no Capítulo 7, Criando Mitos.) Os consultores de criatividade muitas vezes tentam nos fazer agir como crianças, acertando uns nos outros com balas de borracha e usando brinquedos profusamente coloridos. Eles sugerem que, quando agimos como crianças, temos mais propensão a vivenciar idéias espontâneas e sem restrições.

Quando Philip e eu dirigimos seminários para casais, um dos processos-chave que empregamos é uma representação de papéis em que se pede aos parceiros que troquem de lugar. Quando maridos "se tornam" suas esposas e vice-versa, imitando a linguagem corporal e usando as expressões favoritas do parceiro, eles e elas sempre são levados a ver a si mesmos através dos olhos dos parceiros. Isso não só, de modo geral, é incrivelmente divertido, como constitui muitas vezes o primeiro passo da cura. Colegas também podem beneficiar-se ao trocar de função ou olhar as coisas com os olhos de um cliente ou fornecedor. Um lugar de trabalho e uma cultura em fluxo requerem a capacidade de olhar através de pares sempre mutantes de olhos. Dessa maneira, *quem* você é é *o que* você vê. Como eu disse antes, *a nossa identidade é o último órgão dos sentidos.*

7. *Paixão e Percepção*

Quando se ama, às vezes se vê a pessoa amada mover-se em câmera lenta, já que se quer vê-la bem profundamente. Há naquilo que se percebe uma certa intensidade. A pessoa sabe o que o amado pensa e sente sem ter de perguntar. Da mesma maneira, quando estamos envolvidos num projeto absorvente, tudo ao nosso redor parece nos lembrar do nosso trabalho. A paixão está no centro da maneira como percebemos as coisas; ela afeta a profundidade com que vemos.

O oposto também pode ser verdadeiro. A expansão da percepção pode, por sua vez, aumentar a paixão. Há muitos exemplos disso, mas deixarei que a história de um gerente de projetos chamado Ed ilustre a questão.

> *Ed tinha uma maneira de falar que parecia entorpecedora. O que quer que ele dissesse nos fazia ficar entediados. Sua namorada se queixava de que, ao chegar em casa, tudo o que ele queria era ver TV ou surfar na Internet. Mesmo ter amigos era para ele uma idéia radical. Sabíamos que esse entorpecimento tinha de estar colorindo tudo o que ele fazia. Começamos a dar a Ed as sugestões que vamos apresentar na seção prática deste capítulo: como ver por sob as palavras das pessoas, ter sensações que ele estava ignorando, exagerar percepções que ele julgava inconseqüentes, ir além de suas descrições costumeiras e criar palavras para experiências que ele não pudesse explicar. Ele fazia parte de um programa de liderança de sete meses que estávamos oferecendo, e por isso vimo-lo mudar ao longo do tempo. Ele não só*

teve um aumento de renda como começou a viajar, para o deleite de sua namorada, tendo-se tornado o tipo de companhia agradável que todo mundo quer ter.

O simples fato de ele ampliar seu estilo de percepção resultou numa motivação mais natural. Deixando de lado seu entorpecimento habitual, Ed sentiu uma irresistível atração pelo futuro.

A paixão é provavelmente o mais eficaz instrumento para transcender as fronteiras tridimensionais da experiência perceptiva comum. Quando sentimos paixão, somos impelidos a derrubar barreiras e a ver para além do comum. Quando estamos apaixonados pelo que fazemos, desejamos ver mais. E, inversamente, quando nos permitimos ver mais, sentimos maior paixão.

Previsão

Embora cada qual tenha a sua própria inflexão, os sete desenvolvimentos sensoriais a seguir se apóiam essencialmente na mesma dinâmica. Eles envolvem a localização de informações que antes você ignorava.

Em grego, a palavra para profecia é *profitia*. A tradução literal é "antes de você tomar uma posição". Tudo o que é necessário para permitir a previsão, ou profecia, é praticar o agir a partir de uma posição perceptiva que não envolva o já ter uma posição. Cada vez que recebemos informações sem nenhum viés anterior, começa-se a sentir o futuro.

- Quando se pratica "o estar à margem", ou visão periférica, tem-se menor rigidez interpretativa porque o habitual ou o *status quo* são menos dominantes e porque as informações ignoradas vêm para o primeiro plano.
- Quando se olha o mundo como correntes, fluxos, campos e vórtices, a perda dos detalhes permite que as predisposições se desfaçam.
- Quando se fica mais preciso, mais individualizado e mais peculiar em termos de perspectivas, as respostas programadas e as opiniões alheias começam a desaparecer.
- Quando se estabelecem novas prioridades sensoriais e se promovem periodicamente pausas no fluxo de informações, permitindo-se que surjam loucos devaneios, novos dados podem se fazer perceber.
- Quando a pessoa opta por ser "paranormal" e amplia seus sentidos, é possível ver além do esperado e abalar fronteiras preexistentes.
- Quando se modifica a própria identidade, começa-se a ver com outros olhos e, por conseguinte, encontram-se perspectivas antes não disponíveis.

➢ Quando a pessoa acrescenta paixão à sua visão, é despertado o impulso de buscar uma perspectiva de maior alcance e percebem-se naturalmente mais sutilezas.

Cada vez que nos dedicamos a quaisquer dessas estratégias, vivenciamos a "profecia". Seguindo dimensões da informação que anteriormente não eram disponíveis, começamos a ver por entre a barreira do tempo.

A imagem do Magic Eye é de início inalcançável porque tudo o que se vê é o espaço. Quando a mente preenche os espaços, surge de repente uma imagem antes não-reconhecida. Os espaços que estamos começando a preencher com esse novo sentido não se traduzem tanto como novo conteúdo, mas como a capacidade de ver o desenrolar-se e a evolução de experiências. Dessa maneira, imagens inteiramente novas começam a se formar em nossa paisagem cultural.

Parte da nossa mente ainda persiste em ver objetos e eventos como se fossem planos, estáticos e separados. Mas outra parte começa naturalmente a sentir em termos de relações e vínculos. Desenvolvimentos como o hipertexto nos obrigam a ver idéias como níveis de organização. As fraturas e combinações de mercados nos obrigam a tornar as fronteiras menos rígidas e a deixar de lado a noção de territórios fixos. A necessidade intensificada de colaboração e de grupos de trabalho nos faz incorporar uma interpretação mais flexível da inteligência e do poder. Fatores como esses nos desafiam a ver o tecido invisível de organização que vincula entre si eventos e pessoas.

Muitos nos conclamam a atender à necessidade de pensar em termos de sistemas ou, de modo mais holístico, para apreender de maneira mais profunda o mundo que nos cerca. Para pensar em termos de sistemas, precisamos perceber assim. A *percepção precede o pensamento*. Até podermos sentir os vínculos sob a superfície do nosso mundo, não teremos condições de pensar em termos desses novos padrões.

Isso significa na prática que temos de dar menor atenção à mera expansão física dos nossos negócios e carreiras, dedicando-nos em vez disso a fazer perguntas como: qual a próxima dimensão do meu relacionamento com fornecedores, clientes, funcionários e com a comunidade? Qual a próxima dimensão do meu produto, serviço e criatividade? A maioria das novas fronteiras não é encontrada na expansão para os lados, residindo antes na descoberta de uma nova profundidade e complexidade nos relacionamentos.

Nosso novo ambiente cultural e econômico requer que a nossa ação ocorra de acordo com uma modalidade predominantemente sensorial e não conceitual. Pessoas e negócios com visão a longo prazo e planos de ação cuidadosamente articulados podem não ser adequados a esse novo mundo de oportunidades. Vieses conceituais fortes congelam a informação e não nos permitem vivenciar o movimento das idéias. Precisamos cada vez mais nos apoiar em nossa acuidade sensorial, em nossa capacidade de detectar mudanças no ar. A acuidade sensorial requer a desistência do domínio do conceitual. A renúncia à nossa necessidade de entender sempre nos permite assimilar informações sem esses filtros tão fortes.

Nosso clima cultural atual requer que todos olhemos bem mais à frente e recompensa os que são capazes de captar tendências antes de estas se tornarem evidentes para outras pessoas, habilitados para ver padrões que ainda não são óbvios ao olho comum. Quanto mais desenvolvido o nosso modo de perceber as coisas, tanto maior a nossa impressão de que a cultura reduz a velocidade e de que as tensões diminuem.

Nosso segundo instrumento envolve sentir de fato o que vem por aí, para além das miragens que a nossa cultura nos apresenta. A expansão da consciência libera-nos para sentir uma atração maior pelo que já nos impele para a frente. Se nos deixarmos perceber mais amplamente, alcançando maiores distâncias e com maior profundidade o nosso ambiente, despertaremos uma motivação mais natural.

Quando seus estilos habituais de sentir são deixados de lado, você pode literalmente ver o impulso do futuro, a maneira como ele está moldando, atraindo e rejeitando fluxos de informação. Quando se vêem idéias através das lentes do tempo, pode-se avaliar instantaneamente sua profundidade. Quando se vêem os próprios relacionamentos por meio de um filtro temporal, sente-se naturalmente o propósito deles. O ritmo de um projeto fica mais evidente porque você pode ver os pulsos e fluxos naturais de uma idéia em evolução. Cada uma das sete adaptações sensoriais que descrevi é uma maneira de sentir o impulso do futuro.

Quando se acrescenta o tempo ao próprio estilo sensorial, fica-se numa situação que muito se assemelha à minha história original sobre o Magic Eye: um mar de pulsações e pontos randômicos transforma-se de repente em imagens claras e detalhadas. Como todos os campos do empreendimento humano estão sendo impelidos para o futuro, o aparente caos dos nossos padrões culturais vai começar a fazer sentido. Você pode ver onde está o "estorvo", e onde estão as áreas de liberação; pode sentir contrações e expansões. Trata-se de uma maneira diferente de processar informações. Ver o que antes eram experiências estáticas movendo-se pelo tempo é crucial para compreender o dilúvio de dados que pode a princípio parecer obscuro e avassalador. Quem é capaz de captar informações *antes* de elas terem sido influenciadas por um conceito terá uma clara vantagem.

Praticando um Novo Sentido

Você pode examinar qualquer projeto ou relacionamento e fazer as seguintes perguntas:

- ➢ Onde está a margem? Onde estão os limiares que contêm novas informações?
- ➢ Qual o quadro amplo (sem detalhes)? Como perceber rapidamente o que está acontecendo?
- ➢ Qual a minha posição peculiar, o meu *spin* único? Qual é o *spin* ímpar de outros jogadores essenciais?
- ➢ Quais são as minhas prioridades em termos de informação? Quais as perguntas essenciais que precisamos estar fazendo?
- ➢ Quando estou na zona, o que vejo que não costuma estar presente?
- ➢ Com que outros olhos ou identidades preciso ver as coisas?
- ➢ No cômputo geral, se examino essa idéia ao longo do tempo, o que vejo? O que está se movendo? O que não está? Quais são os pontos de retardamento? Onde há uma maior dinâmica?

O simples fato de se fazer essas perguntas deve nos trazer informações anteriormente não-reconhecidas, isto é, previsão e profecia.

Alterando o Quadro

Eis aqui uma maneira rápida de alcançar a atenção, que você pode chamar de ginástica para os sentidos.

- ➢ Olhe o cômodo ao seu redor; observe-o como costuma fazer. Agora imagine que está olhando por um microscópio e vá ajustando as lentes até que elas se concentrem em níveis cada vez menores de detalhe. O cômodo deverá desintegrar-se lentamente em espaços, partículas de energia e, por fim, ondas de informação. Experimente submeter ao mesmo processo de ampliação uma situação social, uma reunião, um projeto ou um relacionamento.
- ➢ Agora inverta. Transforme o microscópio num telescópio e vá examinando o cômodo, a situação, qualquer coisa, cada vez mais de longe.
- ➢ Você também pode alterar o tempo. Atraia um resultado para você mesmo, tornando-o cada vez mais próximo. Adiante-se bastante pelo futuro, olhe para trás algum momento do tempo e, à medida que for avançando, observe as mudanças.
- ➢ Tente usar diferentes filtros. Examine um ambiente social por meio de um filtro que só capta atração e repulsão. Então examine-o por um filtro que só percebe se as fronteiras sociais são rígidas ou frouxas. Há infinitos filtros que se podem criar. Observe que cada filtro gera uma "realidade" diferente.

O mais importante é praticar deixando literalmente que os olhos relaxem e mudem de foco.

Exagerar, Reverter, Atenuar, Obscurecer

Eis mais alguns exercícios rápidos. Se quiser, você pode usar a mesma idéia ou projeto o tempo todo e ver se o exercício estimula idéias adicionais.

- Exagere a sua idéia. Imagine que ela toma conta da sua vida, que ela reorganiza a sua empresa, o próprio planeta. Imagine que ela se torna um pensamento orientador para a nossa época. O que torna essa idéia tão monumental? Qual o fator essencial que vai provocar a sua expansão?
- Reverta-a. Observe-se indo numa direção que é o oposto exato da sua idéia. O que vai permitir que alguma coisa "seja" oposta? As características que permitem que alguma coisa se torne o oposto do que era podem ser as variáveis críticas do seu projeto.
- Projete-se para o futuro, seis meses, um ano, dois anos. Fale sobre a idéia no passado, descrevendo como ele se desenrola.
- Descubra uma margem. O que seria perigoso, inaceitável, ousado, louco ou ímpar? O que representaria uma margem marcada por maior compromisso, maior gentileza, maior confiança ou maior imaginação?
- Olhe por sob as palavras. Quais as verdadeiras motivações ou forças de propulsão desse projeto? Faça as perguntas de pessoas que não estejam diretamente envolvidas com a sua idéia, e tente vê-la através dos olhos delas.
- Tente uma reversão corpo/mente. Sinta sua idéia/projeto como se fosse seu corpo. Em que pontos ela é agradável, fica presa, fica tensa? O que significam essas experiências?
- Examine a idéia calmamente: deixe de lado quaisquer detalhes e tente ver somente quais são os pulsos ou fluxos fundamentais. Você pode praticar isso borrando ligeiramente a sua visão. Se essa idéia ou projeto tivesse forma, cor ou música, como se apresentaria? Se pudesse dançar, como se expressaria?
- Brinque com os significados que você atribuiu ao projeto. Registre por escrito tudo o que ele significa para você: excitação, oportunidade, mais trabalho, *stress* etc. Pegue um desses significados de cada vez e o transforme. Continue a transformar o sentido como se estivesse pondo novas molduras ao redor de uma foto. Observe o modo como cada moldura altera a sua motivação.

Máscaras

Assuma o papel de diferentes pessoas. Imagine-se como uma figura histórica, uma celebridade ou um especialista em algum assunto. Imagine a perspectiva dessas pessoas. Transforme-se em pessoas que representem diferentes facetas do projeto, como o cliente, o fornecedor, o homem de *marketing*, o *designer*. Imagine o que cada um veria ao examinar a sua idéia.

Jogos de Palavras

Crie ao menos três palavras de que a idéia/projeto vai precisar para fazê-la acontecer, e três palavras que ela vai oferecer ao público. Veja se pode encontrar uma palavra ou palavras capazes de criar o tipo de transição abissal desencadeado pela passagem de "*rhythm and blues*" para "*rock and roll*".

Por exemplo, hoje você pode ser uma "loja de sapatos"; amanhã, uma "empresa de tecnologias para o pé", envolvida com tudo o que torna o caminhar e o ficar de pé mais fáceis, cada produto vinculado com o pé, incluindo livros e produtos que ajudam a postura. Com as idéias desencadeadas por essa redefinição, sua loja de tecnologia podológica poderá formar uma rede com pedicuros, escolas de dança, escolas de ioga, massoterapeutas, etc. Você pode publicar um boletim e tornar-se um recurso nacional. Você pode até desenvolver sua própria linha de sapatos terapêuticos e cheios de estilo, incluindo pesquisas que sustentem o valor do seu produto. Esse exemplo mostra como uma mudança de palavra pode trazer à luz outros reinos de possibilidade.

> *Tente descobrir várias palavras diferentes que redefinam o seu negócio ou projeto de uma nova maneira. Esse é um bom jogo para praticar em grupo. Veja de que maneira cada redefinição abre novas possibilidades.*

Percepção e Paixão

Para este processo, escolha um projeto que esteja paralisado ou andando com maior lentidão do que você gostaria. Aqui você vai fazer a experiência com a premissa de que um campo perceptivo mais amplo, mais profundo e de prazo mais longo irá automaticamente aumentar a velocidade. Primeiro amplie: procure pessoas, idéias e um intervalo de impacto que ainda não tenham sido considerados. Em seguida, aprofunde, passando por níveis de significado ou por sutilezas que não levou em conta. Por fim, aumente o prazo — seis meses depois do ponto que você esteve considerando, um ano, cinco anos, mesmo dez anos. Veja se a sua motivação parece diferente nesses vários quadros temporais.

Se estiver se sentindo desiludido, cansado ou entorpecido, torne a sua percepção mais vívida. Entreviste outras pessoas sobre o que elas pensam. Fale do projeto de uma outra maneira. Use-o em qualquer dos exercícios acima. Veja se, ao observar o seu projeto num nível superior, você fica mais animado, mais apaixonado pelo que faz.

Em termos gerais, comprometa-se com a prospectiva. *Antes* de empreender um novo projeto, separe um certo período para olhar ao redor com novos olhos. A percepção é um dos instrumentos mais poderosos para reestruturar o que vem pela frente. Quando *vemos* novas dimensões, novos mundos passam a existir.

Um livro maravilhoso chamado Amazon Beaming *conta a história de uma tribo sul-americana, os Mayaruna, que está fazendo a jornada xamânica de uma vida; eles estão viajando para o começo dos tempos!*[1]

A fim de preparar-se para a sua aventura, eles subvertem ritualmente todas as crenças que têm. Acordam no meio da noite, comem em horas estranhas, fazem as criancinhas passar pelos rituais de iniciação dos adolescentes e, por fim, deixam suas casas, queimando tudo o que possuem ao partir. Eles estão abalando propositadamente o seu mundo, visto que só nesse nível de mudança eles podem desapegar-se o suficiente para ter contato com o começo dos tempos.

O explorador que descobre essa tribo é levado inadvertidamente nessa jornada, visto que se perde e não consegue encontrar o caminho de volta ao acampamento. Passadas algumas semanas, ao despertar certa manhã, ele percebe que o seu relógio sumiu, que a sua câmera está sendo desmantelada por um macaco e sente o cheiro estranho de suas alpargatas sendo queimadas na fogueira! Aqueles eram os seus três únicos vínculos com a civilização ocidental, com a vida tal como ele a conhecia e com sua identidade. Quando eles se tornam cinzas, o explorador perde o seu contato com a realidade. Nesse ponto, sua única escolha é entregar-se de fato à viagem. Nesse momento da história, quando finalmente se rende, o explorador desenvolve a capacidade de comunicação telepática com o xamã da tribo, o qual estivera transmitindo-lhe mensagens o tempo todo, mas seus vínculos com o mundo exterior e os seus hábitos associados a esse mundo o haviam impedido de ouvir as mensagens.

Estamos num caminho que muito se assemelha ao do explorador que deparou com os Mayaruna, talvez involuntariamente. O colapso da tradição, o caos dos valores, o espectro sombrio do desconhecido e a chegada prematura da adolescência na nossa cultura estão, todos eles, provocando o equivalente a uma jornada xamânica. Metaforicamente, perdemos nossos relógios, vimos a nossa capacidade de produzir imagens desfazer-se e agora começamos a sentir o aroma inconfundível das nossas alpargatas ardendo, do nosso último vínculo! Como estamos todos perdendo o controle de uma velha realidade, nossa única escolha é a entrega à viagem. Não podemos evitar o domínio **das emoções da mudança.**

Capítulo 6

As Emoções da Mudança

Philip e eu viajamos durante mais ou menos metade do ano, em geral durante seis a oito semanas de cada vez. Sempre deixamos para arrumar as malas na última hora, resistindo à nossa partida iminente de todas as maneiras que podemos, embora uma vez na estrada não queiramos parar e até prolongamos espontaneamente a viagem. Não resistimos nem a ficar em casa nem a viajar; resistimos à mudança.

Peça a qualquer pessoa para fazer algo diferente e a resposta espontânea, a primeira resposta será: "Não consigo." Uma artista gráfica que conhecemos adiou a compra de um computador durante anos até quase perder o negócio. Um varejista com uma empresa em rápido crescimento retardou a contratação de pessoal até quase ter um colapso nervoso. Estudos recentes mostram que a maioria das tentativas de promover a reengenharia de uma corporação fracassa, principalmente por causa da resistência das pessoas envolvidas. Há também a brincadeira, agora familiar, segundo a qual muitos de nós ainda estão na "estrada não-pavimentada da informação". Estamos todos resistindo ativamente a uma mudança necessária que está batendo à nossa porta. Por quê?

A Resistência à Mudança não é Apenas nossa Herança Genética e Cultural; ela Está Profundamente Arraigada no Núcleo da nossa Identidade Pessoal

Os biólogos afirmam que o homem tem o equivalente a três cérebros — o cérebro réptil, o cérebro mamífero e o córtex superior —, cada um deles ligado a um período diferente da nossa história genealógica. O mais antigo é o réptil, que controla a excitação, a atenção e o sistema nervoso involuntário.

Aprisionado na parte réptil do nosso cérebro está o desejo de querer que o mundo se mova lentamente. Como um lagarto preguiçoso, fomos programados durante éons de evolução a buscar uma espécie de estabilidade equivalente a ficar deitado ao sol sem nenhuma missão mais grandiosa do que fazer a próxima refeição. Peça a alguém que elabore uma cena de tranqüilidade e, invariavelmente, essa cena terá alguma relação com deitar-se ao sol quente numa praia.

Essa parte primitiva do nosso cérebro está ligada aos aspectos mais básicos da sobrevivência — respirar, estar alerta, lutar-ou-fugir. Assim, quando nos sentimos ameaçados, recorremos instintivamente a uma programação réptil, e, cedendo, procuramos emocionalmente alguma rocha segura onde possamos tomar sol.

E a trama fica mais complicada. A nossa resistência à mudança também está codificada nas partes mais complexas do nosso cérebro. Nossos ancestrais viveram num ambiente hostil. Os que sobreviveram, foram capazes de criar estabilidade, de se afastar da devastação da natureza e manter suas interações sociais sob controle. Tínhamos de ficar razoavelmente perto da caverna, simplesmente para ter tempo suficiente de fazer bebês. Os tipos realmente aventureiros morreram antes de ter tempo de transmitir seus genes. Assim, os sábios anciãos introduziram lentamente em nossas tradições culturais o conformismo.

E há mais. Nossa resistência culturalmente arraigada à mudança se entrelaça com a nossa história pessoal. Nossa entrada na escola pode ter sido tensa, nossos pais podem ter se divorciado, um amigo pode ter se mudado quando éramos meninos, ou um tio ou avô favorito pode ter morrido. Dessa maneira, o processo de mudança se associa à dor, à perda ou a outras sensações desagradáveis. Começamos a equiparar a estabilidade à sobrevivência emocional. Organizamos a nossa personalidade e os nossos roteiros de vida de modo a ficar longe de eventos capazes de desencadear esses programas passados. Em outras palavras, preferimos a segurança.

Nossa atual condição é: essa equação tão antiga, de sobrevivência igual a estabilidade, se alterou. A maior proporção do nosso ambiente não é constituída por situações de luta-ou-fuga, nem por tempestades e estações, mas pelo nosso ambiente cultural. Nossa cultura virou a mesa da evolução e agora requer o oposto do que antes assegurava a sobrevivência; esta agora depende mais da capacidade de considerar novas possibilidades.

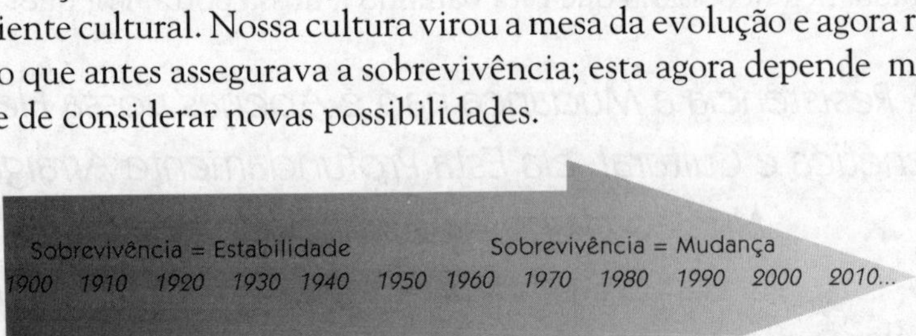

Vivemos numa era mergulhada na mudança. Uma em cada quatro pessoas vai mudar de casa este ano. Uma em cinco vai mudar de emprego. Duas ou três vezes na vida assumiremos carreiras inteiramente novas. Os laços de retroalimentação do local de trabalho estão ficando mais curtos, de modo que temos de tomar decisões com maior rapidez. Os parâmetros de relacionamento estão definidos de maneira mais completa, e nossos parceiros têm menos paciência; se não mudarmos logo o nosso comportamento, é comum ficarmos sem eles. Fomos programados e projetados para a estabilidade, e eis que de repente se espera que tenhamos a flexibilidade do camaleão.

É por esse motivo que quase todos os psicólogos equiparam a mudança ao *stress*. Concebeu-se uma interessante tabela que relaciona vários tipos de mudanças — mudar para outra cidade, trocar de emprego, aprender uma nova aptidão, etc. Cada tipo de mudança recebe um dado número de pontos. Você então soma os seus pontos. Os totais acima de um certo ponto vinculam-se com níveis de *stress* mais elevados, aumento da propensão a ter pressão alta, colapso nervoso, depressão e uma imensa gama de outras doenças. De acordo com esses mapas, em média as pessoas apresentam hoje a mais alta pontuação de todos os períodos da História. Como não é provável que o nosso caos cultural diminua, precisamos descobrir maneiras de mudar com a mudança em vez de resistir a ela.

Embora o explorador britânico que deparou com os Mayaruna provavelmente ultrapassasse qualquer tabela em seu nível potencial de *stress*, é possível que ele não tenha vivido esse evento como *stress*. Ele estava numa aventura, não tendo como objetivo a estabilidade, mas a descoberta. Os Mayaruna estavam até um passo atrás com relação a ele; eles estavam consciente e voluntariamente lançando-se no coração da mais profunda mudança possível. Se seguirmos o modelo dos Mayaruna e do explorador britânico, podemos reestruturar a multiplicidade de mudanças que nos pedem para fazer uma jornada rumo ao eu, em vez de uma série de estresses a enfrentar.

Em nosso ambiente atual, a rigidez é suicídio criativo e a flexibilidade é oportunidade.

Quando ouço as pessoas queixando-se do ritmo das coisas, eu penso: "Vá se acostumando; ele vai aumentar ainda mais. Você pode aprender a apreciá-lo ou ficar louco."

Poucos refutariam a afirmação de que os anos vindouros serão moldados por uma mudança contínua e sem precedentes, razão pela qual nosso próximo instrumento para as nossas relações com o futuro tem de concentrar-se na transformação da nossa propensão primordial a resistir à mudança. Temos necessidade de um estilo emocional mais fluido que nos permita passar facilmente de uma tempestade para outra.

Você só Vai se Mexer Quando Realmente Quiser

Tente o seguinte experimento simples. Continue a ler esta página e, ao mesmo tempo, pense "Vou me levantar e caminhar até a outra sala".

Agora, pense nisso mais uma vez com mais ênfase, mais uma vez, com toda a ênfase que puder pense que vai se levantar e caminhar até a outra sala. Vamos falar agora sobre o que provavelmente aconteceu.

É bem provável que, enquanto continuava a ler, você tenha ficado na mesma posição. Embora estivesse pensando em levantar-se, você não traduziu esse pensamento em ato. Você só vai se levantar e caminhar até a outra sala quando *você quiser*.

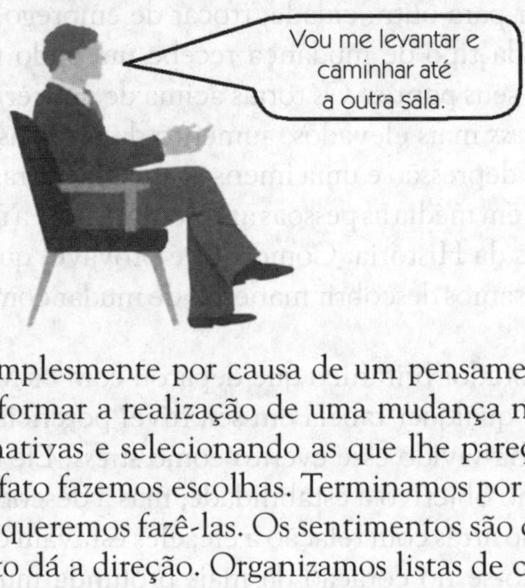

Não agimos simplesmente por causa de um pensamento. A maioria das pessoas tenta transformar a realização de uma mudança num processo racional, pesando alternativas e selecionando as que lhe pareçam melhores. Mas não é assim que de fato fazemos escolhas. Terminamos por fazer as coisas principalmente porque queremos fazê-las. Os sentimentos são o que desencadeia a ação. O pensamento dá a direção. Organizamos listas de coisas que queremos fazer e raramente as fazemos. Mas se está apaixonado, você não tem de registrar em sua lista "ligar para a namorada". Na verdade, é provável que você ligue para ela muito mais do que precisa! Se pudéssemos nos relacionar com as outras coisas das nossas listas da maneira como nos relacionamos com alguém a quem amamos, seria mais fácil fazer tudo o que está na lista. Nossa resistência à mudança ocorre no nível emocional. É por isso que precisamos examinar as emoções para atacar essa resistência.

Surfe Psíquico

A mudança desencadeia:

- Sentimentos de sobrevivência "répteis", primordiais.
- O córtex superior, a auto-estima e questões de aceitabilidade.
- Todas as nossas neuroses específicas.

Quanto mais ampla a mudança a empreender — mudança de valores, de estilo de trabalho, acostumar-se à experiência de estar na zona ou ver as coisas de uma nova maneira —, tanto maior o número de sentimentos que ela estimula. Como resistimos a algumas das emoções que a mudança pode desencadear, como o terror, o pesar, o medo do desconhecido, a confusão, a frustração por não saber o que fazer, a perda da identidade, o aumento da insegurança, evitamos tentar novas coisas. Por isso, permanecemos em situações desagradáveis por um tempo bem maior do que deveríamos.

Como Salvar o Império

Para estabelecer e ilustrar os três estágios da mudança emocional, examinemos uma cena de *Guerra nas Estrelas:*

No terceiro filme da trilogia, Luke Skywalker, o principal guerreiro Gedi, está mais uma vez protegendo o Império das forças do mal e está envolvido na batalha com seu arquiinimigo Darth Vader. A visão de mundo de Luke é simples, as linhas que separam o bem e o mal são nítidas. Sua missão está claramente delineada.

Luke sabe que Darth Vader já foi um guerreiro Gedi como ele e, de alguma maneira, mudou de lado. Luke brinca com a idéia de que talvez essa fraqueza também esteja dentro dele, ou que talvez o lado negro tenha poderes irresistíveis de persuasão que vão além mesmo do que ele pode suportar. Ele sempre tem condições de afastar essas dúvidas afirmando para si mesmo que isso nunca pode acontecer com ele. Cada vez que suprime as suas dúvidas, ele volta ao terreno conhecido e fica seguro em sua imagem de boa pessoa, enquanto Darth Vader representa o mal. Mais importante do que isso, ele restabelece uma fronteira familiar: Darth Vader é, fundamentalmente, diferente dele, fraco, suscetível, corruptível. Às vezes, Luke reforça esse sentido mais forte de eu com fantasias de que talvez a sua bondade possa até trazer Darth Vader de volta ao lado Gedi.

Por fim, Luke já não consegue afastar as dúvidas insistentes que o assombram há anos. No meio do combate com Darth Vader, ele lhe pergunta o que aconteceu há tantos anos atrás que o fez desistir do seu papel como guerreiro Gedi. Darth Vader lhe diz que é na verdade seu pai, a quem Luke não via desde bebê!

O choque deixa Luke gelado. Toda a sua visão de mundo cai por terra: suas fantasias idealistas sobre o pai, suas noções do bem e do mal e o próprio conceito de pureza e inocência que ele tem de si mesmo são destroçados. Nesse momento, ele nem sequer pode manter erguida a espada. Ele está vazio, sem vontade.

Isso é tudo de que Darth Vader precisa. Ele aproveita rapidamente a vantagem, e Luke, derrotado, é empurrado para o comando central para ver a destruição final do Império. As coisas vão ficando cada vez piores, dissolvendo-se qualquer possibilidade de Luke escapar por seu próprio poder. Luke foi vencido, o Império está perdido.

Como não há esperança, Luke começa a falar com o seu pai há tanto tempo perdido como um filho. Ele faz isso sem planejar nada. Luke quer apenas conhecer seu pai durante o que supõe serem suas últimas horas de vida. Sem revelar nenhuma mudança exterior de comportamento, Darth Vader sente alguma coisa misteriosa e forte agitar-se em seu íntimo. E, numa dramática reviravolta, dá a vida para salvar o filho. É ele quem salva o Império.

Em termos simples, esse é um relato do que acontece quando a nossa visão de mundo cai por terra. Somos forçados a entrar num espaço vazio que no final vai se organizar numa nova visão de mundo. Tal como Luke, quando nos rendemos à nossa vulnerabilidade, esta libera outras pessoas para se tornarem diferentes. Se Luke tivesse mantido seu papel de guerreiro, Darth Vader também teria feito o mesmo, e o Império ter-se-ia de fato perdido. Só uma mudança fundamental como a de tornar-se filho da parte de Luke poderia liberar Darth Vader para tornar-se pai. Embora não a planejasse, essa era a mais brilhante estratégia disponível.

Toda mudança que possamos fazer, seja começar ou terminar um relacionamento, mudar de emprego ou desenvolver uma nova estratégia de *marketing*, envolve a mesma seqüência emocional revelada nessa história. Você consegue percebê-la? A jornada de Luke foi primariamente emocional, em vez de analítica. Ela tem paralelos com o espírito de intercâmbio da época detalhado no primeiro capítulo. Assim como o Capítulo 4 mostrou a respeito do nosso corpo e o Capítulo 5 a respeito de nossas percepções, também o nosso estilo emocional precisa adaptar-se a navegar intermináveis ondas de mudança. Quer você comece a seguir uma nova direção ou esteja reagindo a uma alteração do ambiente, a mudança se apóia numa profunda jornada emocional. A verdadeira mudança sempre entra em confronto com a nossa necessidade de segurança. É por isso que devemos ir ao seu encontro por meio de uma reorganização desse lugar tão primal que há na nossa psique. Para fazer você compreender melhor isso, permita-me descrever com mais detalhes o que aconteceu com Luke.

O Primeiro Estágio — O Chamado

Questionamento interior. Podemos fazer algo do mesmo modo durante décadas sem sequer nos perguntar por quê. No primeiro filme da trilogia, Luke mal pensava sobre a origem de Darth Vader; ele estava absorto no desenvolvimento de suas próprias habilidades de guerreiro Gedi. Só muito mais tarde começam os questionamentos mais sérios.

Esses questionamentos são momentos em que começamos a nos perguntar:

- Por que estou nesta mesma situação *outra vez*?
- Por que não faço alguma coisa *diferente*?
- Por que me encontro tão entediado, cansado, apático, frustrado?
- Por que estou encontrando dificuldades diante de uma situação que simplesmente não muda?

Perguntas, dúvidas, vagares, cenários paralelos, fadiga, desistência — tudo isso são formas de questionamento. Quando uma organização começa a ruminar, os gerentes convocam mais reuniões, reavaliam procedimentos, demitem aleatoriamente pessoas, reavaliam coisas do passado que não podem ser mudadas, asseguram-se de que todos compreendem as regras. Sempre que essas coisas começarem a acontecer, fique alerta: há grandes mudanças no horizonte.

Resistência. Qual a primeira coisa que fazemos quando começamos a questionar as nossas circunstâncias familiares? Resistimos, é claro. O cérebro de lagarto ataca com seus 500 mil anos de programação genética, o córtex superior com seus 40 mil anos de programação cultural e o *corpus colloseum*, com o acréscimo de todas as nossas histórias pessoais — e todos gritam em uníssono: "Deixe tudo como está!" Nossa programação primordial nos diz não só que não temos de mudar, mas que, se o fizermos, provavelmente vamos morrer. Assim, respondemos às nossas dúvidas garantindo a nós mesmos que tudo dará certo. Justificamos a posição presente, defendemos as nossas tradições e dizemos a nós mesmos para nos recompor e pensar positivamente.

Recusar o chamado. Um movimento ruim. Como todos sabem, a resistência é inútil. Fomos consultores do fundador de uma empresa-relâmpago. Chamemo-la de Smith Company. Tudo o que podia dar errado estava dando errado: erros em pedidos, contratos cancelados, pessoal negligente, custosos atrasos, perda de fundos prometidos, e tantas coisas mais. Smith acabou por procurar o nosso apoio mais por fadiga emocional do que por razões comerciais.

Durante um ano, ele reagira a toda dificuldade revidando. Quando o pessoal afrouxava, ele trabalhava mais. Quando os fundos evaporavam, ele punha seu próprio dinheiro. Quando ocorriam erros, ele racionalizava os motivos disso e seguia em frente. Quando o produto não era bem recebido, ele reforçava suas crenças sobre como esse produto era especial. Não é que todas essas soluções estivessem erradas, mas quando tantas coisas saem dos trilhos, às vezes é melhor parar ou ao menos fazer uma pausa. Em vez de ignorar continuamente as ruminações, tente pensar: "Existe alguma coisa seriamente desequilibrada aqui. Vamos ver o que é."

Em vez de pôr o dedo na ferida, o fundador da Smith Company continuou a cuidar apenas de evitar os questionamentos. Só quando estava em exaustão ele considerou questões mais profundas. Quando ele chegou a um lugar que chamarei de "relaxe e fique um pouco aí", sentindo abertamente a dor do que acontecia e examinando mais profundamente as suas motivações, curiosamente os eventos na empresa começaram a caminhar outra vez. Mas ele deixava de lado repetidamente esses surtos de sucesso renovado e revertia aos padrões anteriores. Ele ficava obstinado e desfiava uma série de idéias sobre o que faria em seguida. Essa tentativa de superar as dificuldades provocava, inevitavelmente, outra crise.

Recusar o chamado significa afastar dúvidas e temores que possam conter informações vitais. Se você varrer a emoção para baixo do tapete, sob cada medo está ao menos um grão de verdade, e por vezes uma montanha. Sob a maioria dos bloqueios físicos dos projetos há bloqueios psicológicos que precisam ser examinados.

Num ponto semelhante do seu desenvolvimento, Luke declarou ao seu mestre, Obi-wan Kenobi, que era inabalável; nunca viraria a casaca como Darth Vader. O mentor ouve isso com um sorriso apagado no rosto, sabendo das dificuldades do caminho a percorrer. É como um negócio que demite qualquer um que pareça destoar ou como a pessoa que, diante da dificuldade, se compromete com rigidez ainda maior com o caminho que segue. A resistência a esses questionamentos sempre requer que as nossas lições se repitam com mais força.

Dissolução. Se sofrer pressão suficiente, toda represa vai acabar se rompendo. Se a nossa rigidez for martelada por um tempo suficiente, acabamos por nos dobrar. Por fim, as garantias que Luke dava a si mesmo e aos outros já não puderam conter a onda de curiosidade que ele tinha sobre Darth Vader. Ele tinha de perguntar. Quanto mais dizemos que não temos interesse numa dada coisa, ou que essa coisa não importa, tanto mais ela corre solta no nosso inconsciente, aumentando a pressão até irromper com uma força capaz de dissolver tudo o que conhecemos.

O Segundo Estágio — O Bardo

Perda de Vontade/Vazio. Quando as nossas velhas visões caem por terra, entramos no segundo estágio da mudança. Quando isso acontece com Luke, ele fica estatelado, incapaz de agir. Nada do passado está à disposição dele. Ele perde a vontade.

É isso o que as pessoas costumam sentir. Com grande entusiasmo, elas começam um novo emprego ou descobrem uma nova solução e, de repente, se vêem incapazes de fazer o que quer que seja. Alguém que conhecemos nos ligou, desesperado. Ele contratara um novo diretor de vendas que numa primeira impressão se mostrara um vencedor. O homem passou as primeiras três semanas no novo emprego decorando o seu escritório e organizando a sua vida pessoal, já que ele e a esposa tinham acabado de se mudar para uma nova cidade. O dono da empresa estava horrorizado, pensando que talvez tivesse cometido um erro bastante caro e que o sujeito nunca fosse fazer nada.

A primeira sensação que temos ao deixar um sistema de crenças conhecido, uma situação cômoda ou um relacionamento conhecido é com freqüência ter fortes sensações de confusão, de estar perdido, de estar sem eixo, e até o pesar e o desespero. Ficamos desesperados pelo passado. Secretamente, aquele novo diretor de vendas estava tão horrorizado quanto o proprietário. Ele se julgava um vencedor e agora simplesmente não podia agir! Julgo útil pensar nisso como um estágio. Essa atitude me dá mais coragem para suportar esses desagradáveis espaços de desafio ao ego. É como o estágio da "queima das alpargatas" da história Mayaruna, um momento em que as nossas crenças favoritas sobre nós mesmos começam a emitir um terrível mau cheiro.

O fundador da Smith Company poderia nunca ter de fato chegado a esse estágio. Ele chegava repetidas vezes a esse ponto, mas nunca podia aceitar o "cheiro" por tempo suficiente para fazer algum progresso. Alpargatas em chamas têm um cheiro horrível. Quando os aspectos favoritos de sua auto-imagem eram questionados, ele recuava inconscientemente e começava a se concentrar em problemas exteriores da empresa. Esse é provavelmente o estágio que apresenta maiores desafios. Não é nada agradável descobrir que aquilo de que você costumava gostar mais em si mesmo ficou de repente malcheiroso.

Bardo — O Momento Entre Formas. A tradição tibetana tem um termo para o espaço intermediário entrevidas; ela o denomina o *bardo*. Trata-se do intervalo em que se deixou o corpo físico e ainda não se escolheu um novo. Os tibetanos acreditam que o verdadeiro segredo do avanço espiritual está não apenas no que fazemos nesta vida como também na maneira como negociamos o bardo. Trata-se de um panorama muito diferente daquele segundo o qual se estrutura o pensamento ocidental.

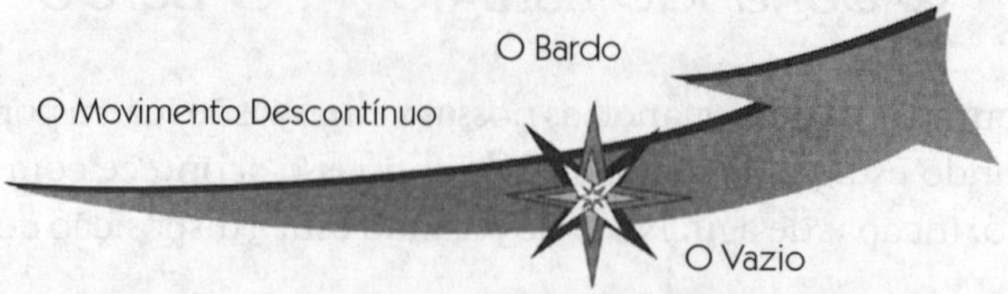

Uso o bardo tibetano porque, dentre todas as tradições que examinei, são os tibetanos que exibem uma das mais bem desenvolvidas compreensões do vazio e de como passar de uma visão de mundo a outra. Mas o bardo não é desprovido de perigos. Ao que parece, o ventre e um renascimento inconsciente se afiguram ao viajante entrevidas como um palácio cheio de tentações. Ilusões de tesouros, de ouro e de belas luzes tentam o viajante a nascer de novo. Do mesmo modo, quando temos a oportunidade de entrar num espaço entre decisões, temos de dar atenção à tentação de pegar tudo, de ser esperto, de dar uma boa impressão. Quanto mais deixamos de lado compreensões anteriores, tanto maiores as novas possibilidades que podem vir para o primeiro plano.

Essa fase não tem de ser longa, *mas tem de ser profunda*. Na situação do "novo diretor de vendas", demos ao proprietário e ao diretor improdutivo uma descrição do bardo. Sugerimos que os dois deixassem ativamente de lado suas expectativas e dessem um ao outro mais espaço. Muitos meses mais tarde, os dois relataram que aquelas semanas iniciais foram provavelmente mais importantes do que eles se deram conta. Em retrospecto, eles puderam vincular sucessos futuros com essa época "vazia", embora nunca pudessem explicar bem como isso aconteceu.

Cada vez mais organizações estão percebendo, por fim, o poder do espaço vazio, o valor de deixar que as pessoas não tenham uma direção definida, e mesmo a força do fracasso. Novas descobertas mostram que atividades tradicionais, como as reuniões de livre debate entre os integrantes, se tornam muito mais eficazes se os momentos de falar forem contrabalançados por pausas de silêncio, de reflexão. Outros estudos revelam que, quando trabalhamos continuamente sem uma pausa, podemos apresentar um declínio de produtividade de até 50%. Mesmo Bill Gates admitiu numa recente entrevista que a ferocidade do atual clima econômico requer dele a retirada de duas semanas por ano apenas para refletir, em vez de uma única semana que ele costumava reservar para isso.

Quando o nosso velho mundo desmorona e concordamos em sentir o vazio, a impotência e a perda da identidade, terminamos por começar a recorrer a um domínio em que tudo é possível. Não se deve dar pouca importância a essa liberdade. É freqüente que, em retrospecto, as pessoas reconheçam o valor desses momentos semelhantes ao bardo; mas quando elas estão a pleno vapor, é quase impossível fazê-las compreender o valor desse espaço. Os piores são os grandes realizadores; eles não apenas têm muitas dificuldades em deixar que se queimem as alpargatas como passam um período ainda pior diante do não-conhecimento das coisas.

Há na nossa cultura muito pouco apoio a esses períodos. Secretamente, as pessoas ficam horrorizadas quando ouvem você dizer "não sei" ou "não tenho certeza". Isso ameaça as nossas noções de poder. As pessoas oferecem imediatamente conselhos e recomendam seus "remédios" favoritos para que você possa rapidamente sair da confusão. Imagine se as pessoas começassem a responder à sua indecisão dizendo: "Que sorte, você está no bardo. Vá em frente. Nem tente compreender nada." Imagine você dizendo a um colega "Não estou certo do que precisamos fazer aqui" e receber como resposta "Concordo, acho que você está no caminho certo." Suponha que pudéssemos preencher os vazios dos nossos currículos com a afirmação "Tempo gasto no bardo" e o empregador pretendido lesse isso com *respeito* e nós tivéssemos maior probabilidade de conseguir o cargo do que uma pessoa "sem bardo". Boa parte da intensidade que experimentamos, muitos dos paliativos rápidos e insatisfatórios advêm da nossa incapacidade de compreender a força do bardo e de permanecer na sua companhia.

O Terceiro Estágio — O Reconhecimento do Incognoscível

O maior perigo que enfrentamos no terceiro estágio é tentar escolher depressa demais. Skywalker saiu-se bem da situação. Se ele tivesse se preparado e tentasse empregar um último recurso, Darth Vader teria retomado seu papel passado e nada teria mudado. Mas o choque foi tão profundo que Luke teve de se desapegar e permitir que a criatividade do não-saber fizesse funcionar a sua magia.

Ele entrou no momento criativo. Foi ao encontro dele com total inocência e sem segundas intenções, e esse foi definitivamente o movimento mais importante que ele podia ter feito! Isso deixou Darth Vader impotente. Sua única escolha era assumir o papel de pai em resposta ao novo papel de Luke como filho, que mudou o curso do destino.

O destino é apenas uma velha história sendo vivida. A criatividade é a destruidora do destino; ela é a única maneira de permitir o surgimento de novos rumos. O momento da escolha traz em si um frescor e uma imprevisibilidade. Embora Smith nunca tenha entrado por inteiro no bardo, tenha continuado a recusar o chamado e a evitar a parte pior do mau cheiro, a empresa finalmente se ergueu. No fim de sua corda bamba financeira, o proprietário desistiu da sua visão de como devia ser o negócio. Apareceu alguém oferecendo uma maneira radicalmente diferente de distribuição do produto de Smith.

Esse cavaleiro de armadura reluzente manteve-se invisível até Smith se dispor a ver as coisas de outra maneira.

Você se lembra da história inicial do xamã que estivera transmitindo mensagens ao explorador o tempo todo? Soluções miraculosas estão sendo transmitidas a nós o tempo inteiro, mas só podem ser ouvidas quando renunciamos aos nossos apegos ao mundo passado.

Como Sobreviver a uma Mudança de Paradigma

Eis a aparência dos três estágios da mudança:

- O primeiro estágio, O Chamado, assemelha-se ao ataque. Dá-nos a impressão de que nos está sendo pedido que desistamos do que temos. Ele costuma promover a defensividade, a rigidez e o conservadorismo. Ou assumimos uma atitude de apego manipulativo ou uma atitude guerreira de combate, tentando manter o que sabemos.
- No Estágio 2, sentimo-nos impotentes; nossos velhos pontos de referência foram aniquilados. Nossa auto-imagem padece e pode nos parecer seriamente falha. Temos a impressão de que já não nos conhecemos. Como ainda não temos um novo caminho, é impossível avançar. Tudo o que tentamos fazer parece evaporar. A dinâmica interior domina nossas ações exteriores.
- A partir da impotência, o passado é inteiramente afastado. Só assim soluções realmente novas podem surgir. No terceiro estágio, temos de estar atentos a um desejo insidioso de querer consertar as coisas, de fazê-las voltar ao normal, de retornar ao que tínhamos, de reencontrar os bons dias passados ou um ritmo que nos pareça familiar. Esse estágio requer que nos sintamos diferentes com relação a nós mesmos, que permaneçamos receptivos e caminhemos lentamente com uma crescente suavidade e sensibilidade. Exige que avancemos sem um programa e que nos sintamos estranhamente desequilibrados. Também temos de estar atentos às sutis tentações de restringir a energia aumentada que sempre acompanha as rupturas.

Cada estágio pede uma atitude diferente. Se você estiver no estágio do desapego, o caminho mais rápido para passar por ele é dar a você espaço para espernear, para dar vazão à sua resistência. O aumento do conservadorismo é muitas vezes o segredo para fazer o balão arrebentar. Se estiver combatendo as forças da mudança, você vai terminar por se cansar e desistir.

Quando estiver no bardo, dê as boas-vindas ao não-saber e ao não-agir. Aproveite a oportunidade para ter menos opiniões, para escutar em vez de falar.

Por mais difícil que pareça, essa fase requer o mergulho no que julgamos ser as nossas maiores fraquezas e o abandono das nossas forças favoritas. É um momento para tomar consciência do vazio entre os eventos, dos espaços entre você e as pessoas de sua vida. É um tempo de esvaziamento.

O estágio da escolha aflora naturalmente; você só precisa se concentrar em estar disposto a sentir de outra maneira e a permitir que persista uma modalidade branda de incerteza. Ele só exige que você conviva com uma sensação de "tremor nas pernas" e goste dela.

> *Fomos consultados por um cirurgião que durante anos dissera que queria mudar de profissão e tornar-se um consultor empresarial. Passavam-se os anos e ele nada fazia. Cada vez que chegava ao momento de efetivamente agir, ele se via paralisado por uma sensação de incerteza e de confusão. Tinha tanto medo desses sentimentos que, diante deles, nada fazia. Nosso trabalho com ele teve como foco o desenvolvimento de sua capacidade de sentir essas emoções e de falar a partir desses sentimentos e não sobre eles. No âmbito do seminário, ele se acostumou a conviver com esses sentimentos e até a gostar da intensidade da experiência que ofereciam. Então ficamos mais de um ano sem notícias dele. Um dia, ele ligou de um hotel em Seattle, onde pela primeira vez dirigia um seminário de treinamento para uma empresa local. Ele estava profundamente mergulhado na sensação de "pernas tremendo", mas disse que sua familiaridade cada vez maior com o lado emocional da viagem é que tornara possível a mudança exterior.*

Vimos o mesmo ciclo de sentimentos ocorrer quando o sócio-fundador de uma pequena empresa de publicidade quis deixá-la. Pouco depois de ele anunciar as suas intenções, o negócio passou por uma queda. Era a maneira que todos tinham para retê-lo, dizendo, em dólares e centavos: "Você não pode ir embora." Ele nos introduziu nesse ponto para ver se havia algo para fazer para tornar o processo mais fácil.

Seguimos a mesma seqüência do caso do cirurgião, mostrando às pessoas os estágios da mudança, dando-lhes espaço para verbalizar e até exagerar seus sentimentos. O exagero e a representação dos cenários imaginários de desastre acabaram por ser motivo de humor. As pessoas começaram a sentir que tinham "permissão" para passar por algumas emoções muito naturais e puderam até brincar com coisas como o terror de ter de ligar para novos clientes ou fazer discursos, visto que já tinham representado na imaginação os piores desastres possíveis. Passamos um tempo enorme fazendo o pessoal praticar o não-saber, a sensação de abalo e a vulnerabilidade. A transição acabou sendo bem mais fácil do que o esperado e o sócio fundador pôde partir antes da data planejada. Resistindo ao lado sentimental da mudança, ou negando-o, e tentando se mostrar "profissionais", as pessoas estavam na realidade retardando o processo. Os sentimentos, de maneira geral, andam com bastante rapidez quando você não resiste a eles.

Mudança Xamânica

Algumas pessoas chamam esta era de Era da Ansiedade, dado que todos têm muitos medos acerca do que pode vir por aí. Mas há um valor transformador a ser conseguido do fato de se viver numa época de constantes abalos. Ao romper com a tradição e com as crenças condicionadas no nível que a nossa cultura está oferecendo, todos podemos ter acesso a um nível de liberdade que nunca esteve disponível antes.

Pode-se definir um xamã como o agente de uma *mudança de forma.* Mudar nossas atitudes fundamentais acerca de idéias, de projetos, da economia e mesmo dos relacionamentos em bases quase diárias pode ser considerado uma mudança de forma. Se dermos prosseguimento a isso no contexto correto, todos teremos a oportunidade de nos colocar no lugar do xamã.

Quem quer que tenha sido vítima de cortes nos níveis gerenciais e pôde promover uma ruptura ao criar seu próprio negócio, seguir uma nova direção ou vender novamente seus serviços à empresa de maneira geral relata ter um tremendo sentido de liberdade. Relacionamentos que quase chegaram ao fim, mas que sobreviveram aos piores temores dos dois parceiros, passam a ser inevitavelmente mais divertidos e leves. Empresas que venceram a derrota aparentemente iminente emergem do outro lado com força e resistência muito maiores. À medida que você se familiariza com esse ciclo, a mudança nunca é tão assustadora como parecia a princípio.

> ***O que distingue a mudança xamânica da mudança comum é concordarmos em ser transformados pelo processo.***

Seguimos rotineiramente novas direções ou adquirimos novas capacidades sem que isso nos altere de nenhuma maneira substancial. A mudança é, em si e por si, sem sentido, a não ser que toque suas experiências de segurança e de liberdade. Quando você permite que a mudança dê nova forma à sua compreensão de si mesmo, então e só então ela torna-se transformadora. Quando percorre as emoções da mudança da maneira que descrevi, você aprende a usar essas alterações exteriores como um caminho para uma maior liberdade emocional. Se for sentida assim, nossa mudança cultural dominante começará a nos deixar mais fluidos, sensíveis e responsivos. Conheci pessoas atingidas por uma série de mudanças que acabaram cansadas e desiludidas. Conheço pessoas que enfrentaram dramas exteriores bastante semelhantes e terminaram muito mais fortalecidas. Mais uma vez, não é o *que* você muda, mas *como* muda, que torna as mudanças mais xamânicas.

Goste ou não, você está no meio do equivalente a uma jornada xamânica. Todos estamos. O nosso terceiro instrumento de navegação resume-se em permitir que a mudança exterior contínua que enfrentamos nos transforme também interiormente.

Quase todos os dias puxam alguma parte do tapete de sob os nossos pés. Somos todos os dias atirados numa terra de ninguém, em algum território desconhecido sem regras nem placas. Temos de descobrir todos os dias as sutis profecias que vão nos levar à segurança. Usada com sabedoria, a nossa mudança social constante tem o potencial de provocar um despertar do nosso espírito. Tal como o explorador, se nos entregarmos à viagem, podemos ficar mais receptivos às mensagens telepáticas que a nossa época está nos transmitindo.

Esse caminho emocional permite que nos unamos aos Mayaruna numa jornada ao começo dos tempos, à fonte da criatividade. Se simplesmente entrarmos em ciclos de padrões repetitivos, vemo-nos aprisionados no tempo, atados à História. Muitas pessoas e negócios implementam continuamente novas idéias e técnicas avançadas, mas permanecem essencialmente os mesmos. Sentindo unicamente as emoções da mudança podemos forjar um verdadeiro caminho que, ultrapassando os nossos hábitos, entra no bardo — e na possibilidade de fazer alguma coisa de fato diferente. Os Mayaruna abalaram incansavelmente todas as características da sua realidade conhecida. Entrar no vazio ou no desconhecido, sentindo-os tão profundamente que por vezes temos dor, é a única maneira de ter acesso à verdadeira criatividade. Suportar as emoções da mudança pode assemelhar-se à morte psicológica. Alguma coisa inimaginada só pode entrar quando tivermos permitido a morte emocional do passado.

A Prática das Emoções da Mudança

Começar a Sentir

É claro que o grande segredo deste instrumento é *aprender a sentir*. Isso pode lhe parecer a princípio fácil, mas o verdadeiro sentimento, a emoção que de fato move energias de maneira permanente, é mais raro do que você pode imaginar. Vivemos numa sociedade que mergulhou fundo na negação. Concebemos muitas maneiras engenhosas de evitar o que sentimos numa dada situação, seja porque julgamos que não é legal, ou que é pouco profissional, ou então porque estamos tão congelados que simplesmente nem sabemos quando estamos sentindo alguma coisa. A partir de toda a nossa experiência em dirigir seminários e dar consultoria a empresas, se tivéssemos de escolher um fator isolado que paralisa as coisas, daríamos preferência à negação habitual de sentimentos reais. Scott Peck examina brilhantemente essa questão em seu livro *A World Waiting To Be Born*. Peck dá a essa falta de sentimentos reais o nome de "perda de civilidade".

É possível confundir o falar sobre os nossos sentimentos com o real sentir. Posso dizer que estou triste ou assustado vezes sem conta sem nunca entrar de fato na experiência. É comum que, nos estados mais profundos de sentimento, não haja palavras, pensamentos nem mesmo qualquer drama exterior. Nossos sentimentos mais profundos ficam perto do coração; há pouca coisa para ver.

A verdadeira expressão dos sentimentos costuma ser inteligente, concentrada e eficiente. Exprimi-los de maneira descontraída e natural é excelente para afastar resíduos desnecessários. As exibições exteriores podem por vezes acertar o alvo. Algumas pessoas são simplesmente mais expressivas, e esse é o caminho mais rápido para elas. Mas as grandes exibições também podem ser uma armadilha. Expressões contínuas de raiva, de medo ou de tristeza de modo geral têm mais que ver com o controle do que com verdadeiras emoções.

Tive recentemente uma experiência com uma mulher que conhecemos há muito tempo. Ela estava descrevendo sua dificuldade para se comprometer com a sua carreira como arquiteta. Ela rompeu em lágrimas, como eu a vira fazer muitas vezes antes, mas, enquanto a observava, eu não senti nada. Costumo ser bastante empática, sendo por isso incomum que reagisse assim. Então percebi que, embora lhe descessem lágrimas no rosto, esse era um hábito conveniente e ela sentia bem pouca emoção real. Aproveitei uma oportunidade e disse-lhe que não achava que ela de fato estivesse triste. No início ela ficou magoada, desconcertada. Então, numa abrupta reviravolta, ela concordou e passou a examinar uma faceta bem mais interessante do seu medo dos compromissos.

Há inúmeras coisas feitas por nós que põem a máscara de sentimentos, mas que na maioria das vezes são simplesmente hábitos. Não há uma maneira fácil de discernir isso, mas se você se vir entrando habitualmente de modo repetido nos mesmos estados de sentimento, isso pode não ser tão catártico quanto você pensa. A palavra-chave é familiaridade. Os sentimentos transformadores são novos. Eles sempre dão a sensação de que entramos num novo território e quase sempre são acompanhados de uma impressão de alívio.

Também vale a pena abalar a sua compreensão acerca dos sentimentos em geral. Pergunte-se repetidas vezes: "O que estou de fato sentindo? O que está na base dessa sensação?" Faça isso com a próxima sensação, e com a próxima... Tente tomar consciência de qualquer tendência de se refugiar na mente, de pensar em vez de sentir.

Um padrão comum da infância é aquele em que os pais perguntavam "O que você está sentindo?" quando sabiam muito bem o que estávamos sentindo. A pergunta servia para que voltássemos à razão. A mensagem implícita é que sentir não é bom, que ninguém vai se vincular conosco quando sentimos, sendo por isso melhor descrever o que sentimos em vez de senti-lo de fato.

Vale a pena abalar suas maneiras características de rotular as emoções. Se você perceber uma sensação que você chama tipicamente de fadiga, tente pensar nela com ternura. Se se sentir assustado, tente dar-lhe o rótulo de assombro. Transforme a tristeza em gentileza, a raiva em amor, e assim por diante. Também permita o contrário, que a gentileza se torne tristeza, que o amor se torne raiva, etc. O jogo com a maneira como você rotula vários sentimentos abala sua realidade emocional e a reinicia, mais ou menos como ocorre no processo de mudança dos filtros perceptivos.

Procurando Sentir as Motivações

Agora que você sabe melhor *como* sentir, deixe que aflorem algumas motivações que você esteve reprimindo. Em páginas separadas:

- ➢ Faça uma relação dos principais juízos que você faz sobre as pessoas de sua vida.
- ➢ Faça uma lista das vezes em que você mais provavelmente deseja recuar e desistir.
- ➢ Faça uma lista do que deixa você mais cansado.
- ➢ Faça uma lista de tudo o que o incomoda no seu atual emprego. Relacione suas cinco queixas mais freqüentes.
- ➢ Faça uma lista dos piores juízos que você tem sobre si mesmo.

Organize essas listas num semicírculo ao redor de você para poder vê-las facilmente. Deixe de lado coisas específicas e procure temas. Qual a forma do que está fermentando dentro de você, sob todas essas queixas, irritações, fadiga e incômodos? Imagine que esse tema é uma bola de energia. Que aparência ela tem? O que ela quer fazer? Experimente entrar nessa energia. Que impressão você tem? O que mais o assusta nessas motivações? O que aconteceria se você lhes desse atenção? Tente exagerar e intensificar essas motivações. O que isso faz você querer fazer? Não há um ponto final nesse exercício; o ponto é apenas aprender a dar atenção às motivações por que todos passam e a vincular-se com as verdades mais profundas que costumam se ocultar sob os rótulos normais que atribuímos às coisas.

Para Compreender o Vazio

Vou descrever uma seqüência de um mês de exercícios voltada para a exploração de espaços vazios. Estou sugerindo um mês não só por ser essa fase importante e subvalorizada, como também porque ela requer um tipo de paciência que um mês pode proporcionar.

Tente respirar num ritmo de quatro inspirações, quatro pausas, quatro expirações, quatro pausas outra vez. Dê especial atenção às pausas, ao que você sente quando não há nem inspiração nem expiração. No início, pode parecer que existe apenas um ligeiro incômodo. Tente fazer esse exercício várias vezes por dia durante uma semana, concentrando-se nas pausas. Dê também atenção aos espaços entre pensamentos, tarefa difícil, mas esclarecedora e interessante. Esteja atento às pausas nas conversas e veja quando é provável que você faça pausas ao falar.

Na segunda semana, tente outra experiência. Compre um jardim rupestre em miniatura, daqueles que têm areia branca e pedrinhas num vaso. Ou você pode fazer um usando um prato largo ligeiramente curvado; até uma tigela de sopa larga serve. Encha o recipiente de areia e ponha duas ou três pedras bonitas. Agora, pegue um garfo, uma faca ou qualquer coisa com a qual você possa fazer inscrições na areia. Várias vezes ao dia, durante uma semana inteira, simplesmente fique dando à areia diferentes formas. (Se de fato se comprometer com o processo, você poderá fazer uma versão em tamanho natural, com um ancinho de verdade, pedrinhas e pedregulhos.) Nessa mesma semana, sempre que entrar num cômodo, concentre-se na natureza do espaço entre as pessoas, na distância entre suas cadeiras, na relação entre seus gestos não-verbais, etc. Se olhar para uma fotografia ou quadro, concentre-se no espaço entre os elementos. Se ouvir música, tente concentrar-se nos espaços de silêncio entre as notas.

Na terceira semana, procure ficar pelo menos um dia, ou várias horas diariamente em completo silêncio. Mesmo quando não estiver em completo silêncio, passe a semana tentando concentrar-se em ouvir e em fazer perguntas. Se houver alguma possibilidade, tente passar uma semana inteira sem dar opinião sobre coisa alguma. Quer dizer, você não precisa perder seu emprego! (Embora isso possa ser uma maneira muito eficaz de sentir o bardo num nível bastante elevado.)

Você está pronto para mais uma semana de experiências? Veja se pode parar de fazer qualquer coisa por cinco minutos a cada hora durante toda uma semana. Quando chegar o momento do seu intervalo de cinco minutos, sente-se, sem pensar, sem um mantra, sem uma agenda interior. Por toda essa semana, toda vez que pensar que precisa fazer alguma coisa, como ligar a TV ou o rádio, ligar para alguém ou sair para resolver algum assunto, faça uma pausa por um ou dois minutos antes de agir. Dê particular atenção a ver se a pausa o leva a alguma outra ação.

Garanto-lhe que, ao final desse mês, você terá uma compreensão bastante diferente do bardo. Você vai começar não só a gostar dele, mas a ver como o vazio pode ser repleto de inspirações.

Abalos e Tudo o Mais

Há provavelmente muitas ocasiões no curso de um dia em que você se sente abalado, sente-se no limiar entre o que lhe parece conhecido e o que se afigura desconhecido. Nós nos inclinamos a não gostar dessa sensação e tentamos às vezes fazer alguma coisa para recuperar a tranqüilidade.

Experimente sentir essas sensações de abalo por um período maior sem tentar corrigi-las, isto é, sinta-se tímido e continue a falar a partir desse lugar de timidez; sinta um grau incômodo de atenção e continue a ficar na ribalta; sinta que uma idéia é estranha e detalhe-a um pouco mais. Percebo que quando fico nesse limiar, começo a me dar conta do frescor e da criatividade que isso envolve.

Cruze por um momento os braços da maneira como costuma fazê-lo. Então volte a cruzá-los na direção oposta, trocando a posição das mãos. Se você não for destro, essa mudança vai causar um incômodo razoável. Faça isso mais algumas vezes para ter uma verdadeira amostra da sensação de abalo, para que seja mais fácil reconhecê-la.

Se quiser ir além, tente abalar sua rotina normal. Quando acordar, faça as coisas numa ordem diferente. Dirija uma reunião de maneira não habitual. Faça alguma coisa completamente inesperada no meio do dia de trabalho. Observe tanto o incômodo que isso provoca como o fato de que serve para despertá-lo.

A mais surpreendente história relativa a esse processo foi-nos contada pelo fundador de uma empresa que estava prestes a tornar-se pública. Nos meses precedentes à sua oferta, todos os investidores em perspectiva mudaram de idéia e a empresa esteve prestes a ir à falência. Recordando-se dessa idéia, ele decidiu barbear-se na direção contrária que seguira em todos os dias de sua vida adulta. Ele se viu inundado por novas idéias e por um entusiasmo renovado, e em poucas semanas houve uma onda de novos investimentos. Trata-se de uma relação bastante estranha, mas, de acordo com ele, fazer a barba de outra maneira foi fundamental para salvar a sua empresa!

Mudança Xamânica versus *Mudança Comum*

Está bem, é tudo muito engraçado, mas que relação isso pode ter com alguma coisa prática, como tentar assumir um novo emprego ou mudar a maneira como sua equipe de vendas aborda os clientes?

> *Escolha qualquer coisa específica que precisa transformar e tente fazer-se passar pelas três fases emocionais. Descubra suas áreas de resistência e exagere-as. Passe algum tempo examinando os espaços que cercam esse assunto particular. Gaste algum tempo fazendo aflorar sistematicamente todas as soluções possíveis, deixando-as, uma a uma, se dissipar. Faça a experiência de só falar sobre o assunto quando estiver abalado e cheio de incertezas, deixando de lado de vez em quando os momentos em que sabe o que quer fazer. Observe se há alguma diferença nos resultados obtidos quando você faz isso.*

Estamos todos sujeitos a mudanças intencionais e não-intencionais todos os dias. O que torna essas transições mais xamânicas é o uso que delas fazemos para nos tornar mais conscientes de nós mesmos, o emprego dessas mudanças para provocar e liberar a nossa resistência mais profunda e os nossos cursos habituais de ação. Quando a mudança é xamânica, cada alteração sucessiva na nossa vida leva a uma sensação de crescente liberdade pessoal.

A mulher-aranha está no cerne de muitos mitos da criação dos índios americanos.

A mulher-aranha! Que estranha imagem para ser considerada um criador.

Trata-se de uma personagem misteriosa que espreita nas sombras e que raramente é vista. Ela só aparece em momentos muito especiais da saga humana. Ela se manifesta em momentos de grande transição.

Ao surgir, ela quebra lentamente os fios que formavam o tecido do velho mundo e começa a tecer as histórias que trarão novas formas à existência. Temos muito a ganhar aprendendo os seus modos de ação, desfazendo e tecendo novas histórias para fazer aparecer novos domínios.

De acordo com a lenda dos índios americanos, a mulher-aranha só aparece quando é hora de entrarmos num novo mundo. Há um fascinante exemplo de sincronicidade no fato de imagens vinculadas com a aranha parecerem permear todas as descrições da onda da informação.

Usamos os truques da arte da mulher-aranha para descrever as teias e redes do mundo cibernético. A informação depende do comprimento das faixas de onda, estando vinculada ao ponto em que as fibras se agregam. Descrevemos as estruturas corporativas que afloram como reação a essa nova paisagem como semelhantes a teias, com fios que vão até novos mercados e deles voltam. O papel da pessoa consiste em criar conteúdo, tecer histórias.

Temos de estar alertas, porque não é com muita freqüência que a mulher-aranha torna conhecida a sua presença. Seu surgimento tem sido tradicionalmente sinal de que é hora de dominar a arte **criando mitos**.

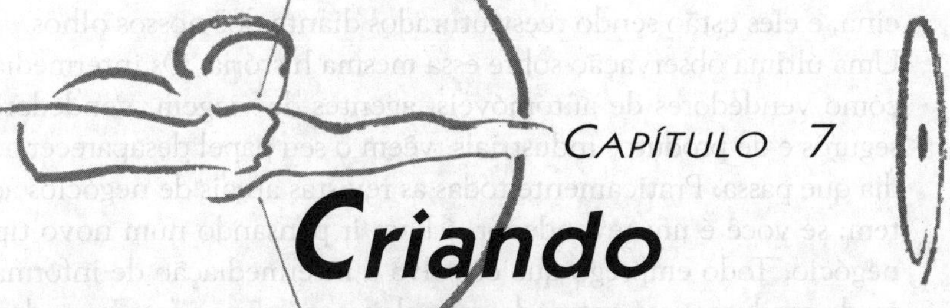

Capítulo 7
Criando Mitos

Todos estão se sentindo um pouco perdidos. Por mais tranqüilas que pareçam na superfície, as pessoas estão um pouco ou muito incertas sobre o próximo passo a dar com relação a si mesmas, a seus negócios, ao mercado, aos seus estilos de vida e ao planeta.

Pressupostos de Amplo Alcance Estão se Mostrando num Piscar de Olhos

- A indústria de discos, por exemplo, está sendo atingida por gravações piratas. Com o aumento da qualidade, a possibilidade de as pessoas piratear música da Rede e a capacidade de criar CDs de qualidade profissional com equipamentos domésticos vai começar a ter grande impacto. A Yamaha e a Stanford University estão licenciando uma tecnologia que vai permitir aos usuários uma sintetização de sons que os torna indistinguíveis dos produzidos por instrumentos reais. A prática do *sampling* [a combinação de sons oferecidos prontos por programas de computador] já permite criar música sem produzir uma única nota original. Dentro de muito pouco tempo, a indústria fonográfica que se conhece hoje estará completamente reformulada.
- Trata-se da mesma história, mas de outro campo. As pessoas da área médica acham hoje que o lucro dita os cuidados médicos mais do que elas mesmas. A Associação de Médicos e Cirurgiões está até pensando em criar um sindicato de médicos porque os ataques à sua capaci-

dade são implacáveis. Cerca de 60% das pessoas têm usado praticantes alternativos, e a prática da medicina energética está na capa de muitos livros campeões de venda, o que força todos a dar atenção ao que há poucos anos não passava de um elemento colateral. Em menos de uma década, dissociaram-se as práticas e os pressupostos da medicina, e eles estão sendo reestruturados diante dos nossos olhos.

➢ Uma última observação sobre essa mesma história. Os intermediários, como vendedores de automóveis, agentes de viagem, vendedores de seguros e de produtos industriais, vêem o seu papel desaparecer a cada dia que passa. Praticamente todas as revistas atuais de negócios advertem: se você é um revendedor, é bom ir pensando num novo tipo de negócio. Todo emprego que envolva a intermediação de informações ou de produtos está entrando em colapso porque as pessoas podem cada vez mais negociar diretamente com os fornecedores. O mundo se transforma cada vez mais no espaço do "faça-você-mesmo".

Um exame mais aprofundado vai mostrar que não há praticamente nenhuma indústria ou posição imune à desestruturação e à reformulação de novas histórias. Como falei antes por alto, essas histórias retrabalhadas estão incluídas num tecido cultural mais amplo que passa pelo mesmo processo.

A cultura é apenas um conjunto de significados aceitos consensualmente que nos dizem o que é e o que não é importante. Ela se desenvolve tipicamente ao longo de dezenas de milhares de anos e penetra lentamente o tecido das relações cotidianas, de maneira que todos sabem o modo esperado de cumprimentar alguém, o modo de melhor responder à maioria das perguntas, etc. Mas o advento de uma cultura universal induzida pelos meios de comunicação de massa é tão sedutor que leva rapidamente as pessoas a esquecer o que antes sabiam.

> *Há uma tribo nômade na região africana subsaárica que retardou sua migração anual, uma tradição intocada até então há dezenas de milhares de anos, para ver os episódios finais de Dinastia!*

Esse é o poder de um meio quente. A cultura nômade em questão tem um tal nível de sintonia fina que mesmo a maneira de cozer seus grãos é codificada como um reconhecimento do grande deserto que eles decidiram chamar de lar. O simples fato de se piscar os olhos numa velocidade ligeiramente diferente indica a todos que o vento está aumentando e é hora de se abrigar. Mas toda essa sabedoria foi relegada a segundo plano diante do ofuscamento de uma tela de TV.

Vivemos hoje num meio cultural que não foi pensado por inteiro, que é extremamente turbulento e caprichoso. Ele não se desenvolveu aos poucos a partir das raízes da terra. O que é importante tremula na tela coletiva e dentro de poucos dias deixa de ser importante. Ainda assim, esse corpo frouxamente arraigado de significados a que hoje damos o nome de cultura, está tecendo a si mesmo na nossa química com a mesma força dos sistemas de crença profundamente arraigados que um dia formaram o nosso mundo. O fato de toda uma indústria e de todas as pessoas nela envolvidas terem de repensar seus pressupostos essenciais representa para nós um abalo cognitivo e emocional. Sentimos isso na nossa própria carne.

É um Mito. Não.

Estamos pessoal e culturalmente diante de problemas, porque nos faltam histórias de transição. Não temos mitos capazes de nos levar de um conjunto de crenças a outro. Uma cultura que está revelando necessidades precisa de um exército de contadores de histórias capaz de criar novas imagens.

O filme *Jerry Maguire* oferece uma excelente ilustração desse problema.

> *Tom Cruise é Jerry Maguire, um agente em ascensão de personalidades esportivas que lhes proporciona novos contratos e lucrativos patrocínios. Um dia, ele passa pelo que se pode chamar imprecisamente um despertar espiritual e decide questionar, dramática e abertamente, a ganância que permeia sua empresa. Ele passa toda uma noite escrevendo um manifesto sobre como eles podem fazer com que a empresa volte à integridade e à verdade. Com grande paixão e esperança, ele faz seu discurso.*
>
> *Ele é imediatamente demitido, sua carteira de clientes cancelada, e só um cliente fica com ele, um jogador de futebol descontrolado (Cuba Gooding), que não está se saindo muito bem. Cruise o consegue como cliente porque a empresa já não o quer.*

Mas, apesar de todos os distúrbios que cria e de todos os seus discursos apaixonados, Cruise muda pouca coisa na sua relação com o dinheiro, com os clientes ou mesmo com suas próprias ambições. Não há na verdade uma saída. Mesmo tendo deixado sua empresa corrupta, ele ainda está mergulhado até o pescoço num sistema que funciona a partir da competição, do jogo ganhar-perder e das negociatas. Em vez de reescrever a história, Maguire a repete.

Há muito de Jerry Maguire em todos nós. Reclamamos e ficamos cínicos. Sabemos muito bem que as nossas motivações não são tão saudáveis quanto gostaríamos que fossem. Fazemos discursos apaixonados e depois voltamos a fazer o que sempre fizemos. Não sabemos como sair do redemoinho moral, emocional e criativo em que nos encontramos, nem como escapar de uma situação cada vez menos digerível para uma situação mais interessante. Não sabemos contar uma nova história. E já não existem menestréis nem trovadores, e nem mesmo grande parte de uma tradição oral, como a que ensinou histórias às nossas avós por intermédio de suas avós. Assim, sabemos muito pouco sobre a arte de contar histórias.

Para se qualificar como mito, é preciso que uma idéia toque o cerne da nossa programação emocional, a maneira como vemos as coisas, como decidimos, como fazemos evoluir as nossas ações. Caso não se vincule com esse "circuito" central da nossa psique, essa idéia não é um mito, e não é capaz de mudar a realidade. Para entrar no domínio da criação de mitos, você tem primeiro de compreender como funcionam as histórias. Farei um certo recuo e examinarei em primeiro lugar uma noção mais simples, as histórias que contamos sobre nós mesmos e sobre os outros, e como contar histórias que sejam profundas o suficiente para tocar a nossa estrutura celular.

Uma História Sempre é Subjetiva

Julgamos poder contar uma história e que esta nada tem que ver conosco. Descrevemos um problema de negócios ou analisamos por que um projeto particular empacou e supomos haver na nossa descrição algum nível de objetividade. Podemos dizer algo como: "O problema com esse projeto é que ninguém está querendo correr riscos" ou "A razão pela qual não me sinto apoiado pelo meu chefe decorre do fato de ele estar sempre mudando suas prioridades". Fazemos centenas de afirmações que são construídas mais ou menos assim e achamos que estamos de fato descrevendo uma situação exterior.

A nossa jornada na criação de mitos tem de começar com a compreensão de que toda história e toda descrição é também subjetiva. Em algum nível, toda análise que fazemos é, em última instância, uma afirmação sobre nós mesmos. Se tivesse podido continuar a falar sobre o vazio de sua alma, Jerry Maguire poderia ter tido uma boa chance de descobrir um novo mito. Se não nos tornarmos o contador da história, não há como alterarmos o seu desfecho. Cada afirmação sobre seu mundo objetivo tem uma fonte subjetiva que é a força motriz da história.

> *Conhecemos alguém que ocupa uma posição razoavelmente alta na indústria cinematográfica. Don nos confessou que está tramando deixar não só o emprego como a própria indústria. Ele está cansado da competitividade implacável, do vazio e da falta de qualidade. O golpe final foi o fato de o autor favorito de roteiros de Don, que produz belos roteiros seguidamente, estar prestes a não conseguir ver seus filmes produzidos, visto que sua falta de*

sucesso comercial o tornou uma carta fora do baralho. Nosso amigo soa bastante como Jerry Maguire.

Eu gosto de Don. Ele é culto, divertido, gentil, um bom pai, um bom marido e, com certeza, não é abertamente materialista. Ele e a sua família vivem com simplicidade e apreciam a vida. É compreensível que ele se sinta cada vez mais frustrado com a vida corporativa. Mas quando examino esse homem com um pouco mais de profundidade, há uma certa falta de conexão difícil de explicar. Temos esplêndidas conversas, politicamente corretas, mas, no final, eu sempre me sinto estranhamente distanciada.

Eu diria que o vazio e a falta de real conexão que permeiam sua indústria estão alojados bem dentro da sua psique. Ele parece tão certo que nos foi necessária uma imensa dose de coragem para lhe sugerir que, por um dado período de tempo, ele banisse todo pensamento de deixar o emprego e se concentrasse na parte do seu ser que estava contente em estar no sistema há tantos anos, jogando com facilidade o jogo e ascendendo rapidamente pelos escalões, a parte dele que é igual aos filmes que ele faz. Como estava confuso sobre o próximo passo a dar e é uma pessoa corajosa, ele concordou em começar com uma avaliação muito mais honesta da história que construíra acerca do seu mundo.

Toda atividade de contar histórias começa com o exame das suas mais freqüentes afirmações sobre alguma outra pessoa para descobrir o sentido subjetivo disso, *daquilo que isso diz sobre você*. Hatiyam Tyabi, executivo-chefe da Verifone, transformou essa idéia simples numa estratégia de toda a empresa. Quando alguém se dirige a ele com uma queixa, ele coloca um espelho na frente da pessoa.[1]

O Fator Narciso

No famoso mito grego, Narciso tem um vislumbre de um belo reflexo no poço. Ele fica tão fascinado que não consegue afastar-se dali. Ele pára de comer e deixa de cuidar de si porque tem como único desejo ficar em companhia da imagem na água. Por fim, num certo dia, ele mergulha no poço, procurando o possuidor daquele reflexo. É somente quando pula para a morte que ele descobre que a imagem no poço é na verdade dele mesmo.

A maioria das pessoas analisa essa história julgando que pular no poço foi um mau negócio para Narciso. É importante ter em mente que foi só quando pulou que ele finalmente descobriu a fonte de suas ilusões.

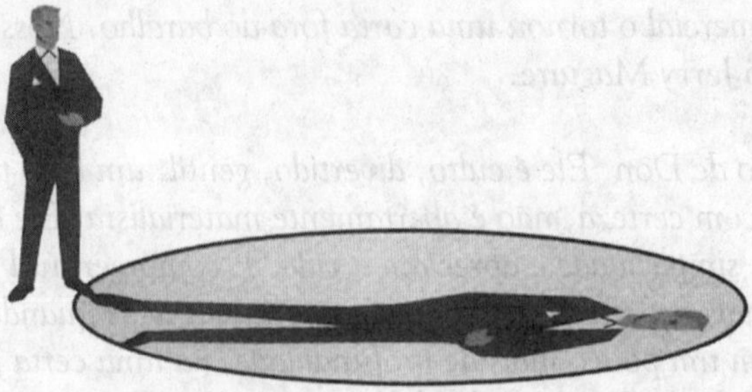

Parte do mito pessoal de Don era se sentir de alguma forma mais refinado, espirituoso e interessante do que os que vivem ao seu redor. Ele estava apaixonado pela sua história sobre a indústria cinematográfica e com a noção de si mesmo como o lobo solitário. Para libertar-se do mito, ele teve em primeiro lugar de ver até onde ia seu emaranhamento na teia. Ele teve de pular no poço. Teve de descobrir a parte de si que estava bem à vontade com o sentimento de superioridade e que também estava insidiosamente voltada para dar continuidade à falta de qualidade de sua indústria.

Todos projetamos nossos pensamentos no mundo e pensamos que são reais. Assim, tal como Narciso, apaixonamo-nos pelas nossas próprias histórias. Usamo-las para promover a nossa auto-imagem, para reforçar o nosso brilho, a fim de podermos representar repetidas vezes o mesmo papel na miríade de dramas que compõem a nossa vida. Contamo-las e recontamo-las, procurando novos ouvintes que não fiquem aborrecidos com o que nós mesmos já nos ouvimos dizer um milhão de vezes. No final, já não fazemos distinção entre nós e as histórias que contamos.

O primeiro passo é parar de contar as mesmas histórias sobre si mesmo — que você é uma excelente pessoa, que é alguém que corre riscos, ou que tem medo do compromisso, ou então que tem dificuldade para tomar decisões. Há milhares de histórias que contamos para depois descobrir outras pessoas que têm histórias semelhantes, a fim de podermos ter comiseração dos desafios do papel particular que desempenhamos. Só quando você pára de contar a história é que você pode começar a localizar-se como a fonte dela. A não ser que você possa se localizar como o contador de histórias, não há possibilidade de mudar o roteiro.

"Não Gostamos do Som Deles e a Música de Guitarra não Tem Futuro"

Essa afirmação foi feita pela gravadora Decca em 1962 ao rejeitar os Beatles. Nosso amigo Kevin põe sabiamente essa frase no final de *todo e-mail* que envia. Percebo que sempre que leio uma mensagem de Kevin, dou um pouco mais de atenção do que costumo dar. É uma brilhante estratégia. Já faz quase um ano que leio essa mesma citação ao final de toda mensagem e ainda tenho um incrível prazer quando a vejo. Trata-se de uma declaração sobre o limiar.

Há um ponto em toda idéia, em todo projeto e, repetidamente, no curso de relacionamentos a longo prazo em que se tem a escolha de rejeitar, como irrelevante, alguma informação. Seus companheiros podem lhe dizer, por exemplo, que você fica na defensiva sempre que eles lhe fazem sugestões. Você responde dizendo: "Não gostamos do som deles e a música de guitarra não tem futuro." Em outras palavras, eles vão acabar se acostumando. Jogamos continuamente pela janela as informações que não cabem no quadro que pintamos.

Contudo, é Precisamente Nesse Limiar que a Mulher-Aranha Vive

Vender novas idéias é fácil. Mas propor novas histórias, como os Beatles em 1962, é muito mais difícil.

> *Um amigo procurou uma companhia fonográfica com uma idéia simples, brilhante, de relativamente pouco risco para criar novos mercados e, ao mesmo tempo, desenvolver talentos. O presidente do selo ficou tão impressionado pela abordagem inicial da idéia que pegou imediatamente um avião para discuti-la mais. Contudo, à medida que avançava a reunião, o presidente passou a gastar o tempo inteiro explicando por que essa idéia nunca ia funcionar! É uma velha história: as boas idéias muitas vezes não são reconhecidas. A razão pela qual esse executivo não conseguia ouvir a idéia era o fato de que ele estava inclinado sobre o poço de Narciso, apaixonado pela sua própria história. Ele não gostou do som (da idéia do nosso amigo) e achava que a música de guitarra (mudanças na indústria da música) provavelmente não tinha futuro.*

Mas lembre-se de que a idéia era barata e trazia poucos riscos financeiros. Logicamente, o que tinha o presidente a perder? Metaforicamente, era um bilhete de loteria de dois dólares, que não lhe custava muito e podia trazer-lhe um grande prêmio. A questão não era o dinheiro. O problema real era o fato de o presidente ter tido medo de se pendurar com a mulher-aranha. Além disso, sua velha teia ainda apanhava muitas moscas.

Nas tradições indígenas, as pessoas sabem que a mulher-aranha é assustadora e como é difícil viver perto dela. As oportunidades de união com ela são objeto de profundo respeito e reverência. É, portanto, importante saber quando ela o está convidando para se pendurar, para aproximar-se de uma fronteira verdadeiramente criativa. O presidente da gravadora não dispunha de um modelo cultural que o ajudasse a reconhecer a energia do limiar e a relacionar-se com ela.

Seja qual for a história a ser desmantelada, você vai encontrar a mulher-aranha separando os fios do significado. **O momento em que a percepção comum se torna previsão, em que a ação comum se transforma num estado de zona ou mergulha no coração do bardo, em que o destino está sendo reescrito: eis o domínio da mulher-aranha.**

Reescrevendo a História

Quando trabalhamos com essa idéia nos nossos seminários, pedimos às pessoas que reescrevam histórias pessoais para se ter uma idéia do poder que existe nesses contos. Se puder sentir a mulher-aranha dentro do seu coração e da sua mente, você poderá traduzir com maior facilidade essa experiência para uma área mais ampla como o seu negócio.

Por exemplo, se seu pai era uma pessoa distante e crítica, você pode descrever uma cena imaginária em que ele foi fundamental em encorajá-lo. É muito comum que uma nova história seja tão pouco convincente que nos faça rir. Outras vezes, percebem-se resistência e raiva. Alguém com uma mãe dominadora pode perguntar: "Como posso fingir que minha mãe era gentil e sensível?" Em outras palavras, "Como posso liberá-la diante de tanta dor que ela me causou? O apego a essa história de dominação é parte do que eu sou. Como Narciso, eu adoro essa imagem; ela faz que eu me sinta interessante."

> *Bill, um advogado nosso conhecido, fez esse processo de reformulação da história. Ele desenvolveu um relato bem articulado e bastante interessante de sua história passada, relato aprimorado graças a vinte anos de psicoterapia e uma imensa formação em análise junguiana. Quando criança, ele esteve em internatos, onde foi impiedosamente molestado por outras crianças. Ele se sentiu abandonado de diferentes maneiras pelos pais e levou anos desenvolvendo uma personagem bastante complexa, cheia de idiossincrasias e cacoetes, com base nessa perda e nesse abuso dos primeiros anos. Pedimos-lhe que contasse uma nova história em que ele fosse capitão do time de futebol e uma pessoa importante no câmpus, percebido e reconhecido por todos, incluindo seus pais. Foram-lhe necessárias várias tentativas para ele conseguir contar essa história sem rir e fazê-lo com uma convicção comparável à que tivera com relação à sua história anterior. Quando ele conseguiu, vinte anos de histórias estruturadas pela terapia espatifaram-se em gargalhadas.*

O mais extraordinário desenvolvimento foi o fato de que, após fazer isso, Bill parecia ter ficado fisicamente diferente. Ele estivera aprisionado na sua história; julgava que ela fosse o resultado de uma dolorosa auto-análise. Sua postura revelou instantaneamente a todos que ele era um adulto com um passado doloroso. E ser capaz de enfrentar as situações com uma história diferente contribuiu para avanços na carreira que ele pôde fazer nos meses seguintes.

O propósito de contar uma nova história não é negar eventos reais e muitas vezes dolorosos. É permitir a si mesmo a vivência, ainda que por um momento, de uma sensação diferente com relação a si mesmo.

Esse é o ponto em que essa discussão difere da terapia cognitiva, ou mesmo do pensamento positivo. Não se trata tão-somente de trocar uma velha história por outra mais produtiva, embora isso possa ter utilidade. Nem de encontrar uma afirmação que se contraponha a um pensamento anteriormente negativo sobre si mesmo. Na realidade, às vezes é interessante fazer experiências com histórias que são *piores* do que as que você já conhece. Um bem-sucedido executivo decidiu criar para si a experiência de um ex-presidiário. Isso lhe trouxe muitas introvisões bastante valiosas. O que importa é descobrir como discernir e brincar com a camada de conhecimento que se acha codificada nas histórias. Você acaba por descobrir que a sua experiência como o *eu* é bastante efêmera.

Na verdade, a experiência do si-mesmo é na verdade um centro móvel. Movemos continuamente essa sensação do eu de maneira a melhor organizar uma gama caótica de experiências em nossa vida. A nossa identidade é igualmente uma das mais potentes maneiras pelas quais limitamos o mundo. Ela predetermina as experiências que consideramos relevantes e a maneira como atribuímos significados. Trata-se igualmente de um instrumento eficiente, que nos permite negociar um papel para nós mesmos numa discussão, projeto ou relacionamento. Há um conjunto coerente de opiniões e de personagens que nos inclinamos a desempenhar. Somente ao afrouxar o nó que a sua história tem a seu respeito é que você passa a ser mais aberto na sua maneira de perceber o mundo.

A Reinvenção de Si Mesmo

Assim, um dos modos como nos mantemos presos ao passado consiste nas histórias que contamos, que são igualmente uma das mais fortes maneiras de como iremos moldar o futuro. Nossos mitos pessoais, organizacionais e culturais operam todos eles de formas semelhantes, compelindo-nos a agir no âmbito de uma imagem inventada por nós mesmos.

Uma bem conhecida personalidade da televisão, cujo programa bem-sucedido estava no ar há vários anos, sentia-se pronta para criar um novo programa. Ela empreendeu um plano de um ano, consciente e bem orquestrado, para "reinventar a si mesma". Ela chegou a criar histórias para os tablóides destinadas a reformular a percepção que o público tinha dela. Só depois de criar uma nova persona *pública ela começou a bater nas portas.*

Que coisa hollywoodiana, e inteligente! Todos nos concentramos em adquirir capacidades ou itens para adicionar aos currículos, mas raramente temos por foco a construção da identidade, da história pessoal, que vá apoiar o próximo passo. Às vezes, em seminários, pedimos às pessoas que representem figuras públicas que julgam interessantes. Quando elas entram nas personagens, pedimos-lhes que re-analisem uma questão pessoal ou um problema de negócios como imaginam que essa pessoa o faria. É freqüente que elas tenham introvisões que não lhes ocorreriam caso ficassem apenas em sua própria pele.

Trata-se do tipo de identidade fluida que o mundo cibernético proporciona aos freqüentadores das salas de visita eletrônicas. Depois de assumir algumas identidades diferentes, a pessoa começa a sentir que a mudança da história pessoal é uma forma de ter acesso a novas informações. A personalidade passa a ser uma mera fachada. Tal como nosso astro de Hollywood, é interessante descrever suas futuras intenções em termos da personagem necessária para concretizar essas visões, e, a partir disso, construir uma história que lhe permita marchar para esse novo futuro.

Modificabilidade Cognitiva

Uma vez que se habitue a brincar com a sua própria auto-imagem, você pode começar a localizar e a reformular os pressupostos mais complexos que limitam o comportamento. O psicólogo Robert Ornstein dá a isso o nome de modificabilidade cognitiva, a capacidade de alterar as estruturas cognitivas para acomodar novas informações.[2] A memorização, a repetição, a noção de respostas certas e erradas, a necessidade de parecer esperto, de agradar aos outros, a obsessão dos lucros, a eficiência a qualquer preço — tudo isso prejudica a nossa capacidade de fluidez cognitiva.

Sem a modificabilidade cognitiva, será muito mais difícil sobreviver no nosso novo mundo psicológico. Um mundo em constante intercâmbio de formas requer a capacidade de mudar de identidade. Como sugerimos, a identidade é o maior órgão dos sentidos. Ela está na base de qualquer outra experiência sensorial que temos. Reformulando nosso sentido de eu, entramos num mundo inteiramente novo de significados.

Estamos no mundo dentro de uma bolha criada por nós mesmos, vendo-o refletido nas nossas histórias repetitivas. Será de estranhar que vivamos conhecendo pessoas que temos a impressão de já conhecer e tendo encontros que parecem estranhamente familiares? Se quiser captar novas idéias, ver novas direções, desenvolver uma liderança aprimorada ou entrar em campos de alto desempenho, você tem de começar contando histórias radicalmente diferentes sobre si e sobre o mundo.

Também precisamos de identidades mais flexíveis porque hoje ninguém mais faz só uma coisa. Médicos escrevem roteiros cinematográficos. Carpinteiros se tornam corretores de câmbio. Contadores iniciam empresas de construção. A velha piada já não se aplica apenas a Los Angeles ou Nova York; não são só os garçons e motoristas de táxi que esperam seu próximo roteiro, todo mundo espera.

Nossos políticos nos advertem para não esperar carreiras para toda uma vida, que nos preparemos para que áreas inteiras de trabalho desapareçam regularmente. À medida que as organizações vão ficando mais indefinidas, as carreiras se fraturam e as pessoas têm de ser mais dinâmicas ao moldar sua ascensão. É preciso saber mudar de curso quando um velho caminho se fecha ou um novo aparece. Hoje, o caminho mais rápido para cima é ao redor, através de e entre.

Então Existe de Fato um "Eu"?

Se estamos mudando a nossa história pessoal de acordo com a nossa vontade, contando propositadamente mentiras sobre o nosso passado, quem somos afinal de contas?

Na tradição hindu, há um caminho para a consciência de si mesmo chamado investigação do eu, que Ramana Maharshi tornou compreensível. Em seu ensinamento, você enuncia várias maneiras de que dispõe para referir-se ao seu eu, como "sou um homem; sou um professor; sou um marido", etc. A cada referência que a mente oferecer, você diz "eu não sou isso". A idéia é afastar-se gradualmente de qualquer referência objetiva.

À medida que você percorre essas camadas tão sutis e enganosas, a sua mente começa a entrar em colapso e você finalmente começa a ter um sentido de eu intocado pela história pessoal ou por referências culturais. Nessa tradição, há um eu permanente e sempre presente. Trata-se da parte de nós que é auto-reflexiva. Na Escola do Quarto Caminho, desenvolvida por Gurdjieff e Ouspensky, esse eu mais permanente é acessado por meio do cultivo da capacidade de observação de si mesmo.

No momento em que toca essa experiência, você toca um lugar de máxima liberdade e de individualidade última, visto estar na fonte de todas as suas histórias. Embora algumas tradições místicas articulem esse caminho de modo mais explícito, a meta última de todas elas é encontrar o verdadeiro eu. Sendo assim, não é interessante o fato de que o nosso atual ambiente nos esteja impelindo a seguir esse caminho? Com um ambiente de trabalho em total fluxo e uma história prestes a ruir, estamos sendo compelidos a distinguir, para sobreviver, o nosso sentido de eu das histórias que contamos.

Já mostrei como uma cultura quente, sedutora e intrusiva lança sobre nós idéias que não são nossas. Às vezes, a barreira é tão cerrada que desistimos e deixamos que a opinião das massas seja a nossa. O eu mais forte, mas mais fluido, que defendo é a única maneira de resistir a esse assalto cultural. Aprender a mudar conscientemente de identidade é uma vantajosa forma de recapturar um sentido de eu que seja não só estável como a fonte de todas as nossas capacidades de imaginação.

Mentes de Grupo/Mitos de Grupo

Você pode brincar com mitos ligados às organizações como muda no que se refere a histórias pessoais. Quando Bill mudou sua história pessoal de um garoto que os outros incomodavam para alguém que sempre fora um vencedor no câmpus, a resistência por ele enfrentada não diferiu daquela que um negócio enfrenta quando tem de desistir de uma parcela adorada de história organizacional.

Ou o presidente do selo que ouviu a proposta do nosso amigo dizendo "Sempre fomos grandes tomadores de decisões. É isso o que tornou a nossa empresa o que ela é. Como podemos renunciar a esse controle?" Ou Jerry Maguire dizendo "Sempre fui um implacável participante de negociatas. Que outra opção existe?"

Os mitos pessoais e organizacionais estão inseridos no que nos é caro. Estilos de controle e de liderança que um dia funcionaram estão sendo destroçados nesta nova economia. Somos estimulados a ter idéias que já foram impensáveis. Considere a seguinte lista de sugestões encontradas em apenas um número mensal de uma popular revista de negócios:

- Ofereça seus produtos gratuitamente para criar clientes que depois precisarão da manutenção desses produtos.
- Una-se a futuros competidores para expandir um mercado de modo que em algum dia futuro haja espaço suficiente para que você também forneça o produto que idealizar.
- Peça aos clientes que façam uma coleta e comprem um novo computador para você para que você possa lhes oferecer um serviço melhor.
- Torne pública uma empresa que nunca ganhou um centavo e cujo plano de sete anos não prevê nenhum lucro. Garanta aos investidores que vai demorar bastante tempo antes de se ganhar algum dinheiro. Sua honestidade vai fazê-los pensar que você está escondendo alguma coisa boa e ações serão compradas como bolos quentes.

Essas sugestões não seguem a lógica padrão. É um pensamento semelhante ao da aranha, é a tecedura de histórias loucas!

> *Levi Strauss & Company embarcou numa jornada de reinvenção que muito se assemelha à busca do astro de Hollywood de um novo programa de TV. Eles criaram literalmente uma empresa paralela com novas relações organizacionais, novas interfaces com o mercado e novas definições de cargos. Ao mesmo tempo, a empresa real continuou a funcionar. Gradualmente, as pessoas da empresa existente se inscreveram para ter empregos na nova.*[3]

> *Sabendo que seria uma tarefa cheia de desafios passar de um mito organizacional a outro, a empresa forneceu às pessoas um manual chamado "Preparação Individual para um Ambiente em Mudança", um programa de descoberta de um nível mais profundo de quem a pessoa é e do que ela quer. A Levi Strauss estava bem consciente de que a sobrevivência desse novo mito organizacional dependia da capacidade de cada pessoa mudar sua história pessoal. Como a tensão seria grande, eles deram apoio psicológico. Sem ninguém para "personificar" o mito, a velha forma do negócio murchou lentamente e a nova empresa tomou corpo com pessoas reais desempenhando novos papéis numa nova história.*

A Levi Strauss começou esse espetacular processo de criação do mito organizacional quando tinha bons lucros e uma base de empregados altamente motivados. O resultado foi uma empresa ainda mais criativa e sensível. Tal como ocorre com a criação pessoal de mitos, ao ficar do outro lado eles tiveram a sensação bem mais nítida do que tornava a companhia ímpar. Criar mitos requer que se reivindique o próprio papel como autor de histórias e que se possa ser continuamente inventivo, visionário, e que se vejam com nitidez as novas histórias que se quiser criar.

Em *The Fifth Discipline*, Peter Senge chama uma idéia semelhante de *modelação mental.*[4] Ele mostra que as organizações confundem seus modelos mentais com fatos sobre o mundo, isto é, tomam afirmações subjetivas por verdades objetivas. Ele usa o exemplo das montadoras americanas nos anos 1970. Elas tinham um modelo de trabalho bem-sucedido: *Os americanos querem estilo e não qualidade; querem tamanho e não eficiência.* Sua incapacidade de reconhecer que esse era um mito sujeito a mudança fez com que elas fossem vencidas pelos fabricantes japoneses.

Quanto mais capazes somos de descrever nossos pressupostos operacionais como mitos ou modelos mentais, tanto mais livres estamos para observar sua utilidade e para modificá-los de acordo com as necessidades. Quanto mais aprendemos a mudar esses modelos como quisermos, tanto mais solidificamos uma verdadeira liberdade para exprimir a nossa peculiaridade pessoal e organizacional. A capacidade de mudar os nossos mitos organizacionais é a única maneira de reagir a uma cultura que começa a pedir um aumento da responsabilidade corporativa e maior visão social das empresas. Problemas como o aquecimento global ou o declínio social só podem ser tratados por novos mitos e empresas desejosas de mudar verdadeiramente suas histórias básicas.

Trabalhando a História

Em programas de doze passos, dizem que a pessoa tem de "trabalhar o programa", manter a diligência, um dia de cada vez. Da mesma maneira, é preciso trabalhar uma história para que ela se torne uma realidade vivida. A descrição verbal é apenas o primeiro passo. A nova história tem de ser integrada à vida real e desenvolvida num nível que proporcione novas maneiras de falar e novas partes para que outras possam emergir. Quando as pessoas ou os negócios são capazes de concretizar suas idéias, é muito mais provável que a mudança ocorra.

Percebendo a natureza bastante sensível do que estava apresentando, nosso amigo com a nova idéia para as gravadoras ficou muito melhor nas suas apresentações. Ele acabou conseguindo que o dirigente de outro selo *brincasse* com a nova história que ele oferecia, que ele a experimentasse, que detalhasse como ela poderia ser e imaginasse que impressão causaria. Como resultado da percepção do que seria seguir essa nova história, e de ter tido alguma diversão com ela, esse novo selo começou uma discussão mais séria de como poderiam ser os contratos.

Você só pode entender uma nova história se puder se mudar para ela, alterar a posição dos móveis e ter uma idéia do que é viver ali.

Enquanto mantiver distância e observar uma nova história como se fosse um objeto, você nunca poderá compreender o que ela de fato oferece. Entrar numa nova história requer a mudança do seu modo de organizar informações, de estruturar suas percepções e mesmo de criar sua própria linguagem, o que foi a razão pela qual a Levi Strauss tratou especificamente desses tipos de questões pessoais em sua reorganização global.

À medida que as décadas vindouras abalarem as fronteiras da tradição, teremos uma liberdade quase ilimitada para entrar em novas histórias. Precisamos de capacidades que nos permitam entrar nesses mitos ou então, como Jerry Maguire, continuaremos a moldar o futuro usando os parâmetros do passado. A capacidade de discernir idéias como histórias, de recontá-las e de entrar em novas histórias vai-nos proporcionar uma nova fluidez cognitiva para que tenhamos acesso a novas realidades.

De Volta à Teia — A Mulher-Aranha Real Quer por Favor Levantar-se?

Então por que a mulher-aranha *de fato* apareceu nesse momento? Principalmente porque estamos prontos para uma grande mudança. Ela apareceu porque é hora de começar a contar algumas histórias efetivamente novas; não apenas novos contos pessoais e organizacionais como também alguns grandes novos mitos culturais.

As empresas são aconselhadas a se preparar para esse novo mundo tornando-se elas mesmas aranhas. Elas são aconselhadas a derrubar muros e a ligar as pessoas por meio de necessidades de informação. Esqueça as cadeias de autoridade e agregue as pessoas em equipes, em pontos de ligação onde se encontram vários tipos de dados. Criam-se mercados simplesmente assumindo uma posição num ponto em que se pode apanhar o que se quer. Espere o aumento das tensões, porque um nó num dado ponto do sistema será sentido em todos os pontos, mais ou menos como a mosca que é apanhada no meio do vôo. As redes são mais integradas e holísticas, sendo natural, por conseguinte, que tanto as tensões como os pontos fortes se disseminem rapidamente por todo o sistema. Trate as rupturas como fibras quebradas, isto é, forje um novo vínculo para uma parte diferente do sistema, mais ou menos como a aranha repara a sua teia. Pense em relacionamentos, em acesso e em conexões, e não em conteúdo e regras.

O ciberespaço é o mais consciente novo mito a surgir num longo espaço de tempo. Trata-se de um mito em todos os sentidos da palavra. Embora nele existam muitos modismos e jargões desnecessários, o ciberespaço traz de fato consigo uma nova linguagem, uma nova maneira de reunir conceitos, um novo conjunto de valores que são características essenciais de todo mito. E, o que é mais importante, as pessoas comuns e os grandes operadores falam de entrar num novo mundo.

Fazemos com esse mito o mesmo que fazemos com qualquer história. Negamo-lo porque estamos apaixonados pela história antiga e, além disso, uma parte de nós quer pensar que a Rede segue o mesmo caminho sem volta da música de guitarra. Transferimos imagens, mas persistimos tentando estruturar as nossas atividades como sempre o fizemos. Não queremos "aceitá-la" porque a mudança significa todas aquelas sensações ruins que detestamos.

Leve também em conta que, embora faça muitos anos que a *Time* tenha escolhido o computador como o seu Homem do Ano, não só a grande maioria da população do mundo ainda não está *on-line*, como não tem computadores nem linhas telefônicas. Muitas pessoas têm um estilo de vida de mera subsistência. Mesmo num país com o grau de industrialização do Japão, só 7% da população têm computadores pessoais. Nos Estados Unidos, com o número de pessoas *on-line* duplicando quase todos os anos, a maioria só usa os computadores e a Rede para ler manchetes, marcar passagens aéreas e comprar um livro. E, apesar de todo o conselho que se dá para pôr a empresa *on-line*, são muitíssimo poucos os que conseguiram descobrir uma maneira de ganhar muito dinheiro.

Dito tudo isso, o estilo da Rede ainda é a força motriz por trás de um novo mito. As pessoas que estão na vanguarda começam a pensar nesses padrões. A Rede permite que pessoas com poucos bens materiais possam obter tantas informações quanto as grandes corporações. Da mesma maneira, vemos o pensamento digital, semelhante à aranha, tornar-se a linguagem dominante das próximas décadas. É uma linguagem que começou nas margens e que, como todos os bons futuros, está enterrando lentamente sua estaca no coração da nossa cultura.

Todos os livros sobre a economia digital são tentativas de nos ajudar a compreender de que maneira *bits* e *bytes* exigem novas atitudes, novas formas de liderança, novas maneiras de pensar. Se você está pensando seriamente em absorver esse mito, mergulhe em ao menos algumas dessas explorações. (Veja as leituras sugeridas que constam da seção de Referências.) Concentre-se na nova linguagem e nos novos relacionamentos sociológicos que estão aflorando, porque esse é o lugar em que estarão as novas paisagens.

Alguns dizem que, na realidade, o ciberespaço não é tão diferente do que o precedeu. Claro que há maior acesso, mas com um pouco de percepção e compromisso, os que queriam sempre podiam ter acesso ao público. E, na verdade, o acesso inédito que a rede proporciona torna de algum modo mais difícil que se distingam mensagens isoladas e que todas as vozes sejam ouvidas. É certo que as linhas móveis da autoridade ajudam a empresa digital a conseguir a necessária fluidez que lhe permita lidar com *bits* e *bytes*, mas muitos fizeram isso há anos apenas para vender *bolas* de sorvete. Também é certo que tudo está se movimentando um pouco mais depressa, mas com o nosso sistema nervoso prestes a desistir de qualquer maneira, quem deseja ir mais depressa? Sempre tivemos tribos e comunidades que desenvolveram espaços cognitivos partilhados; por que então tanta agitação com comunidades virtuais?

A principal razão pela qual a Rede tem tanto potencial reside no fato de a estarmos usando coletivamente para tentar contar uma nova história. Em menos de uma década, ela promoveu simultaneamente o maior colapso de estruturas existentes com que já deparamos e a oferta do maior parque de diversões para novos jogos. Surgem idéias que estão em paralelo com conceitos da nova física e que têm sabor de utopia. Surgem sociologias sobremodo orientais e que fazem eco a crenças sobre a natureza da consciência. Falar sobre a Rede é um assunto apaixonante e envolvente, mais ou menos como o que cercou a redação da Constituição. Estamos fazendo perguntas sobre direitos e liberdades humanos fundamentais. As pessoas estão aproveitando essa oportunidade para discutir pressupostos essenciais sobre o controle, a ganância, a democracia, o capitalismo e uma série de outras coisas. As pessoas estão se perguntando publicamente se queremos que a Rede seja um imenso supermercado ou que se aproxime mais da construção de uma inteligência coletiva.

A Rede é um grande espelho para os nossos sonhos coletivos. Determinar o que queremos que esse espaço partilhado seja pode ser uma maneira de construir novas histórias do princípio ao fim. Nem é preciso dizer que as velhas histórias são cativantes e têm muita influência sobre nós. Temos de aprender a arte de desvendar e reconstruir histórias e localizar um sentido de eu que transcenda esses contos mutáveis. Aprender a contar novas histórias sobre o nosso eu, a nossa cultura e sobre a própria realidade é o caminho do criador de mitos.

Neste ponto do tempo, o mais fascinante aspecto da Rede é de longe a linguagem que ela inspira, os diálogos e sociologias que têm sido desencadeados. Precisaremos de um exército de criadores de mitos para abrir novos caminhos conceituais por entre o colapso de significados que essa situação deixou em sua esteira. Em quase todas as frentes, imagens antes conhecidas vêem-se desmanteladas, sendo novas histórias postas em seu lugar. A criação de mitos é a verdadeira aptidão do futuro.

Por ora, basta dizer que a mulher-aranha definitivamente apareceu. As velhas histórias são cansativas. As novas estão assumindo o controle. A nova linguagem baseia-se em noções de fibras, teias, matrizes, *spins*, faixas, comprimentos, agregados, surtos, campos, correntes, teorias das cadeias e complexidades emergentes. Se não aprendermos essa nova linguagem, ver-nos-emos como o equivalente de imigrantes recém-chegados que ainda não conhecem os costumes de um novo mundo. Temos de nos acostumar a desvendar e reinventar histórias como trocamos de camisa. Temos também de localizar um sentido de eu que transcenda as variáveis de significados em mudança. Aprender o agir da mulher-aranha e reivindicar o nosso papel de criadores de mitos é o quarto instrumento navegacional.

A Prática da Criação de Mitos

Localizando Histórias Nucleares?

Se você quiser ter o tipo de experiência que o contador que foi para um internato conseguiu, você precisa ter a certeza de localizar uma boa história. Há vários lugares onde procurar:

- ➢ Quais as histórias que você conta mais freqüentemente sobre o seu passado pessoal?
- ➢ Qual a dinâmica ou evento do seu passado que trouxe mais desafios para você?
- ➢ Houve um momento em sua infância em que você renunciou ao seu poder? Quando foi? O que aconteceu?

Tendo escolhido uma história para trabalhar, experimente reescrevê-la na sua mente, num diário ou contando-a a um amigo.

Você pode, por exemplo, contar que toda a sua família apareceu na sua formatura com presentes especiais, e que fez uma festa para você, e como se sentiu muito bem por ser alvo dessa atenção. (Quando na verdade ninguém apareceu e nem sequer tomou conhecimento da sua formatura na vida real, tendo sido isso sempre para você uma fonte de mágoa e uma razão para que esconda as suas realizações.) Ou você pode seguir outra direção e contar uma fantasia sobre ter saído da casa paterna aos 16 anos para escalar montanhas do Himalaia, deixando de lado sua graduação, porque sempre foi um espírito livre.

Como Contar uma História

Você pode aumentar o valor desse exercício contando a história em voz alta. Há três maneiras de fazer isso, e eu recomendo todas elas.

Em primeiro lugar, se você encontrar acidentalmente alguém que é muito provável que você não venha a encontrar outra vez, como num avião ou numa sala de espera, experimente contar a essa pessoa uma mentira deslavada. Conte-lhe uma mentira sobre o seu passado e sobre quem você é. Conte-lhe a sua nova história.

Garanto que você vai experimentar uma extraordinária resistência e as estranhas sensações desencadeadas pelo fato de estar fazendo alguma coisa incrivelmente errada. A resistência ultrapassa em muito o nosso treinamento de não dizer mentiras. A nossa história ensaiada e melhorada tem um incrível apego ao nosso ser, como uma serpente que não nos quer soltar. Ela parece a nossa pele, e nos sentimos muito despidos e fracos sem ela. Lembre-se de que essa é uma história imaginária e de que você provavelmente nunca vai encontrar essa pessoa outra vez. Ela não faz nenhum mal à pessoa e, com toda a honestidade, dentro de um par de horas ela sequer vai se lembrar de que falou com você, e muito menos do que você disse. Experimente. Você vai ter uma extraordinária sensação, como se de alguma maneira você fosse uma outra pessoa. E é isso o importante: experimentar a estranha sensação de se sentir de outra maneira acerca de quem você é.

A segunda maneira é contar a um amigo uma nova história sobre o seu passado. A tarefa dos seus amigos é permitir que você a reconte tantas vezes quantas forem necessárias para que ela soe completamente natural a eles. Quando tiver conseguido fazer a história soar natural, você vai vivenciar mais uma vez uma estranha sensação, como se estivesse de alguma maneira traindo alguma coisa muito profunda.

A terceira maneira é usar uma personalidade falsa para entrar numa conversa eletrônica. Pessoalmente, eu acho isso ainda mais assustador do que os dois primeiros casos. Julgo em particular divertidamente desafiadora a adoção de um sexo diferente ou de outras idades.

Se você for ousado o suficiente para passar pelas três partes da experiência, vai perceber em si uma curiosa excitação. É quase como ficar livre.

Mexa na Mobília/Trabalhe com Ela

Não há um exercício específico a fazer aqui, tratando-se mais de uma questão de observar a si mesmo. Uma vez tendo reescrito a sua história com um amigo, e preferivelmente também com um estranho, comprometa-se a viver a partir dessa nova história por uma semana ou um mês. Toda vez que perceber a sua mente voltar para a velha história, afaste-se ativamente disso. Por exemplo, se estiver "trabalhando" a história da graduação, você deve afastar pensamentos como "As pessoas não me dão atenção" e procurar, em vez disso, provas de que as pessoas estão se empenhando em reconhecer as suas realizações. Se estiver trabalhando a história da "montanha do Himalaia", você tem de "trabalhar", ou perceber, a cada momento, que você foi ousado, afastando pensamentos sobre o que os outros podem achar a seu respeito. Você pode até manter um diário que registre evidências da concretização dessa nova história.

A Reinvenção e os Laços do Futuro

Você pode fazer isso na imaginação, mas funciona melhor ao arrastar um amigo para também entrar com você nisso.

Você começa fazendo afirmações positivas acerca de coisas que quer conseguir no futuro e, então, volta ao passado para lembrar uma história imaginária (mentira) sobre por que esse evento futuro será fácil. Assim, por exemplo, você poderá dizer: "Eu quero de fato conseguir um aumento nos três próximos meses, e espero que seja fácil porque, sempre que precisei de apoio para dar um grande passo na vida, meus pais me apoiaram financeiramente (mentira). Também quero ter mais liberdade para ser mais criativo no meu trabalho, e sei que vai ser moleza porque sempre tive muito espaço e apoio para ser criativo quando era criança, assim como todas as aulas de arte e de dança que eu quis (mentira).

Mais uma vez, o papel do seu amigo é ajudá-lo, quando você acabar, a identificar que "laços" funcionaram e quais pareceram mentiras. Você continua a repetir até que todos funcionem e todas as suas futuras intenções sejam sustentadas por uma mentira fabricada sobre o seu passado ou representem, ao menos, uma melhora da situação atual. Quando tiver terminado esse processo, você vai perceber que suas futuras intenções lhe parecem bem mais leves e tranqüilas. Mais uma vez, você desapertou o cinto do que era um autoconceito demasiado rígido.

Mick Jagger e Tina Turner

Desejo lembrá-lo aqui de tentar experimentar personalidades de figuras importantes do mundo que podem ter soluções para seus problemas e cujo estilo de energia pode ser útil. Algumas pessoas gostam disso e conseguem um grande número de idéias. Outras consideram isso irritante e tolo. Trata-se simplesmente de mais uma estratégia anti-rigidez. Lembre-se de que a imprensa se divertiu muito com Hillary Clinton por ela ter dito que mantinha conversas imaginárias com Eleanor Roosevelt, razão por que provavelmente é melhor não divulgar suas aventuras com esse processo. Nossos mitos ainda não mudaram tanto assim!

A Observação de Si Mesmo e o Eu Transcendente

- ➢ A meditação ou o sistema de auto-investigação de Ramana Maharshi são poderosos instrumentos.
- ➢ Você também pode experimentar o caminho da observação de si mesmo. Por exemplo, durante uma semana, tanto quanto puder, dê prosseguimento às suas atividades normais, mas também cultive a capacidade de observar-se ao mesmo tempo que as realiza.
- ➢ As subpersonalidades, a psicossíntese e o diálogo vocal são sistemas para você começar a isolar personalidades que se formaram como reação ao nosso passado para fins de sobrevivência emocional. Quando começar a estabelecer uma comunicação entre essas subpersonalidades, você vai começar a desenvolver gradualmente um espaço emocional interior que é também a capacidade mediadora ou integradora.

Creio que o lugar transcendente promovido pela meditação tem muitas semelhanças com o estado do observador, bem como com a capacidade emocional de integrar subpersonalidades. A capacidade nessas áreas é muito importante para qualquer criador de mitos em ascensão.

Mitos sobre a Realidade

O tipo de histórias que descrevi até agora baseia-se na nossa história pessoal. Há outro conjunto de histórias que tem por base nossas crenças acerca da "realidade", por exemplo, com que rapidez, com que tipos de apoio e em que condições os eventos podem acontecer. Vimos muitas pessoas surpreenderem seus advogados, gerentes, médicos, amigos e familiares ao reescrever o roteiro de com que rapidez e em que nível podem acontecer resultados.

Bernie Siegal descreve um hospital que agora faz com que médicos, enfermeiros e atendentes e todas as outras pessoas que estejam em contato com o paciente se alinhem ao redor de uma imagem da recuperação deste, tendo o cuidado de só dizer coisas que correspondam a essa visão compartilhada. Desde que se começou a fazer isso, as taxas de recuperação aumentaram e a recuperação dos doentes se acelerou. Por que as empresas de *software* e de confecções não podem usar os mesmos princípios para reescrever seus roteiros sobre com que rapidez ou com que eficácia as coisas podem acontecer? Testemunhamos pessoalmente a obtenção, por muitas pessoas que alteraram as expectativas normais, de resultados cada vez mais rápidos e mais amplos do que qualquer pessoa poderia imaginar. (Há mais sobre isso no Capítulo 11.)

Reescrever mitos organizacionais é um processo que envolve muito mais do que podemos descrever em alguns parágrafos. Mas a sua experiência com o reescrever suas próprias histórias vai lhe dar mais idéias sobre os tipos de mitos organizacionais que são contados e quais são apenas histórias, nada tendo de factual, podendo ser facilmente reescritos. O modelo da Levi Strauss, a criação de uma companhia imaginária paralela, é uma extraordinária estratégia para se usar. Crie uma nova estrutura organizacional e projete uma estratégia criativa a fim da passar para ela.

Em última análise, talvez possamos projetar coletivamente uma cultura global paralela que funcione para todos. Uma vez implantada uma história realmente boa, então, como na Levi Strauss, todos podemos começar a nos inscrever para desempenhar papéis nesse novo mito.

Robert Bly conta uma história sobre os aspectos de nós mesmos que desautorizamos. Uma rainha está dando à luz, com a assistência de uma parteira. Primeiro nasce uma pequena e feia serpente de jardim. A parteira, não querendo alarmar ninguém, joga-a pela janela. Poucos momentos depois, um belo garoto, o futuro rei, nasce, e a parteira o apresenta orgulhosamente à mãe. O príncipe cresce e se torna belo e forte.

Certo dia, o príncipe deixa o reino em busca de uma esposa. Ao entrar na floresta, ele dá de cara com um feroz dragão que lhe diz: "Primeiro eu." Em outras palavras, primeiro você tem de encontrar uma esposa para mim se quer ter a sua. O príncipe concorda e leva o dragão de volta ao palácio a fim de encontrar para ele uma mulher em condições. O problema é que, na manhã seguinte essa "futura" esposa foi devorada e o processo tem de começar outra vez. Isso continua, com o dragão comendo todas as possíveis esposas. O príncipe se dá conta de que a situação está além da solução normal do problema.

Com a ajuda de uma feiticeira, ensina-se a uma nova pretendente a esposa como agir diante do dragão. Ela chega usando sete camadas de roupa. Sempre que o dragão lhe pede para tirar as roupas a fim de ir para a cama, ela diz: "Primeiro você tem de retirar a sua pele; depois eu removo a minha." O dragão tem de arrancar sete camadas de sua tenebrosa pele escamosa.

Ao final de tudo, surge um belo homem, que é na verdade o irmão do príncipe. A pequena serpente que apareceu primeiro, e que parecia sem importância, transformou-se num poderoso dragão capaz de evitar que o irmão tivesse o que queria. O dragão teve de ser encontrado. O primeiro irmão precisou ser liberto para que o segundo também ficasse livre. Uma importante lição que essa história ensina é que as relações com a sombra sempre vão além da solução normal de problemas; ela sempre exige alguma poção especial, inversão da lógica, encanto secreto ou amuleto.[1]

Se não dermos atenção às sombras, com o passar dos anos elas vão ficando maiores, mais feias e mais assustadoras. Chega o dia em que não se pode mais ir adiante sem antes enfrentar o lado sombrio. Como todos nós jogamos muitas cobras pela janela, o nosso futuro vai exigir o conhecimento de uma arte perdida chamada **a dança das sombras.**

CAPÍTULO 8

A Dança das Sombras

O potencial do futuro às vezes pode parecer uma clara luz no horizonte, mas aos seus pés há sempre uma sombra que não se pode evitar. Alimentar qualquer sonho de um futuro melhor requer que examinemos as questões que gostaríamos de fingir que não existem.

A pesquisa para este livro revelou duas tendências notáveis:

- Há livros, utópicos em termos de sentimento, que descrevem visões incríveis de um futuro aparentemente ilimitado. Na maioria das vezes, esses livros terminam com uma advertência sobre os muitos desafios fundamentais que ainda temos de enfrentar, tais como problemas ambientais, decadência social, rápido crescimento das desigualdades de renda, crescente instabilidade política, etc.
- Outra tendência é dada pelos livros que vão direto ao cerne dessas questões, assinalando a persistência e a dificuldade de tratamento que esses problemas exibem, bem como a grande distância que estabelecemos entre nós e as relações justas e o verdadeiro cuidado. Livros desse tipo costumam terminar com um ou dois capítulos que descrevem algum raio de esperança.

A chave que falta nessas duas abordagens é a construção de um relacionamento entre a sombra e o sonho, entre o desespero e o otimismo, entre os nossos crescentes problemas e as oportunidades sem precedentes que nos são apresentadas. Deixamos muitas vezes de lado o fato de os nossos problemas e oportunidades poderem ser dois aspectos da mesma coisa. Talvez o nosso atual renascimento tecnológico venha da mesma fonte que dá origem ao nosso crescente caos social, da necessidade de alguma coisa mais. Tendemos a avaliar as coisas como boas ou ruins, tendemos a ser otimistas ou pessimistas, bem como a evitar a sutil arte da tensão criativa, da alquimia pessoal e organizacional, do uso das trevas e da luz para projetar novos caminhos. Todo pintor verdadeiramente habilidoso é mestre da sombra e da luz.

Em todo escrito antigo, em toda psicologia, o encontro com os nossos piores temores *e* o atendimento ao chamado à grandeza estão inevitavelmente interligados. O príncipe nem sequer sabe da existência do dragão até decidir avançar na vida, como o simboliza a escolha de uma esposa. Ir para a frente sempre envolve enfrentar tudo o que negamos.

Quando o Gênio Sai da Garrafa

Num recente seminário, tínhamos chegado ao fim de uma animada sessão de reescritura de mitos. Um dos participantes era um ex-diretor de arte que agora dirigia a sua própria agência de publicidade. A vida pessoal e profissional de Steve sempre tivera como centro a criação de uma excelente imagem. Quando ele deixou de lado algumas das suas histórias favoritas, décadas de sentimentos foram liberadas, anos de medo e de raiva com relação ao que ele perdera. Ele contou calmamente o que parecia ser uma nova história muito simples (mentira) sobre como poderia ter sido a sua vida e como quase se fez em pedaços. A história que ele estivera vivendo há tantos anos era tão rígida e limitada que só quando se libertou dela, ele viu de fato como o dragão ficara horrendo.

Às vezes, não nos damos conta de que, quando nos libertamos de uma história passada, também temos de encontrar os sentimentos que podem ter sido suprimidos por ela. A história que sempre contamos se sobrepõe a uma história que não pôde ser contada.

- Depois de anos sem dizer o que de fato se quer, pode a princípio parecer que se desencadeou um poço de ira aparentemente sem fundo.
- Décadas de negação da espontaneidade podem aflorar como um impulso irresistível para fazer escolhas responsáveis.
- Anos passados deixando inconscientemente que as pessoas saíssem do seu negócio finalmente resultam numa força de trabalho bastante desmoralizada e passiva.
- Uma vida de bloqueio da criatividade pode ter como resultado uma depressão e uma fadiga que se tornam crônicas.

As pequenas cobras têm uma maneira de crescer. Mas os nossos grandes problemas quase sempre começam como padrões de comunicação ou pensamentos bastante pequenos.

Ao mudar um mito organizacional no nível em que Steve, o diretor de arte, o fez, a Levi Strauss experimentou uma relação bastante semelhante. Pessoas que estavam na empresa há muitos anos se sentiram traídas e assustadas. Muitos não percebiam a razão de se invocar propositadamente o caos, em especial quando a empresa ia bem. Os líderes dessa mudança tiveram consciência suficiente para saber que precisavam proporcionar constantes válvulas de escape para a dissidência e a resistência. O vice-presidente da Levi, Tom Kasten, encarregado de reformular a empresa para o século XXI, disse: "Seus agentes de mudança, as pessoas que de fato vêem o futuro, fazem a organização caminhar. Mas se forem longe demais, se não retornarem um pouco, eles perdem pessoas."[2]

O Trabalho da Sombra é o de Retornar um Pouco

O trabalho da sombra é reunir os sentimentos que foram provocados por uma nova história e usá-los para forjar o próximo passo. Você pode evitar temporariamente esse retorno e deixar de lado esses problemas, assim como pode livrar-se das chamadas pessoas "resistentes", mas as questões que isso representa têm uma maneira de ganhar impulso até o ponto em que controlam mais as coisas do que você mesmo.

O que aconteceu com Steve está acontecendo com todos nós. Gostemos ou não, por todos os lados há histórias ruindo. O mito de que a maioria das famílias é parecida com Ozzie e Harriet* acabou há muito tempo. Dentro de poucos anos, o mito segundo o qual a educação universitária leva a um bom emprego e a uma boa pensão de aposentadoria terá quase desaparecido, e há muita gente louca com isso. Quase ninguém acredita que os políticos estão voltados para a proteção do bem comum, razão por que estamos desistindo e alimentando profundas suspeitas. Mesmo vacas sagradas como o brilho do capitalismo estão começando a mostrar um lado feio. Crenças como essas organizam o nosso mundo social. Quando elas começam a ruir, o controle que proporcionavam também se dissolve.

(*) Ozzie Nelson e sua mulher Harriet, personagens de um programa chamado *As aventuras de Ozzie e Harriet*. O programa era sobre a vida desse casal, que muita gente passou a considerar como sendo um modelo perfeito da família americana.

E a Sombra Está Definitivamente Crescendo

O lado negro de muitas histórias começa a aflorar. Você sabe que está experimentando um nível espantoso de desconfiança quando 20% do público acredita que o governo americano pode ter participado do episódio da bomba em Oklahoma City (pesquisa do *USA Today*) e 40% acham que o governo está encobrindo o que aconteceu no acidente da TWA (pesquisa da revista *George*). Só 12% do público pensa que as histórias dos meios de comunicação contam a verdade. Há quarenta anos, a maioria das pessoas não teria alimentado essas suspeitas. A Rede alimenta esses temores. Ela é o paraíso das teorias da conspiração. Assim sendo, nossos piores medos se mascaram como fatos. Ou serão nossos maiores acobertamentos que se mascaram como verdade? Perdemo-nos numa casa de espelhos.

Quanto Maior a Frente, Maior o Fundo

Esse é um bem conhecido ensinamento zen. Se ele estiver certo, a cultura moderna, com sua imensa frente, provavelmente tem um imenso fundo. Quanto mais ruem os nossos mitos, tanto mais livre está a sombra para agir. Se assim for, as décadas vindouras vão exigir capacidades muito mais avançadas para enfrentarmos esse domínio da nossa psique. Eis outra indústria em crescimento para você. Dentro de pouco tempo, cada comunidade e organização não só vai precisar de uma equipe de criadores de mitos, como do seu próprio especialista em sombra residente.

As histórias que nos servem de apoio estão ficando frágeis. O noticiário das 18 horas anuncia que um acordo para beneficiar o público foi firmado com as empresas de tabaco. Mas no noticiário das 23 horas as concessões revelam como é insignificante esse acordo. No dia seguinte, as ações das empresas de tabaco sobem. Além disso, as histórias do nosso noticiário tendem a ter um intervalo de vida cada vez menor. Elas são abaladas com facilidade. Dizem-nos que foi aprovada uma emenda para acabar com o bem-estar social tal como o conhecemos. Vários meses depois, os estatísticos revelam que, entre furos, concessões aos sindicatos e alterações naturais da composição da população, todas as metas estabelecidas podem ser alcançadas sem que a maioria dos estados altere qualquer coisa.

Um resultado da vivência num ambiente assim feito de palavras, em que há tão poucas verdades sendo ditas e em que as poucas histórias nas quais acreditamos cedo se desfazem, é que a sombra passa a ser uma parte muito grande da nossa vida cotidiana. Nós nos afastamos dos nossos problemas. Estamos aterrorizados demais para olhar o que está nos perseguindo. O cinismo, a dúvida e a negação passaram a ser características permanentes da personalidade coletiva. À medida que formos forçados a entrar nesse domínio, descobriremos que a sombra é um lugar perigoso em que o medo e os truques são generalizados.

Encontrando a Sombra

A sombra é a soma total de todos os sentimentos e aspectos de nós mesmos, das nossas organizações ou da nossa cultura que consideramos inaceitáveis — as partes perdidas, desautorizadas e negadas. A sombra se forma pedaço por pedaço cada vez que nos afastamos de uma experiência por julgarmos que não podemos ou não devemos sentir o que sentimos.

Pessoas sensatas não podem falar de sua raiva. Pessoas boazinhas não falam de suas necessidades de poder. Quando se está comprometido num relacionamento, espera-se que se diga "nós". Se quiser subir pela escada da corporação, você não fala de padrões organizacionais que o perturbam. Se estiver empenhado na sua profissão, você não tira um verão de férias. Pessoas sérias não seguem caminhos laterais. Pessoas que de fato querem ganhar dinheiro não reduzem a velocidade em favor do ambiente nem de questões sociais. Lemos recentemente um artigo que aconselhava as pessoas sobre como lidar com recuos corporativos. O artigo dizia que, faça o que fizer, não baixe a guarda nem abandone a sua reserva normal.

Estamos cada vez mais fragmentados porque há áreas demais a evitar em nossos dias. Logo teremos pouquíssimos sentimentos e pensamentos aceitáveis. Qualquer idéia que subsista, torna-se mais forte, nossas emoções ficam mais superficiais e afastamo-nos de pessoas que expressem opiniões que nos levem além dos limites.

Aos poucos, vão sendo suprimidos, ao lado do nosso poder, aspectos da nossa personalidade. Ficamos embotados, vazios, cansados e apáticos. Se não localizarmos as partes perdidas da nossa psique pessoal e organizacional, nunca recuperaremos nossa visão e nossa vitalidade.

Sempre Existe, Aprisionada na Sombra, uma Parcela do Nosso Poder

Sempre que alguém fala de um projeto, uma das primeiras coisas que Philip e eu procuramos é o ponto em que a energia está represada, bloqueada ou repetitiva. Shakespeare nos apresentou uma sugestão para encontrar a sombra ao dizer: "De fato, protestais em demasia." Sempre que alguém apóia uma imagem de si mesmo, do seu relacionamento ou do seu negócio com um pouco mais de vigor, há sempre alguma coisa que essa pessoa tem medo de ver.

Às vezes o meu cérebro funciona de maneira engraçada. Às vezes ouço uma pessoa casada falando muito sobre como seu parceiro é maravilhoso. Se elas dizem isso muitas vezes, suas palavras mudam e ouço em vez disso que elas estão perdendo o respeito pelo parceiro. Ouço alguém envolvido com negócios dizer repetidamente que a força da empresa está na qualidade dos seus relacionamentos. Mas se ouço a mesma frase um número muito grande de vezes, minha reversão auditiva entra em ação e começo a ouvir o contrário. Quando somos contratados como consultores, uma das primeiras áreas que examinamos em busca de pontos fracos costuma ser a área que todos consideram o ponto forte.

A sombra também se acha prisioneira do nosso entorpecimento, das vezes em que dizemos que estamos animados ou comprometidos e não encontramos uma verdadeira energia. Você provavelmente percebeu isso em outras pessoas e pode senti-lo em si mesmo. Todos temos "cantos mortos" em nossas *personas*. Alguém reconhece o nosso valor e nós não podemos de fato sentir isso. Alguém diz que está zangado conosco e algo dentro de nós se congela. Alguém nos oferece uma grande oportunidade e nós fingimos não ouvir. Pedem-nos para assumir uma tarefa desafiadora e de repente parece que tudo começou a desacelerar como se estivéssemos em câmera lenta.

Sua sombra pessoal sempre está trancada nos sentimentos que você não quer admitir. A sombra de uma família sempre está contida nos seus segredos. Às vezes, os segredos são grandes. Às vezes, são aparentemente insignificantes, como a tolerância que todos têm pelos ataques de mau humor do pai ou pela desatenção da mãe.

"Você só Está Tão Doente Quanto seus Segredos"

Essa é uma das frases usadas nos programas de doze passos. Quer dizer que o que você nega é o que o dirige, dado que você tem de gastar uma crescente quantidade de energia psicológica para fingir que isso não existe.

Mort Myerson, executivo-chefe da EDS, na Perot Systems, conta uma interessante história sobre a sua jornada na sombra de sua empresa.[3] Ele descobriu coisas como tratamento ofensivo do pessoal, inflexibilidade que dificultava desnecessariamente a vida, desconsideração ao cliente, fuga de problemas, pareceres apressados e custosos e assim por diante. Sua viagem de cura dessas sombras corporativas começou com a sua saída do armário. Foram identificadas terríveis questiúnculas, como abuso no modo de falar. As pessoas foram chamadas a tratar disso e instruídas sobre como falar de outra maneira. Trazer a sombra à luz sempre assusta no começo, mas a verdade sempre traz alívio. Mesmo a mera admissão de um segredo ou negação costuma proporcionar uma sensação de energia renovada. O principal empecilho ao exame da nossa sombra é o nosso embaraço diante dela, embaraço que nos atrapalha mais do que o problema em si. Por exemplo, ser advertido por seus abusos no modo de falar é a parte ruim, embaraçosa. Tratar do problema é bem mais fácil.

Há muitos anos, Philip e eu estávamos na ilha grega de Santorini com alguns amigos. Fomos visitar uma cratera vulcânica onde se originou a explosão que destruiu a civilização Minóica. Para chegar lá, tivemos de passar por um pequeno precipício nas rochas. Quando olhei para baixo, a queda era de quase 60 metros, com ondas se chocando contra pedras pontiagudas.

Todos saltaram e eu fiquei ali, do outro lado, congelada. Todos me estimularam e me chamaram. Acabei pulando, depois de perceber que era mais doloroso morrer de vergonha do que me chocar contra as rochas. Claro que eu estava bem. Retornei e calculei que o pulo fora de 45 centímetros. Tipicamente, eu passaria por essa dificuldade sem pestanejar. Fora a minha mente que aumentara a queda de 60 metros e a fizera tão imensa e simbólica a ponto de prejudicar o salto bem curto e seguro que enfrentei. Todo salto pela sombra é assim. Ele age na nossa mente criando percepções que não têm razão de ser.

Entrando no Precipício

Tendo identificado onde está parte da sua sombra, você tem de ir lá.

Fred dirigia uma agência de publicidade, e ganhou muito dinheiro rápido na década de 1980. Ele descrevia a si mesmo como um tubarão, pronto a fazer o que fosse necessário para fechar um negócio. Um dia, ele sofreu um terrível acidente de carro que o deixou com dores crônicas nas costas. Aos 50 anos, aposentou-se. Sempre que falava sobre a sua vida, ele fazia uma clara separação entre a vida antes e depois do acidente. Antes ele era um tubarão; agora se tornara uma pessoa afável que freqüentava seminários voltados para o aperfeiçoamento pessoal e conseguia se ver fora da ação. O único indício que percebíamos de que havia algo errado com esse quadro estava na freqüência com que ele comentava como era perfeita a sua vida. Isso simplesmente não convencia.

Um viciado em trabalho altamente motivado e um tanto impiedoso passava agora boa parte do seu tempo numa interminável introspecção sobre sua evolução pessoal. Dissemos que o ajudaríamos a restabelecer a ligação com o "tubarão" que ele fora na década de 1980. De início, ele ficou furioso conosco e disse que tudo que nos importava era fazer as pessoas produzir mais. Parte do que tornara o período de tubarão parecer-lhe tão perigoso era o fato de ter sido igualmente uma época em que ele fizera algumas escolhas bastante autodestrutivas. Ir ao encontro disso parecia-lhe uma queda de 60 metros em ondas revoltas.

Meses depois, ele se acalmou um pouco e, dentro dele, percebeu que havia alguma verdade na nossa observação. Embora isso fosse um desafio, ele foi sentindo lentamente os sentimentos que desautorizara. Curiosamente, cada vez que fazia esse contato, ele relatava que sentia um pouco menos de dor nas costas na semana seguinte. Era como se o "tubarão" que ele desautorizara ainda estivesse em seu interior, devorando-o. Depois de ganhar confiança na idéia de que seguir essa direção favorecia sua saúde física, ele também percebeu que começara a sentir espontaneamente alguns pequenos indícios de motivação. Ele terminou por formar um pequeno clube de investimentos para ajudar pessoas de seu conhecimento que precisavam de ajuda financeira. Não que ele tenha descoberto uma compreensão mais verdadeira de si mesmo; era, antes, dar-se conta de que o que ele mais temia com relação a si mesmo e ao seu passado também tinha ligação com seu poder e com sua cura. Trata-se da alquimia pessoal de que falei; nela, nossa escuridão é também a nossa força.

Essa mesma dinâmica acontece no nível da organização. Fomos consultores de um pequeno negócio que expandira bastante seu espaço físico. Logo depois de ter dado esse passo à frente, as vendas caíram e o proprietário estava muito assustado. Eles tiveram de seguir um caminho semelhante ao de Fred: tiveram de admitir certo grau de arrogância e de ambição que acompanhara essa expansão, as maneiras pelas quais para isso pessoas foram descartadas e rebaixadas. Enquanto esse material foi mantido em segredo, o negócio ficou paralisado. Quando ele foi trazido à luz, as idéias resultantes foram uma chave vital para o avanço.

Quando John Stack introduziu a administração do livro aberto e a permissão para os empregados acompanharem as finanças da empresa e participar das decisões relativas a isso, alguns julgaram essa atitude uma irresponsabilidade. As finanças da empresa são sagradas; elas detêm poder; só devem ser vistas pela elite capaz de tratar desse dado vital, o coração da empresa. Stack descobriu, ao lado de muitas outras pessoas, ser essa uma maneira de desfazer segredos e acabar com uma importante parcela da sombra de toda empresa. Todos podem ver exatamente o que está acontecendo, e muitos contam que os funcionários respondem com profundo interesse pelo bem da empresa. Com muitas das suas piores suspeitas dissipadas, as pessoas liberam maior criatividade.

Flutuação do Paradigma

Paul Hawken começa seu livro *The Ecology of Commerce* com uma notável história pessoal.[4] Sua empresa, Smith and Hawken, acabara de receber um prêmio por suas excelentes práticas ecológicas. Quando ele caminhava para o palco, o momento se estendeu no tempo e ocorreu-lhe que mesmo que todas as empresas do mundo operassem no nível de sustentabilidade da Smith and Hawken, não seria suficiente. Era preciso tratar de questões bem mais profundas do que a mera reciclagem e a cuidadosa administração das compras.

Essa foi para ele a queda livre de 60 metros. Ele podia muito bem ter afastado esse pensamento, ter dado uns tapinhas em suas próprias costas e continuado a aproveitar seu reconhecimento público como líder nessa área. Ele poderia, inclusive, ter mencionado essa preocupação em seu discurso de agradecimento e ter ficado nisso. Em vez disso, ele deu o salto e escreveu uma extraordinária análise do real custo dos negócios, bem como excelentes sugestões para refazer nossos mitos econômicos, que levam não só a um sistema financeiro mais estável e mais amigo da terra como também a uma avalanche de oportunidades econômicas. Um pensamento originalmente perturbador passou a ser a fonte de uma nova inspiração criativa.

É esse o valor do trabalho com a sombra. Evitamos as coisas desagradáveis e desejamos que elas simplesmente vão embora. Porém, o cerne do lugar em que um negócio ou uma pessoa estão mais enterrados, o motivo pelo qual eles resistem a uma mudança, o que estão questionando ou onde eles mantêm os seus maiores segredos, costuma ser o local em que se vai encontrar a fonte da ruptura.

Quando as pessoas não examinam o material que vem da sombra, elas apenas reencenam os mesmos dramas e nenhuma mudança real acontece. Damos a isso o nome de "flutuação do paradigma" — novas idéias, a mesma coisa de sempre. Precisamos mobilizar os sentimentos e eventos que julgamos negativos para ter acesso a um nível mais profundo do nosso potencial.

Não se Esqueça de que o Encontro com a Sombra Exige Sempre uma Poção Especial, uma Espada Mágica, uma Inversão da Lógica ou a Ajuda de Algum Feiticeiro

Esse não é o domínio da solução normal de problemas. Por exemplo, na solução normal de problemas, se você sente raiva, tenta descobrir por quê, verifica se isso se justifica e analisa qual a melhor maneira de enfrentar isso. Quando se está no domínio da sombra, esse tipo de lógica é irrelevante. A raiva é uma capa, um ardil. É um complô para afastá-lo do seu verdadeiro poder. É necessário entrar na raiva, enfrentá-la em seu mais puro estado e simplesmente ser. Você está procurando alquimia, não uma solução. Busca poder, e não um conserto rápido ou um alívio momentâneo.

Paul Hawken sabia que não precisava ventilar suas dúvidas e reduzir sua autoconfiança, ou mesmo fazer grandiosas admoestações ao público no seu discurso acerca do fato de os seus esforços não serem suficientes e da necessidade de se ser cada vez mais vigilante. Não eram esses os problemas. Seu momento de dúvida e de hesitação era um engodo, a cobertura de um nível mais profundo de criatividade que desejava a sua atenção.

No livro *Moby Dick*, Ahab fica obcecado com a grande baleia branca simplesmente porque esta se atreveu a enganá-lo no seu encontro inicial. A fuga da baleia faz Ahab caçá-la por todo o oceano. Simbolicamente, Ahab é a mente consciente, obcecada pela idéia de que é preciso vencer o sentimento negativo, subjugar a sombra. Mas a obsessão de Ahab é também sua queda. A baleia acaba por vencê-lo. Nunca se pode desmantelar a sombra por meio da mente consciente. Se se tentar, ela sempre vai ganhar. A sombra não é um lugar para a lógica e a razão. Se observarmos e respeitarmos a sua importância, então e só então ela vai partilhar o seu poder. As sombras, como as baleias, exigem reverência. Se a obtiverem, elas podem ser alguma coisa bela e magnífica.

Curiosamente, a Sombra Muitas Vezes Tem um Jeito de Recuar Precisamente Momentos Antes de uma Ruptura. Assim, Ela é Vital a Todo Tipo de Expansão

Vimos muitas pessoas sentir seus mais profundos bloqueios precisamente antes de criar a própria oportunidade pela qual estiveram trabalhando.

> *Uma conhecida nossa estivera se empenhando muito em criar para si mesma uma ruptura pessoal e profissional. Era finalmente a oferta do seu emprego ideal na cidade em que sempre quisera morar, tendo encontrado uma grande casa com um preço inacreditável. Dois meses antes de tudo isso acontecer, um problema legal relativamente pequeno apareceu, ameaçando sua capacidade de fazer a mudança. Sua resposta foi uma regressão ao passado. Ela ficou deprimida, quase catatônica, incapaz de agir minimamente para afastar essas barreiras logísticas. Ela foi reduzida à impotência. Por umas poucas semanas, parecia que ela iria cancelar os seus planos.*
>
> *A sombra estava recuando. Ela na verdade dizia: "Você tem certeza de ser forte o suficiente para transformar o que represento?" E por um bom tempo ela não foi; a sombra estava vencendo. Na última hora, ela encontrou uma fonte ainda mais profunda de compromisso, de força e de persistência para dar continuidade à visão que concretizara. Ela resolveu tudo e apareceu no novo emprego na hora certa. Mais tarde, percebeu que essa força mais profunda a que recorrera era perfeita para enfrentar os desafios que enfrentou no ano seguinte.*

Vimos isso acontecer muitas vezes. Ao que parece, todos precisam de uma última batalha com seus temores antes de ser realmente capazes de fazer uma ruptura. Os profissionais de saúde dão o nome de "crise de cura" ao último ataque que a doença faz à pessoa. Depois de uma crise de cura, a recuperação costuma acontecer rapidamente. Também temos visto negócios passarem por esse mesmo padrão. Uma empresa de *software* que conhecemos quase perdeu tudo. Todos os seus membros tiveram de procurar sua última reserva de fé e de força de vontade para continuar a aparecer. Foram semanas de trabalho sem salário e de quase-admissão de que talvez o seu produto não fosse tão avançado quanto eles pensavam. Somente depois dessa última e mais decisiva batalha com o fracasso e com a perda que o seu sucesso finalmente ocorreu.

Conta-se com freqüência, em seminários de motivação, uma história que se baseia no caso real de um homem que se viu perdido no inverno num lugar deserto e que caminhou durante muitos dias sem comida nem água para tentar encontrar abrigo. E terminou por desistir. Mais tarde, o pessoal do resgate descobriu que se ele tivesse passado apenas por mais uma pequena colina, teria visto as luzes da cidade! *Ele estava a dois minutos do milagre*.

Estudos sobre vendedores muito bem-sucedidos em comparação com vendedores moderadamente bem-sucedidos revelaram que os bons vendedores não obtêm um número significativamente menor de rejeições iniciais. A diferença está no fato de esses bons vendedores saberem como passar alguns poucos minutos depois de uma rejeição, quando muitas vezes se faz a venda. A mulher que passou por um colapso antes da ruptura, os dois minutos antes do milagre ou o pequeno impulso extra que leva a melhores resultados são coisas que revelam, todas elas, um padrão semelhante da nossa psique. Se a sombra representa as partes negadas e perdidas do nosso eu, as áreas que não queremos encarar, ela vai sempre aparecer com força cada vez maior justo quando estivermos prestes a ultrapassar essas partes. Para realizar uma ruptura, temos de examinar essas questões num nível bem mais elevado do que já o fizemos antes.

A sombra tem uma curiosa maneira de se colocar bem na frente da mulher-aranha, escondendo o seu paradeiro e evitando que você veja o seu ofício. O momento imediatamente anterior à entrada na zona costuma ser aquele em que se têm os mais nítidos pensamentos de querer desistir. Pouco antes de as percepções se reorganizarem num novo sentido, o que você vê à sua frente parece profundamente incompreensível. O momento imediatamente anterior à entrega ao Bardo costuma ser o de maior apego.

Da mesma forma, nossa desilusão pessoal, a expansão de uma sombra organizacional ou mesmo o nosso desespero cultural podem ser, na realidade, a escuridão antes da alvorada. Quando as coisas pioram, os elementos cruciais que ignoramos vêm à superfície. Se estivermos dispostos a dar o passo assustador que é encará-los de fato, eles podem vir a ser a chave alquímica que nos permite desenvolver soluções transformadoras.

A Luta com a Sombra

Dentro de pouco tempo, seremos convocados a entrar em territórios psíquicos bem mais intimidantes do que qualquer outro até agora conhecido. A dissolução do tecido social e organizacional ora em curso vai significar a transformação de cada um de nós em mestre ao enfrentar nossa energia negada. Quanto maior a rapidez com que ruem tradições, tanto mais seremos convidados a lidar com as emoções aprisionadas nas histórias que nunca contamos.

Se continuarmos a ignorar as graves injustiças sociais de muitas das nossas atuais práticas, as serpentes de jardim voltarão como sucuris e, finalmente, como verdadeiros dragões com fogo nas narinas. As chaves para a ruptura organizacional estão no cerne das questões em relação às quais as pessoas se sentem mais apáticas, mais zangadas ou mais assustadas — problemas ecológicos, decadência social, escândalos e uma crescente disparidade de renda. Já não podemos nos dar ao luxo de ver essas questões de maneira simplista, como boas ou ruins, certas ou erradas. Encontramo-nos numa era que exige de cada um o exame de sua participação em toda e qualquer questão.

Sombras Virtuais

Quando falam de "cibersombras", as pessoas se referem a coisas como terrorismo da informação, perda de privacidade, o roubo da identidade alheia e o seu uso para comprar coisas, controle governamental, a extrema lacuna que separa os prós e os contras da informação, bem como tecnocratas desencarnados que perderam a ligação com a realidade. Ainda que reais e importantes como são, essas questões não representam a maior sombra que a cultura da Rede nos reserva.

O novo mundo da informação traz uma promessa autêntica, do tipo que nos faltava no rádio e na TV. Nos primeiros dias desses meios de comunicação, os pensadores diziam que eles ofereceriam um fórum para a expressão artística e a evolução cultural da população. Como todos saberiam a respeito das coisas do mundo, o envolvimento político atingiria novas alturas. Isso lhes parece familiar?

Infelizmente para o rádio e para a TV, era fácil demais, para as forças do ganho pessoal sem peias, controlar o seu conteúdo e a sua distribuição. O que vai acontecer se entregarmos o ciberespaço ao mesmo destino? Teremos o mesmo jogo possivelmente, com algumas caras novas, algumas, mas não com muitas. O campo econômico que caracterizou a Revolução Industrial ficou mais radical, e mesmo mais rápido, com a onda da informação. Esse campo já está bem saturado: a Intel controla 80% do mercado de placas eletrônicas; a Microsoft controla 90% do mercado de programas de computador. Alguns gigantes multinacionais dos meios de comunicação controlam crescentes quantidades de conteúdo. Se não cuidarmos dessa sombra, não haverá um novo mito.

A crescente ameaça à liberdade no ciberespaço está vinculada à incapacidade de tratar das sombras da era industrial e da era dos meios de comunicação. Só se pode encontrar a sombra nas vozes obscuras relegadas às margens ou à clandestinidade — a National Public Radio, a PBS, a TV de acesso público e mesmo a extrema-direita. O uso dos computadores pode não ser uma panacéia educacional, havendo até o risco de que prejudique o desenvolvimento intelectual e social da criança. Os encontros digitais de cidadãos podem não ser a resposta para a promoção de uma maior participação no processo político. O problema não é a falta de informação.

Os movimentos das milícias, os cultos loucos, os guetos indignados, as pessoas armadas e a juventude desistindo bem cedo representam as sombras em constante expansão de questões que estivemos jogando pela janela. Precisamos ter a mesma coragem que teve Mort Myerson para trazer à superfície as sombras da Perot Systems. Embora seja um pouco mais complexo, cada um de nós precisa da coragem para insistir que se revelem os segredos culturais antes que se torne impossível controlá-los. Um sincero compromisso com o exame das nossas verdadeiras sombras é a única maneira de tornar nossos diálogos pessoais e públicos mais complexos e úteis.

A sombra requer alquimia. Nosso quinto instrumento de navegação exige a capacidade de trazer à plena visão aspectos submersos da nossa consciência, bem como de transformar esse encontro em novas direções.

Temos de nos lembrar de que:

- É comum que a nossa sombra só apareça quando avançamos ou experimentamos alguma coisa nova.
- Uma parcela perdida do nosso poder sempre está presa na sombra.
- Você ou a sua organização só estão doentes tanto quanto o estejam os seus segredos, porque a energia negada sempre nos molda o comportamento.
- Enfrentar a sombra pode parecer uma queda livre de 60 metros, mas, de modo geral, não é senão um passinho de bebê de 45 centímetros.
- O momento em que a sombra se estende ainda mais é exatamente o momento que precede uma ruptura.
- Não se pode compreender a sombra por meio da lógica. Não podemos conquistá-la, mas respeitá-la e encontrá-la artificiosamente.

O que temos chamado de entrar no abismo ou dança das sombras será, nos próximos anos, uma das mais importantes habilidades da liderança. À medida que as histórias continuam a se desfazer, que os eventos da vida zombem da nossa negação e que o caos reine, nossas sombras se esgueirarão para mais perto da superfície. Tanto as pessoas como as organizações têm a oportunidade de um encontro face a face com as suas sombras e da descoberta de uma alquimia que transforme estas últimas em instrumentos para o crescimento. Se não nos comprometermos com essas capacidades, estaremos entregando o campo aos dragões.

A Prática da Dança das Sombras

É enganosa, sutil e desaparece quando você olha.

A parte mais difícil da localização do lado sombra reside no fato de este não ser simplesmente o oposto do que você gosta. É um pouco mais complexo e sutil.

Comecemos com uns poucos processos curtos, para depois examinar como eles funcionam juntos.

- Em primeiro lugar, imagine como se sentiria se fosse do sexo oposto. Que aparência você teria e como agiria? O que você seria capaz de fazer tendo outro sexo que não pode agora? Passe alguns minutos desenvolvendo essa visualização.
- Agora entre na parte sombria e feia. O que você menos gostaria que as pessoas soubessem sobre você? O que você odiaria admitir sobre si mesmo? Qual a característica a que cabe a maior responsabilidade pelas coisas que não dão certo em sua vida?
- Examinemos a vergonha e o embaraço. Em que situação é mais provável que você fique embaraçado? Que elemento do seu passado ou presente o envergonha mais?
- Examine agora as suas projeções. O que há nos outros que irrita você? De que tipo de pessoa você menos gosta? Que características dos outros tendem mais a fazê-lo perder a paciência? Reserve alguns minutos para localizar em si essas características.
- Por fim, que partes de você você perdeu? O que você um dia adorou fazer e não faz mais? De que sonhos secretos você desistiu? Que valores que um dia lhe foram caros você perdeu de vista? Que talentos ou gostos você tem que ninguém conhece?
- Quem ou o que você jogou pela janela? O que você deixou de lado?

Se reunir todos esses sentimentos, você vai começar a desenvolver um sentido da sombra. Tente colocar cada uma das visualizações ou respostas anteriores na sua consciência, uma por uma. Tente construir uma única experiência, uma combinação desses sentimentos. O que isso lhe parece? Essa imagem compósita lhe parece familiar? Você pode se lembrar de algum momento em que teve essa sensação pairando nos limites da sua consciência?

Lembre-se de que a sombra são os pedaços perdidos, negados, inaceitáveis e projetados da sua experiência. A simples atenção a esses sentimentos em separado ou combinados é algo extremamente forte. É mais provável que a sombra se desvaneça e perca sua força negativa quando posta sob a luz da atenção.

O Mergulho e a Poção Especial

Em todo mito, é dada ao herói uma poção especial. Nesse caso, a poção especial é a maneira de sentir que sugiro neste capítulo.

Por exemplo, suponha que você trouxe à tona o sonho perdido de fazer móveis com suas próprias mãos. Você sempre pensou em ter o seu comércio de móveis. Na "correria" da vida de trabalho, você esqueceu o seu sonho. Uma análise normal poderia gerar algo como: "Por que esqueci o meu sonho? Ele é importante; vou decidir torná-lo realidade." A análise em termos da sombra é diferente: você vai para uma camada sob os elementos específicos e tem a sensação de querer usar as mãos e expressar a sua criatividade dessa maneira, sentindo o caráter físico do seu sonho.

E então você percebe como e com que freqüência tornou essas sensações desimportantes. Você sente a tristeza, não de ter perdido o ato do trabalho com a madeira, mas pela parte de você mesmo que se perdeu quando você esqueceu lentamente esse sonho. Qual foi a parte de você que realmente se perdeu? De que maneira essa necessidade de criatividade deixou outras áreas da sua vida? Sinta a separação que você permitiu que se criasse entre você e isso e entre você e tantas outras coisas. Simplesmente permaneça com ela; não tente melhorá-la. Simplesmente mostre-se receptivo e descontraído, sensível e persistente na sua descoberta. Não tome nenhuma resolução quanto a ser diferente no futuro. Concentre-se no contato com níveis cada vez mais profundos do que você perdeu.

Aprenda aos poucos a fazer isso com as outras áreas negadas, projetadas, vergonhosas ou inaceitáveis. Simplesmente, fique na presença de cada lembrança ou experiência. Não pergunte por que aconteceu nem analise a sua dissolução. Com a prática, você vai começar a ver quanto poder é despertado com essa ação. Você começa pouco a pouco a sentir que nada há de assustador em seu ser. Você não fica sentado ali temeroso de que a sua mão direita se erga inesperadamente e bata em você mesmo! A razão disso é que você está conectado com a sua mão direita. Da mesma maneira, uma vez que entre em conexão com essas sensações da sombra, elas deixarão de lhe parecer separadas de você e capazes de sabotá-lo.

Voltando ao exemplo da loja de móveis artesanais, você vai descobrir que, quer você aja ou não com relação a esse sonho específico, a ligação com as sensações relacionadas com ele traz um sentimento de maior completude. O simples ato de dar atenção faz com que você perceba quando outros sonhos secretos ou talentos ocultos surgirem no curso de uma conversa comum, e você terá menos propensão a descartá-los.

A Sombra como Processo/Ficar Jung (young = jovem) para Sempre

O trabalho com a sombra não é feito de uma só vez. Trata-se de uma maneira de examinar a experiência. Ele não significa descartar, apagar ou raciocinar para escapar às discrepâncias. Se alguém diz, com voz hesitante, "Não me sinto muito à vontade com esta decisão", pode ser fácil convencê-lo a aceitar o seu modo de pensar. Quando as sombras ficam mais aceitáveis a você, é possível dizer em vez disso "Conte-me tudo o que o preocupa. Vamos examinar isso completamente." Então, você vai tentar se colocar no lugar da outra pessoa e tentar sentir também o que a está preocupando. Alguma parcela da opinião dessa pessoa — às vezes bem pequena, outras vezes inesperadamente grande — será incluída na decisão final.

Vejo repetidamente que, quando não adoto essa atitude, as conversas logo ficam polarizadas e as pessoas pegam seus brinquedos e vão embora. Fiz isso na própria semana em que estava escrevendo este capítulo. Minha desculpa foi a de que, como essa outra pessoa estava tentando dominar uma reunião, *eu ia mostrar a ela*. Desarmei com habilidade sua opinião e ganhei a discussão. O único problema foi que, quando cheguei em casa, tive de admitir que a preocupação era válida e que, se não a examinássemos, mais tarde poderíamos ter nas mãos um grande problema. Fui obrigada a pedir humildemente desculpas na semana seguinte e a sugerir que examinássemos a preocupação da outra pessoa. Descartar simplesmente alguém, ou mesmo você, *sempre* cria uma sombra que um dia vai exigir o que lhe é devido.

Conhecemos há alguns anos um vice-presidente sênior de uma das maiores multinacionais. Não tivemos contato com ele na grande cidade em que ele vive, mas na cidadezinha em que vivemos, quando um amigo comum lhe disse que nos procurasse. Ele não estava aqui para esquiar, mas para passar algum tempo no mosteiro zen local. Sua empresa tinha uma participação muito importante no mercado chinês e ele estava preocupado com a rápida degradação ambiental que testemunhava. Ele sabia que não havia soluções simples. O que o distinguia de outros executivos era a integração que promovera entre a sua vida corporativa e a sua vida espiritual. Ele não era zen-budista, mas participava do retiro por saber que o tempo passado perscrutando a alma era essencial à sua integridade de líder. É cada vez maior o número de pessoas que fazem opções como esta.

Dêem-lhe o nome de conspiração aquariana. Chamem-na de "Profecia Celestina", cura quântica ou o novo espírito dos negócios; trata-se de algo que veio para ficar. Livros sobre espiritualidade e auto-ajuda lideram as listas dos mais vendidos. O pensamento oriental e o esforço de evolução pessoal estão entre os movimentos que crescem mais depressa no país. Recentemente, uma matéria do *Wall Street Journal* informou que a ioga é agora a última moda entre os lobbistas e políticos de Washington. Há arquitetos freqüentando aulas de *feng shui*. A maioria dos treinamentos corporativos incorpora ultimamente, de maneira aberta, idéias um dia tidas por "nova era".

Há quem ainda diga "não mexa com a minha alma". Porém ignorar essa dimensão, que hoje ocupa parcela tão considerável da psique pública, é como enterrar a cabeça na areia.

Parecemos ansiar por alguma coisa que preencha o vazio da nossa realidade atual. Sempre estivemos dispostos a nos empenhar muito por respostas e soluções, mas estamos nos dando conta de que isso pode não ser suficiente. Começamos a compreender **por que precisamos transpirar**.

CAPÍTULO 9

Por que Precisamos Transpirar

Um estranho vazio se abate sobre nós, deixando em seu rastro a apatia e muitas almas perdidas. Por maiores, mais ousadas e visualmente mais estimulantes que as coisas tenham se tornado, vemo-nos com freqüência estranhamente afastados do crescente *glamour* do nosso mundo. Como viciados desejosos de curar a agitação, é necessário um esforço cada vez maior apenas para chamar a nossa atenção, e os pontos altos são cada vez mais fugidios.

Um grupo popular chamado Smashing Pumpkins [Abóboras Esmagadas] teve um grande sucesso na MTV. Seu refrão diz na verdade "Mesmo que eu sinta raiva, ainda sou um rato na gaiola." O vídeo assemelha-se ao filme de Charles Chaplin *Tempos Modernos*, mas as imagens que apresenta são algumas décadas mais sombrias.

À medida que as nossas sombras assumirem um caráter mais incontestável, não teremos condições de nos afastar de questões difíceis. Como tudo está em contínua agitação, necessitamos de meios para estabilizar. Com grandes mitos despertando, precisamos de portais dentro de nós.

Sabemos intuitivamente que é melhor que comecemos a alterar as coisas antes que tudo o que vemos comece a parecer igual.

As habilidades tratadas em capítulos precedentes — o exercício da liberdade de escolha que a mudança nos proporciona, a consideração das possibilidades oferecidas de histórias ampliadas, o encontro com a força das nossas sombras — nos impelem a um vínculo com um nível mais profundo do nosso eu. Este capítulo vai levá-lo a avançar um pouco mais nessa estrada.

Esperança

Há alguns anos, Frances Lappe e Paul Du Bois iniciaram a pesquisa para seu livro a ser publicado, *The Quickening of America* [A revitalização da América].[1] Eles procuraram exemplos de pessoas e grupos que estivessem oferecendo serviços comunitários inovadores. Sua investigação descobriu um número de exemplos tão maior do que eles tinham imaginado que eles criaram um escritório de informações destinado a dar visibilidade permanente a esses esforços, bem como uma revista chamada *Hope* [Esperança], com base na promessa que viam no que estava acontecendo com pessoas comuns. Embora a caridade corporativa decline a cada ano, o esforço das pessoas mais do que compensou essa falta, principalmente o que fizeram aquelas que ganham *menos de 50 mil dólares por ano*! Estatísticas como esta e descobertas como as de Lappe e Du Bois sugerem que a população em geral parece comovida e está fazendo alguma coisa com relação a isso.

Livros sobre a simplicidade voluntária estão chegando à lista dos mais vendidos. Subculturas inteiras concentradas em idéias como a vida sustentável, o consumo consciente, a nova comunidade, o emprego digno e a ética nos negócios estão se desenvolvendo aos saltos, tendo o apoio de *sites* da Rede, conferências e revistas bem-sucedidas como *Mother Jones*, *Utne Reader*, *New Sojourner*, *Ethical Business* e *Yes*! (Veja o título de outros livros na seção Referências.) Entre as celebridades, Oprah é quem está mais sintonizada com esse pulsar. Em primeiro lugar, ela mudou o foco do seu programa do sensacionalismo para a substância. Agora ela está apresentando, divulgando e desenvolvendo seus próprios esforços televisivos no sentido de dar apoio a boas obras. Marianne Williamson, autora de livros de crescimento pessoal de grande vendagem, disse aos seus fãs que agora eles precisam usar seus poderes pessoais de cura para a mudança social, tendo ela dado ao seu novo livro o título *The Healing of America* [A cura da América].[2] Colin Powell fez com que sua presença como candidato potencial à presidência para advogar o voluntarismo fosse notada. Recentemente, a *Newsweek* apresentou uma matéria de capa sobre um crescente movimento de pessoas que deixam espontaneamente empregos regiamente remunerados em troca de empregos menos recompensadores, mas que envolvem ajudar outras pessoas.[3]

Quando movimentos culturais como esses atingem a grande imprensa, sabe-se que já devem ser imensos! *Da mesma maneira que o crescimento pessoal influenciou as últimas décadas, podemos ver o propósito — a descoberta do sentido por meio do emprego digno — tornar-se a próxima onda conceitual.*

É fácil ver por quê. Nossos problemas são mais críticos e inegáveis. Nossos líderes têm menos respostas e pouca liberdade para de fato governar. Estamos cansados de perseguir uma cenoura econômica que se afasta cada vez mais. Com 25% da mão-de-obra ativa agindo como "autônomos", essencialmente dedicados a seus próprios negócios, e com pequenas empresas constituindo o principal repositório de empregos, o nosso espírito de empreendimento está ganhando impulso. E, com o acesso crescente à comunicação, a nossa criatividade está se revelando. É simples:

Problemas recentes + desilusão cada vez maior + aumento da criatividade + acesso = desejo de participar mais profundamente da formação do nosso mundo

Contudo, nosso desejo de participar mais profundamente do mundo costuma ser bloqueado pela nossa dificuldade em encontrar um canal apropriado para isso. Mais pessoas ouvem o chamado, mas muitas não sabem de que lado ele vem.

O Papel da Iniciação

Pesquisadores do campo da psicoimunologia fizeram a surpreendente descoberta de que o sistema imunológico é reforçado quando ajudamos outras pessoas. Além disso, o simples fato de se ouvir falar de outras pessoas que fizeram o bem parece promover a imunidade. Um grupo de alunos universitários que só assistiram a vídeos de Madre Teresa exibiu elevadas contagens de células T. Há provas de que não só nos achamos psicologicamente ativados para precisar dos outros como também para querer ser úteis. Nosso corpo é sábio. O desejo de garantir a nossa sobrevivência coletiva está incorporado ao nosso impulso de sobrevivência pessoal. Em outras palavras, nosso sistema imunológico sabe que, em última análise, ajudar os outros nos ajuda.

Examinemos mais uma vez o nosso mais antigo conhecimento em busca de indícios que nos permitam compreender um dilema peculiarmente moderno. A busca de sentido é parte natural e corriqueira de todas as culturas autóctones. Essas culturas sempre souberam o que os psicoimunologistas estão provando. Não há tribo nem tradição espiritual que não conte com um ritual de entrada na idade adulta que envolva a descoberta de um sentido mais profundo para a vida. A iniciação dos adolescentes e a procura de uma visão foram implantadas de maneira que ninguém pudesse ser adulto sem uma visão e um rito de passagem.

Se não Vestir o Manto do seu Objetivo, Você Será Sempre uma Criança

Nas culturas modernas, pela primeira vez na História, a maioria das pessoas não passa por nenhuma iniciação. Não nos oferecem nenhum caminho que leve a uma visão. O movimento dos homens popularizou a noção de que somos filhos não-iniciados de pais que são eles mesmos filhos não-iniciados. Boa parte da cultura moderna baseia-se hoje numa tradição que consiste em evitar as coisas difíceis e em agir sem nunca descobrir uma fonte mais profunda de motivação. Todos correm de um lado para o outro, ficam ocupados e até participam de progressos bastante estimulantes, mas com freqüência sentem-se apartados, como se as suas ações não tivessem ligação com nenhuma coisa real.

Espera-se que todos ganhemos dinheiro e lutemos pelo poder, mas pouco nos ajudam a descobrir *por quê*. Alguém disse, num dos nossos seminários, algo como: "Estou indo bem. Não tenho maiores problemas. Porém, lá no fundo, sei que não existe luz no fim do túnel."

Pesquisas recentes mostram que esse gênero de mudança acontece com muitas pessoas. Numa pesquisa feita pela Roper, *Working Woman*, 87% dos pesquisados disseram que trocariam um emprego bem remunerado por um razoavelmente bem pago se este último envolvesse fazer alguma coisa para ajudar o planeta. Quando solicitados a relacionar dez itens por ordem de importância, como qualidade de vida, tempo com a família, etc., o dinheiro foi o último. Muitos dos nossos mitos sociais emergentes giram em torno da crescente sensação de que pode não haver luz para ninguém no final de um túnel puramente capitalista e gerido pelo mercado. Muitos de nós se sentem cansados de ser ratos na gaiola, e o nosso sistema imunológico está sedento de um surto de saúde social.

Ainda que nos sintamos muitas vezes desiludidos, é comum resistirmos a fazer um exame mais profundo. O desejo de viver despreocupado é sedutor, especialmente quando trabalhamos muito, somos muito pressionados e temos tão pouco tempo para nós mesmos. Em conseqüência, precisamos examinar com afinco as coisas para descobrir portais que nos conduzam a esse domínio. Embora muitos caminhos estejam disponíveis, usarei imagens da cerimônia da cabana da transpiração dos índios americanos.

Escolho um modelo que não é da tradição ocidental porque, às vezes, é mais fácil olhar com olhos menos viciados algo que vem de fora da nossa cultura. Embora essas cabanas da transpiração tenham chegado à lista das novas tendências composta pela *Newsweek*, não estou defendendo de nenhuma maneira que se comece a praticar isso. Acho que vocês vão perceber que esse processo é o "modelo" dos estágios que acontecem em qualquer tipo de encontro espiritual profundo, e que as idéias daí advindas se aplicam a toda tradição ou forma escolhida.

Sentindo o Calor

A tradição usa as cabanas da transpiração para muitos propósitos: oração, recolhimento para tomar uma decisão necessária muito relevante, iniciações e, às vezes, como uma experiência social.

Nelas, vai-se rapidamente ao essencial. Primeiro a pessoa é purificada com orações; passam no seu corpo penas de águia e sálvia. Ao fim de cada etapa, a pessoa repete a frase "todos os meus parentes" como forma de honrar o passado e convidar o apoio dos ancestrais. A *atitude com que se entra nesse processo molda tudo*.

Entra-se então num pequeno espaço redondo, criado com galhos de árvore dobrados presos na terra e cobertos com uma lona impermeável; desse modo, quando a "porta" (uma folha) é fechada, o lugar fica escuro como breu. No centro do círculo, há um buraco com fogo. Pedras brancas quentes que estiveram sendo cozidas numa grande fogueira fora da cabana são levadas uma por uma. Elas ficam tão quentes que às vezes se partem quando são colocadas no buraco. Você pode se perguntar que diabo está fazendo ali. Começam então as orações, cantadas na língua dos índios americanos. Espalha-se sálvia sobre as pedras e depois água, vapor, aromas e um calor ainda mais forte. Você baixa a cabeça na direção da terra, em que o ar está ligeiramente mais frio, e o calor vai aumentando sem parar.

Justo quando você pensa que não agüenta mais, acontece uma coisa indescritível. O lugar já não está quente. Você já não sente incômodo nem preocupação. A avó Pé Preto/Cree que dirige a sessão que estou descrevendo nos fez as mesmas quatro perguntas repetidas vezes:

Quem é você?

De onde você veio?

Para onde você vai?

Por que você está aqui?

Imperceptivelmente, sua mente se afasta do calor e de pensamentos de conforto pessoal e você se vê transportado para o reino dessas questões. Coisas que há apenas algumas horas pareciam urgentes se dissipam. Prioridades se dissolvem e se reorganizam. Camadas se desfazem e você ouve mentalmente uma voz que é um tanto mais nítida e tem um volume um tanto maior do que o normal.

Os ingredientes são simples: você, o suor caindo na terra, o fogo e a escuridão — e dessa experiência sensorial intensamente primordial e simples surge uma profunda sensação de vínculo. E desse sentimento de conexão vem a revelação de um sentimento de propósito, ou das razões pelas quais você está aqui, sentimento que transcende as questiúnculas que estiveram atulhando a sua consciência.

Por vezes você recebe mensagens e instruções relacionadas com o seu próximo passo. Julgo essa experiência mais profunda quando nem sequer posso me lembrar das respostas que apareceram, mas me vejo inundada por uma sensação indescritível de compromisso. O propósito não se vincula com nenhuma coisa particular que vemos, mas é capaz de instilar a paixão e dirigi-la a *tudo* o que fazemos. Pessoas movidas por um propósito tendem a ser vivazes em todos os seus empreendimentos. Trata-se de uma relação com a vida, não estando ligada com nenhuma solução específica.

Sentir o calor é uma excelente metáfora. Trata-se do primeiro passo do sentir um vínculo mais profundo com as questões que nos afetam pessoalmente. É preciso que você proporcione ao tipo de perguntas que a avó nos fez a oportunidade de arder mais profundamente na sua psique. Se você não fornecer a si mesmo o espaço para sentir o calor, é muito provável que se distraia ou fique entorpecido pelas insignificantes preocupações que moldam a nossa vida.

Circulação, Espera, Infusão

Boa parcela da cerimônia da transpiração envolve esperar o cachimbo circular por cerca de quinze pessoas. Espera-se depois que a água circule. E então se espera que o ar frio venha nos ventilar. E se espera que todas as pessoas, uma por uma, rezem em voz alta. Tal como as folhas em infusão na água, cada fase parece revelar novos matizes e sabores.

Gosto da velocidade. Orgulho-me de ler rápido, de ter terminado a faculdade ainda muito jovem. Gosto ainda mais quando consigo concluir projetos antes do previsto. Por certo não gosto de esperar, tendo já várias vezes desistido de comprar numa loja por haver uma fila grande demais. Demos à nossa empresa o nome de *Accelerating Results* [Acelerar Resultados] e falamos muito da idéia de abreviar as coisas. É difícil julgar a espera muito eficiente. Porém boa parte do poder da transpiração está na espera.

Para mim, a espera é a parte mais forte da experiência. É como as horas durante as quais dormimos. Só nos lembramos das horas de vigília, sendo o sono nosso período de esquecimento. A *espera é o momento em que as forças da natureza entram em cena e reorganizam o plano pessoal de cada um de nós*. A espera é, estranhamente, algo que a cultura moderna não examina. Tal como se faz com o bardo, mantém-se a espera intocada, não sentida e inesperada.

Em todas as culturas tradicionais, dá-se mais atenção ao espaço. Aquele que cuida do jardim zen desloca interminavelmente as pedrinhas que preenchem os espaços entre os pedregulhos. É a natureza do espaço, o caminho das pedrinhas, que tem maior importância.

A transpiração ensina a mesma coisa. O *modo* como você espera determina a profundidade do propósito que pode emergir. O *modo* como você faz a pergunta também ocupa lugar de destaque na resposta dada.

Não são o calor, os aromas e nem mesmo as orações a sede do maior poder. É o espírito com que se entra na experiência e que se mantém em todo o seu decurso que determina essa profundidade. Tendemos a definir o propósito como aquilo que queremos fazer. É raro compreendermos que o nível de propósito ao qual podemos ter acesso depende por inteiro da profundidade com a qual estamos dispostos a esperar, da profundidade do espaço que criamos para oferecer à nossa interrogação.

O Sagrado

A transpiração mostra a você que o verdadeiro propósito só pode ser encontrado no plano do que se pode chamar de sagrado. É por isso que a ausência de propósito se faz sentir nos nossos dias. Não se pode encontrar o propósito conhecendo como os heróis culturais se houveram com suas dificuldades, ou procurando aqui e ali algum modelo para o papel. É raro encontrá-lo quando se é norteado por uma ambição cega. E poucas vezes o encontramos seguindo as regras.

O sagrado é um momento que transcende o mundano. É o espaço em que toda música e toda poesia fluem. O sagrado abriga a criatividade, visto ser um domínio que não pode ser controlado com a nossa mente. Trata-se de uma dimensão a partir da qual podem nascer novos mitos e soluções extraordinárias.

Tem-se um acesso mais fácil ao sagrado quando a experiência é também profundamente física. Isso se deve ao fato de não ser o propósito um empreendimento intelectual. Com efeito, as filosofias e as complexidades intelectuais obscurecem o óbvio. O sentimento de propósito é simples, básico, imediato. Todas as cerimônias indígenas extraem seu poder do que podemos chamar de nível celular de conhecimento.

Seja a transpiração, o caminhar sobre brasas, o cântico ou o toque do tambor durante toda a noite, os pensamentos começam a evaporar e a forma de conhecimento que se manifesta não faz parte da experiência comum. Esse saber instintivo é uma forma de motivação bem mais penetrante do que o fluxo e refluxo do entusiasmo do dia-a-dia. *Você é antes persuadido do que motivado*.

A canção dos Smashing Pumpkins e milhares de outras desse gênero são, na verdade, um sinal positivo. Constituem-se como um chamado para que se vença o vazio que permeia a nossa cultura. Só um nível mais profundo de propósito pode restaurar a paixão e a visão duradouras que tantos perderam.

Eles Chamaram sua Decisão de "Resgatar o Sonho"

Vimos uma alta executiva da área de publicidade abandonar seu emprego com remuneração na casa dos seis dígitos para ajudar a divulgar uma empresa formada por um grupo de garotos da região Sul de Los Angeles. Apesar das dificuldades para pagar as contas, ela disse que nunca estivera tão feliz. Uma pessoa extremamente saudável que conhecemos pediu nossa ajuda para projetar um novo negócio. Sugerimos-lhe que o negócio não fosse voltado para ganhar dinheiro, o que ela já tinha bastante, e se dedicasse a retribuir. Curiosamente, ela teve um grande alívio ao ouvir nossas palavras e mal podia esperar a hora da nossa próxima reunião. Um casal nosso conhecido decidiu conscientemente, depois de um prolongado exame de si mesmo, *não* ampliar sua pequena agência de publicidade e *não* contratar mais gente.

Resgatar o sonho não é algo que deva apresentar-se de uma maneira específica. Para alguns pode significar simplificar e, para outros, expandir. Para outros, ainda, pode significar continuar a realizar as mesmas atividades com maior visão e compaixão porque se entrou em contato com o nível mais profundo de propósito de que falamos ao descrever a transpiração. E sempre implica entrar numa história maior do que os nossos dramas pessoais.

Muitos dizem que a era da filantropia acabou e que os ricos hoje pensam apenas em si mesmos. Talvez isso seja verdade, mas talvez alguma outra coisa esteja agindo aqui. Quem sabe o mito da filantropia e da caridade precise se desmanchar no ar como tudo o mais. Como as fronteiras entre todas as formas estão desaparecendo, também vão desaparecer as que separam o dar do receber, os negócios e o serviço público, entre aquele que supostamente tem e os que têm necessidades. Alguns atuam como pioneiros em empresas que são em parte negócio, em parte educação, em parte consultoria, em parte todo tipo de coisas; como a *Salad Dressing*, de Paul Newman, e sua linha de produtos alimentícios, que funciona como uma empresa e emprega os lucros no serviço comunitário. Talvez a nova filantropia precise ser empreendimentista [*entrepreneurial*]. Os únicos sinais de esperança na administração da floresta tropical parecem ser aqueles cujo foco é a criação de oportunidades econômicas que requeiram a manutenção da floresta e a continuidade cultural. Também isso está trazendo o sonho de volta, concebendo inovações sociais adequadas à onda louca e criativa na qual nos encontramos. O serviço tem de ser bem fluido, indefinido e capaz de intercambiar-se como tudo o mais.

Em nenhum outro momento da História, as extremidades dos nossos mundos individual e social estiveram tão estreitamente ligadas. Nossas roupas são feitas em meio mundo, e a simples escolha do que usar afeta sindicatos de trabalhadores em nosso país e as condições de trabalho em todo o mundo em desenvolvimento. As escolhas cotidianas mais corriqueiras tocam a vida de outras pessoas de uma maneira que está dando origem a uma realidade cultural mais fluida, permitindo-nos criar sentido a partir de novas fontes. Sob muitos aspectos, as oportunidades para cada um dar sua contribuição distintiva nunca foram mais acessíveis.

Boa parte do que constitui para nós um empecilho é um ambiente social que não apóia esse gênero de questões. Na melhor das hipóteses, o serviço à comunidade é considerado uma boa política de relações públicas, não tendo valor em si. A busca do lucro é, no momento, nosso mito dominante, sendo difícil sem levar isso em conta.

> *Um estudo etnográfico fora do comum, publicado na década de 1960, descreveu o processo de treinamento dos médicos. Uma grande porcentagem entrou na profissão com grandes planos e motivações grandiosas. Quando se graduou, dez a doze anos mais tarde, a maioria seguiu a atitude empresarial de manter distância profissional, assegurando-se de ganhar bastante dinheiro, e tinha esquecido, de modo geral, suas motivações originais. O livro inteiro foi um estudo acerca da profunda necessidade que todos temos de nos enquadrar e do grau é o quanto somos capazes de renunciar a nós mesmos para sentir que pertencemos a alguma coisa.*

O maior castigo em toda cultura tradicional era ser considerado invisível. A pessoa vivia fisicamente na tribo, mas ninguém falava com ela e sequer reconhecia a sua existência. Esse é o motivo pelo qual é tão difícil romper com o ambiente à nossa volta; todos temos um medo primordial da não-pertinência.

Manter um sentido de propósito ou introduzir uma consciência social aprofundada no trabalho requer muitas vezes muita habilidade na maneira como você fala daquilo que você quer. A atitude de confronto costuma ser o caminho mais rápido para a solidão e o desestímulo. Contrariamente ao modo de agir de Jerry Maguire, temos de construir um contexto social para a proposta de novos rumos, a fim de evitar que as pessoas se sintam ameaçadas e impossibilitem para sempre o nascimento de um novo mito.

Precisamos, acima de tudo, de uma compreensão do que seja esse propósito. Agindo assim, podemos começar a discernir quando a nossa atividade está ou não vinculada com um propósito mais amplo. A partir desse discernimento simples, advirá naturalmente uma visão mais abrangente. O resultado da experiência de saber quem somos e o que de fato queremos é uma sensação de alívio. O vazio que caracteriza a vida de tantas pessoas advém do fato de elas terem perdido esse vínculo; elas não têm coisa alguma em que se apoiar.

O propósito sempre permite que nos sintamos parte de um mundo mais amplo que se acha vinculado conosco. A razão da descoberta de um significado mais profundo no que se faz não está necessariamente voltada para ajudar outras pessoas. É um imperativo da nossa própria sanidade; a conexão que ocorre, alimenta, define e é vital.

Emergência

Há, de modo geral, várias "portas" para a transpiração. Uma delas refere-se a um ciclo de fechamento da cabana, de elevação do calor à intensidade máxima e de retirada da cobertura. A cada ciclo mergulha-se mais fundo. Vejo que isso sempre me mostra como eu sou superficial. Eu costumo me satisfazer com o equivalente à primeira porta. Uma sessão de transpiração obriga você a passar por um lugar de ruptura e a ir mais fundo. Segue-se a isso outra ruptura e um avanço mais para dentro.

Isso sugere a idéia de encontrar uma maior profundidade, de não se satisfazer com uma primeira, segunda ou vigésima versão. Bem semelhante ao espírito da nossa época, a sessão de transpiração demonstra graficamente a importância do compromisso com a reorganização contínua.

Chega-se por fim à última porta. Se a sessão de transpiração foi de fato forte, às vezes ficamos tão fracos que só podemos engatinhar. O curioso é que, quanto mais fracos nos sentimos fisicamente, às vezes sem força sequer para levantar um vaso com água, tanto mais fortes nos sentimos interiormente. Tem horas que eu só quero rir. Vejo a grande confiança que ponho na minha força física e percebo como ela é fugaz e temporária. Mas o espírito dentro de mim é inabalável. Ele simplesmente fica mais forte diante do desafio. Depois de muitíssimas experiências com o suor, estou lentamente discernindo como mudar minha adesão e como localizar novos caminhos de acesso ao poder.

Com essa nova sensação de força, você olha ao seu redor pela primeira vez em horas. Fazemos nossas sessões de transpiração num belo ambiente de montanha, e a primeira coisa que vemos é uma das mais magníficas paisagens que se pode imaginar. No momento em que saímos da cabana, há ecos da experiência do nascimento. Tornamo-nos capazes de ver com maior inocência. Estamos acompanhados por menos pensamentos. Como uma criança, nossa percepção é mais imediata, mais diretamente vinculada com forças que parecem vibrar em toda parte ao redor.

Naturalmente, com o passar dos dias, o mundo comum começa a voltar. Começo outra vez a ficar obcecada com tarefas que não tenho vontade de realizar, com um projeto que não está saindo como eu acho que deveria, ou retomo minha preocupação favorita com alguém que não está agindo da maneira como eu gostaria e com minhas conversas particulares sobre o que preciso dizer a essa pessoa, o que normalmente nunca digo. A sessão de transpiração fez alguma diferença ou é uma droga, um ponto alto que, por algum tempo, esconde o que Thoreau chamou de uma vida de calmo desespero?

Ambas as coisas. Boa parte do ponto alto deixo para trás, nas trevas do ventre da cabana. Boa parte dele se dissipa como a fumaça a partir do fogo. Há também correntes de consciência que estou aprendendo a integrar e manter e a associar lentamente às ações da minha vida. Creio que despender tempo com o nosso propósito tem de ser uma característica essencial da vida cotidiana. A verdadeira entrada no domínio do propósito raramente acontece num seminário de fim de semana, num teste vocacional ou numa única experiência, por mais profunda que seja. Construímo-la a partir de longas, difíceis e maravilhosas horas. É por isso que o sentido de propósito raramente se manifesta em oceânicas e dramáticas declarações; trata-se de um processo lento e sutil a que se pode dar melhor sustentação quando se faz dele, gradualmente, parte do tecido cotidiano da vida.

A mais importante característica da sessão de transpiração é que a cabana está sempre lá. Ela fica no mesmo pedaço de terreno dia e noite, enfrentando tempestades e muitas vezes sem ninguém dentro dela. Vou-me embora, viajo e me envolvo com todo tipo de coisa, mas a cabana está sempre lá. O propósito não é um evento, uma decisão, nem mesmo uma solução particular e, sim, um contexto, um modo de vida.

O sexto instrumento de navegação exige que você se abrigue sob o propósito e crie ritos de passagem que acrescentem continuamente sentido à sua vida. Esse é um rumo natural. Estamos vivendo numa época em que você não tem mais probabilidade do que os outros de querer dar alguma coisa aos outros.

Eis um rápido resumo das seis simples diretrizes deste capítulo para atingir um nível mais elevado de participação.

- O *modo como* você faz perguntas sobre o rumo da sua vida, e não tanto *o que* você pergunta, vai ter o maior impacto sobre a qualidade da resposta que você vai encontrar.
- A direção mais clara está sempre no reino do sagrado, irrompendo em nosso nível mundano de pensamento e experiência.
- A descoberta do propósito requer o resgate do sonho que absorvemos da nossa cultura e sonhar uma direção que seja verdadeiramente feita por nós.
- O serviço não precisa estar separado da sua visão acerca da carreira profissional; na verdade, ele costuma ser mais satisfatório quando os dois estão fundidos.
- O propósito floresce ali onde podemos construir um contexto social para as nossas novas direções.
- Precisamos do propósito para a nossa saúde e sanidade mental; servindo aos outros, servimos, em última análise, a nós mesmos.

Transpirar, ou sentir o calor, é uma metáfora para uma profundidade de questionamento que pode levar a novas direções. É preciso haver um elemento de sacrifício ou de sofrimento para dar uma sacudidela no comum. É preciso haver aquecimento para fazer alongamento.

Praticando a Transpiração

Esta seção de prática deve ser lida mais como sugestão do que como exercícios reais. O que tentei mostrar neste capítulo é que a descoberta do propósito é lenta e constante. Isso requer experiências que levem você a ultrapassar a mente comum. Como não existe respostas rápidas e simples, não introduzi nenhuma estratégia específica para a exploração desse tema.

Descobrir um Espaço Sagrado/O Círculo/A Espera

Para algumas pessoas, a religião proporciona isso. Outras precisam seguir mares menos navegados. E há algumas que têm necessidade de criar um modelo estritamente pessoal. O ponto principal é escolher uma forma que de fato toque você e permanecer com ela. Não espere que uma única experiência, uma decisão ou um "ponto alto" produzam compromisso ou sentido duradouros.

Há uma grande história sobre Maharishi Mahesh Yogi, o fundador da MT [Meditação Transcendental]. Um meditador experiente vai até ele e diz que está tendo visões de Jesus e Buda em suas meditações. Maharishi diz: "Muito bem. Esses são marcos ao longo do caminho. Continue caminhando." Um segundo meditador diz que está tendo a experiência de luzes, do gosto de néctar e de sensações muito agradáveis. Maharishi: "Muito bem. Esses também são marcos ao longo do caminho. Continue caminhando." Um terceiro meditador vai a ele e diz que está tendo momentos difíceis: "Nada está acontecendo; não vejo nem sinto coisa alguma!" Diante disso, Maharishi diz: "Oh, isso é muitíssimo bom. Você está viajando com tanta rapidez que não tem tempo para olhar para a direita ou para a esquerda."

O propósito é um pouco assim. Às vezes, ficamos tão excitados com um novo plano ou decisão que fizemos ou tomamos que nos vemos com um sentido temporário de propósito. Porém o sentido de propósito nos atinge mais profundamente quando parece que nada está acontecendo. É uma maneira de abordar tanto todos os problemas como qualquer resposta particular.

Reentrada/Emergência

Suponha que você esteja recebendo "estímulos", pequenos empurrões nas costas que o remetem para a direção que você precisa seguir ou intuições misteriosamente fortes acerca do que vem pela frente. O que você faz nesse caso? Nada.

> ***O verdadeiro propósito tende a ir aumentando de intensidade até que você não tenha mais escolha.***

Os primeiros vislumbres são às vezes precisos e, outras vezes, distrações. O verdadeiro propósito sempre se mostra profundo, relaxado e integrado. Ele não é comprovado pelo entusiasmo maníaco nem por uma aceleração temporária. É uma sensação mais parecida com saber o próprio nome. Você não pode esquecê-lo; ele está sempre presente. Você está procurando uma sensação que seja tão íntima, comum e fácil de usar quanto o seu nome.

Um Lugar para Ir/Um Lar/Um Contexto/ A Cabana como Caminho

Todo verdadeiro caminho é sempre um contexto. A cabana da transpiração, a *stupa* tibetana ou a Catedral de Chartres oferecem, da mesma maneira, uma metáfora física para o cosmos. Em sua forma e em suas proporções jazem verdades ocultas acerca da natureza da realidade. Todos os elementos sobre como agir no mundo se acham codificados nessas formas. Imergindo na *forma* de qualquer tradição, você tem os códigos lentamente revelados. Isso se torna não só um corpo de informações como uma maneira de viver que permite que um conhecimento mais profundo seja revelado.

"Você Ltda."

"Você Ltda." é uma expressão da moda que agora vem sendo dita em toda parte. Ela advém da crença de que entramos rapidamente numa era em que os empregos, como antes os conhecíamos, vão deixar de existir, assim como desaparecerão a lealdade à empresa e muitas das regras que hoje governam as relações de trabalho. Você faz acordos com base em seu valor para a empresa, e depara com um novo recurso ou cliente, você o usa como argumento para conseguir um acordo ainda melhor. O que você sabe passa a ser o valor que você tem. A maneira como você negocia esse valor determina o resultado da sua negociação.

Isso às vezes parece uma estratégia bastante mercenária, embora seja saudável no sentido de que você tem de começar por concentrar-se em si mesmo e em sua visão, já que a sua descrição de cargo ou a empresa em que você trabalha já não lhe proporcionam essa definição. Em quase todos os capítulos, afirmei que tendências culturais que constituem desafios — como a densidade da informação ou a mudança velocíssima — também têm um lado positivo. Elas nos forçam a ficar "mais espertos". Você Ltda. é a maneira de dizer, numa sociedade de consumo: "Adote um propósito!"

Obviamente, pessoas que sabem transpirar terão menor dificuldade. Visões integradas nesse nível tornam mais fácil a administração. Uma cultura que está ruindo, que tem cada vez menor significado próprio, provavelmente vai ter na linha de frente as pessoas que possuem os centros e valores mais profundos. Em outras palavras, comece a transpirar e você sempre terá o que fazer.

Em 1967, perto do final de uma das mais dinâmicas relações criativas na história contemporânea, Paul McCartney e John Lennon escreveram "A *Day in the Life*".[1]

> *John tinha escrito uma maravilhosa seqüência semelhante a um sonho, aquela sobre a leitura das notícias e o homem sortudo que venceu as dificuldades. Ela passa por uma série de conexões surreais. John toca a seqüência para Paul, já que não consegue imaginar como terminá-la.*
>
> *Paul diz que ele também tem uma musiquinha que não consegue terminar. Ele toca a seqüência, que tem uma energia, um tempo e notas inteiramente diferentes: "Acordei, saí da cama, passei um pente na cabeça." As duas seqüências nada tinham em comum no tocante a estilo e conteúdo, e eles decidiram transformá-las numa única canção. Para isso funcionar, eles precisavam criar uma tremenda ponte entre dois elementos tão díspares.*
>
> *Na Antologia dos Beatles, você ouve John completar sua parte e o engenheiro contar "1, 2, 3... 13, 14", com muita reverberação e, num crescendo, alcançando 19 e 20. E começa a parte de Paul. Depois de criar o espaço, Paul sugere que ele seja preenchido por uma orquestra sinfônica completa, o que o produtor George Martin consegue — não sem dificuldade.*
>
> *A genialidade dessa colaboração é dupla. Em primeiro lugar, cada parte da canção tinha seu próprio poder e peculiaridade, ainda que o efeito das duas seja igual. Em segundo lugar, o poder de um espaço deu um sentido e um efeito aprimorados às duas partes, que formaram assim uma síntese espetacular.*
>
> *Quando se ouve a canção acabada, a parte orquestral obscurece o incrível poder do espaço que havia na versão anterior. Era um espaço tão grande que requeria alguma coisa extraordinária, como uma peça sinfônica, para ser preenchido.*

Muitos sociólogos contemporâneos afirmam que uma conectividade baseada na tecnologia é a principal dinâmica que define este nosso mundo interpessoal.

Mas o verdadeiro futuro do relacionamento pode residir menos na conectividade do que na compreensão dos espaços que há entre nós, da janela mágica da contagem até 20 que convida o verdadeiro gênio e promove o **poder da intimidade.**

CAPÍTULO 10

O Poder da Intimidade

Uma área a que tem cabido o grosso do nosso caos cultural são os relacionamentos. Os pais gastam hoje, em média, menos de oito minutos por dia falando com os filhos, e alguns estudos mostram que os genitores do sexo masculino gastam ainda menos. Os educadores advertem que as nossas crianças chegam à escola lingüisticamente empobrecidas, incapazes de tratar com conceitos densos. Há também estudos que mostram que, em média, as pessoas passam seis horas por dia vendo TV. Como mais ou menos a metade de nós [nos Estados Unidos] tem acesso a computadores, somando a casa e o trabalho, ficamos várias horas adicionais na frente de uma tela. Há uma sala de bate-papo para qualquer subgrupo demográfico e sobre qualquer assunto. Vemos mais gente num dia do que antes víamos na vida inteira. Porém, apesar de todo esse acesso, sob muitos aspectos estamos mais isolados uns dos outros do que em qualquer outro momento da História. Cercados por maravilhas da comunicação, nunca na História o nosso contato com os outros foi tão pequeno.

A Bolha da Individualidade

A cultura ocidental tem seguido cada vez mais a direção do isolamento pessoal. Mantemos os lugares em que vivemos bem afastados dos lugares em que trabalhamos. Afastamo-nos cada vez mais de qualquer pessoa que seja diferente de nós e vamos viver em comunidades de pessoas com a mesma renda e sensibilidade estética. Podemos trabalhar durante anos com uma pessoa sem nada saber sobre ela e fazer acordos capazes de mudar a nossa vida com pessoas que conhecemos ainda menos. E agora, com a Rede, podemos até nos apaixonar antes de conhecer a pessoa. Esse acesso sem esforço a ligações fáceis também facilita a permanência do distanciamento.

Madison Avenue nos estimula a ter como foco a definição do que precisamos, do que queremos, do que vai nos servir. Mas a crescente capacidade de projetar completamente nosso espaço pessoal de acordo com as nossas preferências individuais não leva necessariamente à individualização, e nem mesmo a um maior bem-estar e paz de espírito.

Há milhares de anos, os monges vão para as cavernas, afastam-se das distrações exteriores e se concentram por inteiro em seus próprios pensamentos. Alguns alcançam a meta, mas a maioria não a atinge. Entrar numa caverna digital não é garantia de iluminação. Se estamos prestes a começar a entrar em cavernas em massa, devíamos ao menos estudar os poucos monges que fizeram tudo certo. Do contrário, teremos uma montanha de ascetas digitais vagando de um lado para o outro com tigelas de esmola.

A direção da tecnologia da informação consiste em nos permitir que moldemos o ambiente que nos cerca, o que dá maior importância ao gosto individual. Poderemos descrever e escolher interminavelmente o que queremos ver, descartar e evitar tudo o que seja irrelevante para os nossos gostos. Por mais que isso indique a princípio uma autoconsciência, não se trata da verdadeira individualização. Na verdade, tornar-se mais individualista costuma ser o oposto disso.

> ***Somente abandonando o nosso fluxo interminável de preferências pessoais, começaremos a descobrir uma ordem mais elevada do que verdadeiramente nos define.***

Paul não escreveu "acordei, saí da cama, passei um pente na cabeça" porque gostava de pentes. Na verdade, a sublimação de todo esse tipo de coisa é o que enseja o fluxo da verdadeira criatividade. Matisse afirmou que rezava para ser capaz de sentar-se diante de uma flor e vê-la pela primeira vez. Os artistas sabem que é preciso parar de pensar, saber, desejar, ser autocomplacente ou preferir para criar de fato.

O custo oculto desse hiperenvolvimento com o nosso próprio ser pode configurar-se como a crescente dificuldade de nos relacionarmos com as diferenças. Ele pode desenvolver uma mentalidade de controle, que é a morte de todo relacionamento, seja ele pessoal, criativo ou econômico. Os proponentes da onda da informação proclamam que a geografia vai ser coisa do passado. Podemos conviver com pessoas em toda parte, ligadas por interesses comuns e pela colaboração em projetos. Embora isso vá abrir muitas portas estimulantes, um dos problemas é o fato de que ninguém vai ter em nenhum momento de tratar com pessoas cujas opiniões sejam dramaticamente diferentes das suas. Podemos varrer a Rede em busca de pessoas como nós. Talvez as pessoas dotadas de uma grande capacidade de assimilação ou de um espírito autenticamente aventureiro estejam usando a onda da informação para ficar mais tolerantes e ampliar o seu sentido do eu.[2] Mas muitas pessoas estão usando as comunidades virtuais para ter contato com segmentos cada vez mais restritos da população.

O Chamado do Coletivo

A boa notícia é que as forças que exigem a capacidade de partilhar e colaborar também estão mais fortes do que nunca. Há mais de vinte anos, John Naisbitt usou a expressão *high-tech, high-touch** ["alta tecnologia, alto contato"] para sugerir que, quanto mais digitais nos tornarmos, tanto mais relacionais temos também de nos tornar. Outra maneira de dizer isso é que, a cada novo grau de conectividade que alcançamos, precisamos também desenvolver o próximo grau de profundidade.

E as novas redes dos negócios fazem justamente isso. Elas exigem mais do que nunca capacidade para relacionamentos cada vez mais profundos.

- ➢ Pessoas que antes se viam separadas por cadeias de intermediários hoje falam umas com as outras.
- ➢ Quanto menos tempo você tem para desenvolver um produto, tanto mais depressa você precisa colaborar. Quanto mais depressa você precisa colaborar, tanto maior o conjunto de capacidades interpessoais de que necessita.
- ➢ Com o colapso das hierarquias, também ruirão as regras que um dia definiam as relações hierárquicas, o que oferece maior liberdade interpessoal.
- ➢ Os clientes afetam os projetos e o planejamento, o que faz com que você tenha de falar com eles de maneiras que um dia já se puderam evitar. Os fornecedores interferem em seus estoques, o que fez deles, igualmente, novos parceiros de comunicação.
- ➢ As funções no mundo dos negócios assumiram um caráter mais difuso e mais entrelaçado, tendo ocorrido o mesmo com as pessoas que representavam esses papéis. Estamos lado a lado com pessoas de cuja existência nem sequer sabíamos.
- ➢ Um número cada vez maior de negócios será dirigido por equipes e por grupos de trabalho mutáveis.
- ➢ As idéias acerca da liderança sofreram total reversão. Liderar já não é fazer com que as pessoas sigam a direção que você determina, mas antes

* A Cultrix publicou, desse autor, *High tech • High touch*.

servir e seguir as direções que elas precisam seguir e, por conseguinte, comunicar-se mais.

- Para desenvolver novos mercados, tem-se de cultivar novas comunidades. Construir comunidades requer maior capacidade de relacionamento do que a mera posse de um *site* na Internet que segue as dez regras de como fazer: letras bem grandes, mudança constante de conteúdo, etc.

Como você pode ver, a uma miríade de mudanças do nosso ambiente de trabalho está exigindo que nos vinculemos uns com os outros de maneiras muito mais relevantes. Há toneladas de recursos disponíveis para ensinar a você o lado tecnológico da conectividade, mas de modo geral se pressupõe a existência em todos das capacidades pessoais de conviver com a conectividade. O mundo dos "altos contatos" está definitivamente chamando. Temos agora de saber como ficar na linha.

A Explosão da Bolha

Cresci na Flórida, num apartamento sem ar-condicionado. Lembro-me de ficar constrangida quando meus pais brigavam, porque as janelas ficavam abertas e todos os garotos da vizinhança podiam ouvir. Muitos anos depois, Philip e eu começamos a passar os verões numa cidadezinha de uma ilha grega. Foi uma revelação ouvir as pessoas discutindo para todos ouvirem, exibindo orgulhosamente sua vida pessoal diante dos olhos de todos.

Agora eu sei que o futuro depende da nossa capacidade de "meter a mão na massa", ser diferente, se irritar e ficar falando, não sentir vergonha quando as janelas estão abertas. Depende do tipo de intimidade que vejo nessa cidadezinha grega. Se vamos trabalhar intimamente em projetos criativos com pessoas que mal conhecemos, ou se vamos permitir que clientes ou fornecedores interfiram em nossas operações diárias, é melhor saber como *ser autênticos*. Se vamos confiar em palavras digitadas numa tela como uma maneira de conhecer alguém, é melhor dispor de capacidades bem afiadas para sentir quem a pessoa de fato é.

Vi recentemente um documentário extraordinário chamado *The Color of Fear* [A Cor do Medo]. Era o registro de um grupo racialmente misto de homens que passaram vários dias juntos, comendo, dormindo e falando ao acaso. Eles começam com uma boa polidez. Nos dias que se seguem, a tensão vai aumentando e eles passam a gritar uns com os outros ou a ser decididamente razoáveis em suas tentativas de compreensão. Em algum momento, o muro defensivo acaba por se romper e uma verdadeira vulnerabilidade se manifesta. Numa cena comovente, o negro mais militante e o branco de fala mais mansa, autoproclamado liberal, começam de fato a partilhar seus verdadeiros medos um do outro. O documentário transmitiu a esperança de que talvez esteja em nosso íntimo o desejo de falar sobre os nossos problemas de uma maneira sincera.

Se esse grupo fosse uma entidade política ou o conselho de uma empresa, esse teria sido o ponto em que eles puderam começar a se comunicar *pela primeira vez* sobre as coisas de uma maneira proveitosa. Qualquer conversa antes desse ponto, no qual são tomadas 99,9% das nossas decisões, não produziria uma compreensão profunda, baseada na realidade. O tipo de profundidade de relacionamento que esses homens descobriram é crítico para o nosso futuro. É aí que se revela a real força do relacionamento.

O Esvaziamento do Espaço/Ser Autêntico

Deixamos que os relacionamentos se tornassem descartáveis. Se não funciona, jogamos fora. Alguém novo sempre vai aparecer. O resultado desse padrão é uma rigidez psicológica cada vez maior, o rompimento sempre que se chega a um limiar pessoal crítico. Vamos embora quando, na canção, chegamos ao espaço e o vazio fica um tanto incômodo demais.

A verdadeira força dos relacionamentos íntimos de longo prazo, sejam pessoais ou profissionais, reside no fato de que proporcionam um contexto para que se vá além de limiares. Trata-se de um lugar em que podemos golpear velhas feridas, como o não ser valorizado ou não conseguir o que se queria, e ser pioneiros de novos padrões no que se refere a ser vistos e ouvidos. Cada vez que cruzamos tal limiar, dissolvemos uma projeção do passado, e o espaço entre nós e outra pessoa fica um pouco mais vazio, deixando maior espaço a novas possibilidades.

Projeções do passado, opiniões predeterminadas sobre como as pessoas são ou expectativas codificadas de como um relacionamento vai caminhar constituem os recursos que a maioria usa para preencher o espaço entre si e o outro. Mal podemos ver a pessoa que está diante de nós porque, entre nós e ela, há filtros em demasia. É por isso que esvaziar o espaço é o processo de tornar-se autêntico. Trata-se da única maneira de começar a ver o outro como algo diferente de uma imagem projetada a partir do nosso passado.

Com a Mão na Massa

O futuro vai exigir que conheçamos os outros de uma maneira que vai muito além da intimidade do nosso passado. Os relacionamentos um dia foram alimentados pela proximidade, pelo longo tempo que as pessoas passavam juntas, pelo fato de que se podia ouvir as conversas dos vizinhos e porque precisávamos desses vizinhos para construir o celeiro e ajudar na lavoura. Conhecíamo-nos uns aos outros porque não havia outra opção.

Como não precisamos das pessoas da maneira como um dia precisamos, fica mais imperativo descobrir por que precisamos delas. Eis uma importante questão. O futuro vai requerer que descubramos o ímpeto para ultrapassar nosso crescente potencial para o isolamento, para o contato apenas com pessoas que se parecem conosco, para nos afastarmos quando as pessoas deixam de ser um reflexo de nós, de agir ou de pensar da maneira como o fazemos. Um relacionamento nem sequer começa antes de se chegar ao ponto em que haja para cada um, de fato, alguém ali fora, em vez de apenas uma projeção fantástica do que você julga merecer ou querer. *Um relacionamento nem mesmo começa até que a pessoa se mostre como alguém que não podemos controlar.*

Em todos os casos de ruptura pessoal e organizacional que tenho testemunhado, a qualidade da mudança tem tido de alcançar esse nível mais profundo. Por ironia, um negócio em que predomina a rede de intercomunicação às vezes oferece mais maneiras de evitar o contato. Em meio ao ímpeto da comunicação perpétua, podemos algumas vezes esquecer de verificar se toda essa interligação está produzindo algum crescimento real.

> *Um dos principais sócios de uma grande empresa jurídica com escritórios em quatro cidades diferentes e mais de cinqüenta funcionários em cada escritório nos disse que, depois de implantarem a rede, houve um radical declínio dos encontros diretos. De alguma maneira, a ilusão da distância e da objetividade proporcionada pela comunicação digital desencadeou uma barreira de irritadas altercações que nunca eram feitas pessoalmente. A empresa tornou-se um ninho de Jekyll e Hydes, e os relacionamentos sofreram uma séria deterioração.*

Não sei o que aconteceu com essa empresa a longo prazo, mas, no início, o mundo da informação proporcionou uma fuga dos verdadeiros encontros. Todas as rupturas que concebemos para o futuro vão depender da nossa capacidade de desafiar essas ilusões de conectividade e discernir quando os intercâmbios são mais reais.

Toda terapia tradicional se baseia num processo que permite que os pacientes projetem no terapeuta imagens do seu pai e de sua mãe. O terapeuta é treinado para não tomar essas projeções como coisa pessoal e para permitir que o cliente trate no presente essas questões passadas irresolvidas. Projetar uma história passada numa situação presente dessa maneira tem o nome de *transferência*. Equivale ao ato de Narciso de puxar algum espectador inadvertido para o fundo do poço com ele a fim de partilhar a sua história. Mas nós fazemos isso o tempo todo. Transformamos o nosso chefe em nosso genitor e um colega no irmão, revivendo todo tipo de questões irresolvidas do passado. *Fazemos de to-*

dos nosso terapeuta, e eles fazem o mesmo conosco. Aceitamos de bom grado assumir papéis nos dramas uns dos outros; parece uma troca justa.

Atravancar o espaço vazio entre nós e as outras pessoas com todos esses "filmes" do passado dá pouca margem a questões presentes. Tenho a certeza de que você já se viu diante de pessoas que parecem um tanto distantes, como se aquele a quem estão falando não fosse você. Isso acontece porque esse filme do passado está rodando sem ser visto. Na realidade, elas estão olhando um filme gravado, e não você.

A única maneira de cruzar esse limiar é abrir as janelas e deixar que a coisa vá para a praça, como acontece na cidadezinha grega que visitamos. Isso significa ultrapassar o estágio fácil, interpelar as pessoas com relação às suas "coisas" e deixar que elas o interpelem acerca das suas. Significa agüentar firme quando dói e ter a coragem de se aventurar num espaço assustador em que você não sabe o que vai acontecer.

Pôr as mãos na massa requer que se liberem incansavelmente as maneiras características pelas quais designamos as pessoas para desempenhar papéis do passado. Requer não ficar satisfeito até trazer de volta algo que pareça vívido, genuíno e real. Se suas projeções passadas persistirem, todos os seus encontros estarão tão repletos de história que você vai ficar paralisado no meio de todas as suas imperfeições passadas. Embora você possa ter literalmente muitas pessoas em sua vida, terá apenas *um* relacionamento, um padrão congelado do passado que você repete com todos.

A dança interpessoal, geralmente polida, de que todos participamos é incapaz de tratar de qualquer conflito verdadeiro. As mentiras deixam todo intercâmbio desprovido de realidade. Se você não gosta de alguma coisa, diga. Descreva por quê.[3] O resultado não é o caos, mas relacionamentos mais satisfatórios.

Enquanto não pudermos passar por um período de conflito saudável e sobreviver, a real comunidade, o verdadeiro relacionamento não vai existir. Trata-se de uma ponte difícil a cruzar.

Só seremos capazes de ter acesso a uma criatividade maior, a uma forte motivação ou a uma visão mais profunda quando a nossa cultura interpessoal for libertada. Em última análise, pessoas e organizações que não promovam a evolução dos seus estilos interpessoais verão a sua evolução se interromper também em todos os outros aspectos.

Temos de nos comprometer a esvaziar o espaço entre nós que costuma ser preenchido por projeções, pela polidez, pelo medo e pela fantasia.

Conhecemos duas mulheres que alcançaram níveis comparáveis de sucesso financeiro e reconhecimento.

A primeira delas, Sally, observou que as pessoas estavam falando com ela de maneira diferente por causa da sua nova promoção. Ela desenvolveu e praticou uma maneira de responder que dissipava o distanciamento que começara a acontecer entre ela e o seu pessoal. Ela mergulhou de cabeça, com clareza e de modo direto, e esvaziou o espaço. Além disso, ela especificou um nível de relacionamento mais intenso que a sua nova posição iria exigir — as pessoas lhe revelando níveis mais elevados de verdade, cuidando mais profundamente dos seus projetos, mergulhando mais profundamente para descobrir maneiras mais sutis de lhe dar apoio. Ela trabalhou sistematicamente no sentido de aprofundar todas essas dinâmicas para que o seu progresso na organização fosse acompanhado por progressos também em seus relacionamentos.

A segunda mulher, Linda, adorou inconscientemente a distância que sua promoção desencadeara e deixou que ela prosseguisse, confundindo-a com uma forma de poder. Quando as pessoas se sentiram intimidadas por ela, Linda nada fez, e atribuiu tudo à insegurança delas e ao seu crescente brilho.

Passado um ano, Sally tem uma facilidade muito maior para implementar seus projetos e percebe que a sua promoção resultou num vínculo mais significativo com o seu pessoal. Linda tornou-se cínica e se queixa da fraqueza e da inveja das pessoas que não podem suportar seu sucesso nem o contato com mulheres poderosas.

A maioria de nós recua, num reflexo, ao deparar com um limiar interpessoal. Cercamo-nos de pessoas que pensam como nós. Escolhemos pessoas que não só compartilhem dos nossos valores como também tenham o mesmo nível de conforto interpessoal que temos. Dessa maneira, raramente passamos de um nível de intimidade conhecido. Contudo, apesar dos nossos melhores esforços de fuga, de vez em quando nosso contrato inconsciente se rompe. Deparamos com uma parede de dificuldades ou ficamos próximos demais para a coisa ser boa. Nesse caso, temos três opções:

1. Afastar-nos mais e solidificar as nossas próprias opiniões.
2. Reduzir o conflito; recompor-se; esquecer-se de que ele aconteceu, mas manter-se deveras vigilante para não se aproximar outra vez desse território emocional; e cercar a questão com algumas camadas protetoras de torpor.
3. Enfrentar a sombra interpessoal: encontrar o fio primal exposto e encará-lo; confiar na força do conflito; e ser transformado pelo processo.

Esse momento muito se assemelha à parede que os atletas enfrentam antes de entrar na zona, à extremidade em que vive a mulher aranha ou à descoberta da alquimia que permite penetrar na sombra. A ruptura interpessoal intensa tem a mesma capacidade de nos arrojar num novo domínio de ser e de criatividade.

Novas Imagens Sociais

Você acreditaria que há cerca de duzentos anos o conceito de infância tal como o conhecemos nem sequer existia? É por isso que os quadros antigos retratam crianças como pessoas pequenas com traços adultos. Hoje, tomamos a infância por certa.

Alguns sociólogos sugerem que, quando vivíamos em tribos, não sentíamos a individualidade como acontece hoje. A experiência de si mesmo era inseparável da experiência do grupo. Os pensamentos que tínhamos na cabeça costumavam ser os do grupo. Não desenvolvíamos uma visão pessoal ou um caminho que deixasse a tribo de lado.

Os conceitos sociais são sempre uma função do nosso contexto histórico. Em conseqüência, um novo domínio cultural requer novas imagens. Nos últimos 40 mil anos, o pêndulo cultural oscilou lentamente de uma consciência quase completamente tribal e coletiva para uma hiperindividualidade que hoje prevalece. E, em nossos dias, um mundo "plugado", um local de trabalho marcado pela cooperação, um ambiente com problemas e uma sociedade em crise estão proporcionando a gravidade necessária para que o pêndulo comece a oscilar na direção contrária. Está surgindo uma renascença do relacionamento.

- Alguns estimam que haja um programa de doze passos para cada 250 pessoas nos Estados Unidos. A linguagem da responsabilidade pessoal entrou na corrente principal da cultura.
- Até o bem-sucedido programa da NPR, *Car Talk*, cita *Os Homens são de Marte; as Mulheres são de Vênus*, abordando como a sexualidade afeta o nosso relacionamento com os carros. É raro o domínio não afetado pelo discurso sobre o relacionamento.
- A co-dependência, o relacionamento consciente e a comunicação saudável são o alimento dos programas de entrevistas, dos livros campeões de vendas e das revistas populares.
- Cada vez mais pessoas têm meios para a independência econômica, ficando assim mais livres para pedir o aumento da qualidade dos seus relacionamentos.

Da mesma maneira como a nossa nova cultura organizacional requer melhores capacidades de relacionamento, assim também acontece com o ambiente social. Qualquer pessoa tem ao menos um ano de treinamento de psicologia nas costas, cortesia dos meios de comunicação de massa. Há uma crescente liberdade para dizer o que se está sentindo, e hoje é norma esperar que cada pessoa tenha uma certa capacidade de auto-análise. Assim, quando vamos para a arena interpessoal, as chances são de que as pessoas com quem nos relacionamos sejam psicologicamente sofisticadas. *Isso eleva para todos nós a curva do relacionamento*.

Muitos escritores também começaram a falar de uma coisa chamada *neotribalismo*, a necessidade de ter pessoas ao redor que pareçam ser membros da sua tribo. Há vários anos, a *Utne Reader* apresentou um segmento sobre os salões, que têm por base a tradição européia de reunir uma seção transversal de pessoas criativas cuja exibição, umas para as outras, desse origem a novas idéias. Os salões foram, um dia, a maneira mais eficiente de auscultar o pulso cultural. A *Utne* viu-se soterrada por pedidos de pessoas que queriam participar, tendo-se formado muitas centenas de grupos.

A maioria de nós quer que o pêndulo comece a oscilar de volta. Desejamos um sentimento como o da tribo. Queremos as nossas comunidades de volta. Desejamos conhecer nossos vizinhos e ter contatos diretos com pessoas que julgamos provocantes e interessantes. Queremos relacionamentos que durem. Aspiramos a encontros que tenham substância. Temos consciência de que somente a verdadeira intimidade vai fazer ruir o grande isolamento que tantos de nós sentem.

Uma visão insidiosa e mecanicista da troca interpessoal insinuou-se no nosso vocabulário do relacionamento. Falamos em precisar "consertar" um relacionamento, em "sintonizá-lo", em "mantê-lo funcionando", etc. Pensamos que, se dermos a *ele* os lubrificantes corretos, *ele* vai correr bem. Se ele simplesmente não está funcionando e não pode ser facilmente consertado, jogamo-lo no lixo e conseguimos um novo. Trabalhamos despreocupadamente com essas noções sem reconhecer que se trata de um conjunto de valores sociais introduzidos pelas fábricas e pelas filosofias da Revolução Industrial. Como permeia todos os níveis da nossa cultura, essa visão mecanicista também está incorporada à nossa vida privada.

A grande evolução/revolução dos negócios, da administração, da ciência, da teoria econômica e de coisas desse tipo consiste em passar dessa visão mecanicista a uma nova visão, baseada na complexidade ou na teoria do caos. Nessa nova visão de mundo, tem-se acesso às informações a partir de todo ponto dos sistemas, estando estes em constante movimento, com a ordem dissolvendo-se em caos e atratores estranhos se formando para produzir novas camadas de ordem. Nossa vida particular também está sendo tocada por esses novos modelos conceituais. O espírito da onda da informação muda o modo como pensamos sobre nossos relacionamentos. Estamos começando a entender que os relacionamentos nunca são consertados. Eles nunca se estabilizam, estando antes em contínuo fluir, em contínuo colapso, em contínua ruptura. Em vez de tentar fazer nossos relacionamentos funcionar, deveríamos estar tentando descobrir para onde eles estão indo.

Se precisamos uns dos outros mais do que no passado, se precisamos de uma crescente alfabetização para a interpessoalidade, se novas visões de mundo começam a penetrar em nossa vida particular, que conceitos vão nos permitir criar relacionamentos que convidem novas possibilidades? Que imagens vão impelir o nosso mundo interpessoal para o futuro?

Somos a primeira geração a considerar coletivamente a possibilidade de libertar-se dos padrões emocionais que nos foram transmitidos de pai para filho e de mãe para filha.

Somos a primeira geração a considerar coletivamente a possibilidade da liberdade emocional. A iluminação já não é uma prática esotérica, de elite; ela é discutida publicamente. Já não queremos companhia, desejamos relacionamentos conscientes. Todos esses conceitos são uma função do momento peculiar da história em que vivemos. São conceitos sociais adequados a uma cultura às vésperas da ruptura criativa. Mas o principal elemento que desejo apresentar sobre as novas imagens sociais vem de um processo com o qual deparamos num seminário para casais.

Havia uns trinta casais na sala, a maioria dos quais não se conhecia. Sem dizer ao grupo, pré-selecionamos quatro casais que se conheciam há um, cinco, dez e quinze anos. Tentamos não deixar que a idade fosse um indício. As duas pessoas que tinham um relacionamento de quinze anos eram mais jovens do que o casal que estava junto há apenas um ano. Pedimos então ao grupo maior que identificasse que casal pertencia a que período de tempo — um, cinco, dez ou quinze anos — apenas olhando para eles quando de pé juntos. Sem nenhuma informação adicional, o grupo identificou perfeitamente cada relacionamento.

Perguntamos então ao grupo o que permitira que eles fizessem essa avaliação. O que eles tinham visto? As respostas foram as mais vagas e variadas. Por fim, sugerimos que o que eles estavam vendo era a intimidade. Sugerimos que a intimidade era uma energia real, uma freqüência que podia ser percebida pelo olho comum. "Nós a vemos" quando entramos na casa de alguém, num grupo ou numa loja. "Nós a vemos" quando conhecemos uma pessoa nova. Sentimos os fios do vínculo.

Uma vez, eu e Philip nos hospedamos num hotel em Aspen, e a nossa experiência nas duas primeiras horas foi tão positiva que pedimos para conhecer o gerente. Ele mostrou ser uma pessoa excepcional. Suas reuniões de pessoal e seminários de negócios se concentravam na construção de relacionamentos verdadeiros. Ele nos disse que seu maior problema é o fato de não haver virtualmente rotatividade de pessoal. Ele tinha de enfrentar constantemente o problema de como promover as pessoas, visto que nunca havia vagas. (Lembre-se de que a indústria hoteleira é notória pela alta taxa de rotatividade.)

A sensação que tivemos ali foi a mais maravilhosa da nossa vida. Era como se hospedar no hotel do nosso melhor amigo. A experiência ia muito além de um excelente serviço, só podendo ser descrita como um tecido intangível de intimidade que permeava toda relação. Ele não ensinava, nas reuniões, sobre fazer o serviço. Ele estava desenvolvendo pessoas que se sentiam especiais. O resultado era uma inteligência que dava sabor a todo o lugar. Embora as pessoas tivessem diferentes responsabilidades, todas agiam com profundidade. Todos têm a sua própria sabedoria. Se lhes for dado espaço, todos podem exprimir capacidades que vão bem além do que se costuma ver.

Intimidade não significa saber grande número de detalhes da vida de alguém, nem falar continuamente sobre sentimentos. A intimidade é uma *qualidade de inteligência* que permite que toda conversação seja de alguma maneira sem problemas. Ela conhece e respeita fronteiras; honra e respeita a individualidade.

A verdadeira intimidade permite que todo relacionamento se torne mais excepcional e pleno de sentido, seja esse relacionamento com alguém que atende você na recepção do hotel ou com um colega com o qual você conversa. É muito diferente ouvir alguém dizer "Posso ajudá-lo?" por ter sido treinado para dizer isso e ouvir as mesmas palavras ditas por alguém que se compromete de fato com elas. Também estou disposta a apostar que aquele hotel tinha muito menos experiências com clientes desagradáveis ou com encarregados de entrega frustrados. Pelo simples fato de entrar ali, você já era posto num nível mais elevado. *É por isso que a intimidade sempre vai ser superior ao treinamento comum para o serviço, bem como à aprendizagem de habilidades de comunicação.*

Há hoje muitos termos para designar negócios que desenvolvem continuamente a qualidade do intercâmbio entre participantes. A expressão mais conhecida é "organização de aprendizagem" de Senge. Há também a organização "relacional" ou "adaptativa". Essas designações baseiam-se no pressuposto de que as organizações não se compõem apenas de pessoas e de recursos, mas advêm dos relacionamentos. Não é tanto o talento de cada um, mas a natureza dos seus intercâmbios que determina o verdadeiro potencial criativo do grupo.

O Gago e a Construção Social da Realidade

Fiz há muitos anos aulas de Tai Chi. Nossa classe se reunia todos os domingos de manhã num parque público. Eu costumava chegar cedo e, muitas vezes, observava o mesmo homem sentado. Um dia, começamos a conversar; não posso me lembrar acerca de quê. Logo esse bate-papo se tornou parte do meu ritual semanal. Era uma coisa extremamente descontraída e calma, e toda semana eu conversava com ele por uns dez minutos antes da aula.

Um dia, quando ele e eu estávamos conversando, um amigo do homem chegou e disse alô. Meu amigo começou a falar, mas alguma coisa era bastante diferente. Dentro de poucos minutos, ele desenvolvera uma grave gagueira. Antes, quando conversamos, não percebi nenhum indício de gagueira. Mas, a partir desse dia, sempre que conversávamos ele gaguejava.

Quando começamos a falar, não havia um bloqueio. Era uma coisa descontraída e calma. Talvez porque eu não tivesse expectativas e talvez porque eu me encontrasse num estado de meditação, antecipando minha aula, ele também pôde esquecer a lembrança dele mesmo. Mas, uma vez que eu o ouvira gaguejar, não havia como retroceder. Eu sabia que ele gaguejava, ele sabia que eu sabia e eu sabia que ele sabia. Um novo espelho estava no lugar. *Estávamos presos num ciclo de reflexos que nenhum de nós podia esquecer.*

Nas primeiras semanas, eu estava vazia; havia mais espaço. Havia uma intimidade mais natural. Uma vez que eu passara a ter uma imagem de quem ele era, a caixa começou a tomar forma. Ele e eu tínhamos de ser fiéis da que nós dois agora sabíamos.

A realidade é construída socialmente. Quem eu penso que você é e quem você pensa que eu sou são fortes formas de pensamento. Era esse tipo de material que o gerente do hotel de Aspen estava começando a decompor. Ele estava impelindo as pessoas a dissolver opiniões limitadoras umas das outras, o que liberava sua inteligência natural. Na verdade, estava se desenvolvendo um espaço para que todos pudessem falar sem a sua versão pessoal da gagueira.

Creio que a causa de a maioria dos relacionamentos a longo prazo acabarem reside no fato de as pessoas congelarem mais suas opiniões sobre quem é o outro. No final, a caixa fica tão restritiva que temos de quebrá-la. O verdadeiro ciclo da intimidade deve ser que, quanto melhor você conhece alguém, tanto menos você o conhece e tanto mais a pessoa o surpreende. A verdadeira intimidade é um processo em que abandonamos as nossas expectativas e apoiamos a outra pessoa na tarefa de ser mais livre em termos emocionais. É um processo não tanto de ficar mais próximo um do outro, mas de aprofundar e alargar o espaço entre vocês, observando o inesperado, para que maiores níveis da criatividade pessoal se manifestem.

Eis a história de um soldado do Vietnã, registrada por Daniel Goleman em seu extraordinário livro Inteligência Emocional.[4] *O soldado estava em território inimigo, no meio de uma feroz batalha. De repente, uns dez monges budistas, usando mantos laranja, caminharam diretamente para a linha de fogo.*

A batalha parou e, pelo resto do dia, nenhum dos lados conseguiu pegar nas armas. Os monges tinham uma energia emocional que se transmitia aos outros e era forte o bastante para reorganizar por completo as coisas que poderiam acontecer ao redor deles.

A qualidade da paz que os monges mantinham em seu campo emocional era mais forte do que as emoções que permitiam que os soldados combatessem. Diante dessa força superior, os soldados também foram conduzidos a um nível mais elevado. Esse é o poder da intimidade. À medida que você começa a manter um espaço de uma intimidade verdadeira, direta, clara, com um número maior de pessoas, você também irá começar a reorganizar possibilidades mediante o simples fato de cruzar a porta.

Acho que, se houvesse um medidor de intimidade, a qualidade do intercâmbio entre Lennon e McCartney ficaria fora do gráfico. Eles promoviam o crescimento mútuo de maneiras que a música raramente vê, porém, segundo a maioria dos relatos, sua parceria era com freqüência desgastante, combativa e competitiva. Creio que era a tensão dinâmica entre eles, a energia que enchia o espaço quando eles entravam na sala as responsáveis pela visão criativa dos dois. Creio que era a inteligência que se podia sentir quando eles eram entrevistados juntos.

Aumentar a profundidade dos nossos relacionamentos só pode advir da investigação dos eventos que de fato acontecem nos espaços que há entre nós, espaços como os que havia na canção de Lennon-McCartney. Esse "interespaço" promete tornar-se uma das mais procuradas áreas de pesquisa nas décadas vindouras. É aí que vive o verdadeiro espírito do negócio. É objeto de amplo consenso que o verdadeiro futuro do desenvolvimento sustentado em qualquer campo — negócios, política e tantas outras coisas — reside na possibilidade de inovação social. E as inovações sociais começam em última análise a partir de novas dimensões do intercâmbio entre duas pessoas.

Pela aprendizagem da passagem por limiares interpessoais, eliminamos aos poucos nossas projeções do espaço entre nós e outras pessoas. Nosso sétimo instrumento nos mostra que iremos, pela primeira vez na história humana, sair coletivamente do mundo emocional que cada um de nós herdou do passado. E, assim agindo, teremos o potencial para um salto quântico, para uma nova ordem de inteligência capaz de dar nova forma ao nosso mundo interpessoal.

A Prática do Poder da Intimidade

Sincronia Interativa

Sempre que duas pessoas conversam, desenvolve-se uma dança interativa. Uma delas balança a cabeça em sincronia com o piscar de olhos da outra. Culturas emocionalmente mais alegres, como as dos países mediterrâneos, caracterizam-se por uma alta sincronia interativa. As pessoas entram em sintonia entre si com maior freqüência. Culturas mais reservadas emocionalmente, como as de muitos países asiáticos, têm menor sincronia, menos movimentos de cabeça e menos piscadas. Isso levou os antropólogos a deduzir que, quando se está numa situação de maior confronto, é preciso equilibrá-la por uma relação física mais forte. Quando as nossas palavras são menos carregadas, a dança pode ser mais solta. Essa dança de base cria o tecido da intimidade.

Um antropólogo chamado Eliott Chappelle descobriu que adolescentes considerados populares tinham maior capacidade de adaptar seu ritmo interativa ao dos outros. Adolescentes com pouca capacidade de ajustar sua dança interativa eram não só mais isolados socialmente como davam mais mostras de violência, como se simplesmente não pudessem entrar em contato, e não o podiam, literalmente. (Veja as sugestões de leitura do Capítulo 10 na seção de Referências.) No início da minha carreira, supervisionei um projeto que trabalhava com mães que tinham maltratado gravemente os filhos. Treinando-as com fitas de vídeo sobre como entrar numa dança interativa com os filhos, fizemos com que as crianças chorassem bem menos e que os incidentes violentos se reduzissem. Chappelle também descobriu que, quando treinava esses adolescentes "interativamente" deficiente sobre como criar sincronia, a violência deles diminuía. Assim, essa dança é evidentemente vital.

Para começar este exercício, tente passar uma semana apenas observando. Quando estiver num lugar público, como um restaurante ou festa, observe a dança. Veja pares de pessoas que parecem bem à vontade uma com a outra e pares que parecem não estar. Veja como as pessoas exibem tédio ou o desejo de sair de uma conversa interrompendo a dança. Observe pessoas que captam com facilidade os sinais e aquelas que têm dificuldades nesse particular. Você vai ver que pessoas que têm problemas nos intercâmbios sociais costumam parecer ter grandes problemas para responder aos movimentos de cabeça e ao piscar de olhos. No seu ambiente de trabalho, observe reuniões e intercâmbios sociais. Procure observar a dança, ver quando é eficaz e quando é discordante.

Durante a segunda semana, experimente trabalhar com seus próprios ritmos. Sempre que estiver falando com alguém, acompanhe com uma atenção especial o ritmo dessa pessoa. Experimente tornar-se bastante flexível, correspondendo invisivelmente (e destaco esse invisivelmente) suas pausas e seu ritmo de fala. Depois de fazer isso por uma semana, veja se os seus relacionamentos parecem diferentes.

Os oradores brilhantes parecem ter um ritmo com o qual *muitas* pessoas podem se relacionar. Todos conhecemos oradores experientes que são tão rígidos em seus padrões ou tão controlados em seu ritmo de fala que você, literalmente, encontra dificuldades para ouvi-los.

Na terceira semana, concentre-se em variar seus próprios padrões. Sempre que falar, observe quando as pessoas de fato parecem ouvir e quando elas se desligam. Tente mudar apenas o ritmo, e não o conteúdo, para recuperar seu interesse.

Na quarta semana, você pode ir ainda mais longe. Se estiver apresentando informações mais passíveis de causar polêmica, tente mover-se com uma sincronia mais forte. Se a informação for emocionalmente neutra, não insista muito nos movimentos de cabeça.

Você pode se dar bem ao fazer afirmações polêmicas se estabelecer uma sincronia mais forte. A outra pessoa sente que você está com ela e, assim, pode suportar mais. Muitas pessoas fazem isso naturalmente, mas você se surpreenderia em saber o número das que caem no momento crítico, precisamente quando estão chegando ao cerne do que querem dizer. Inconscientemente, a outra pessoa sente que você se distancia justo no momento em que você está dizendo o que é mais importante. Ela não ouve você e você não se sente ouvido. Vale a pena aprimorar essa capacidade de sincronizar os ritmos com a intenção do que você diz, e mesmo fazer sua sintonia fina.

O Empurrão de Mãos Verbal/Descobrindo Bloqueios

Nas artes marciais, há um maravilhoso processo de aquecimento chamado "empurrar mãos". Você fica de pé, de frente para seu parceiro e, com uma das mãos ou com as duas para os mais avançados, faz círculos contínuos. Uma pessoa empurra até o braço ficar plenamente estendido, o que se transforma numa transição invisível para o empurrão que a outra pessoa dá.

O que importa é estar bastante sintonizado com a outra pessoa. Ao detectar uma resistência, você vive seu momento de poder. Você empurra até o limite de sua resistência. Se você empurrar até o fim, a pessoa vai cair, porque sua rigidez a deixa inflexível. Se, enquanto você empurra contra a resistência dela e ela descobre uma maneira de relaxar, o círculo continua. Depois de vinte minutos, ou mais ou menos isso, as duas pessoas começam de fato a relaxar, dado que a sua resistência é literalmente empurrada para fora. Trata-se de um processo extremamente energizador.

Da mesma maneira, sempre que aparece um bloqueio num relacionamento, uma das pessoas fica energeticamente mais forte do que a outra. E essa pessoa pode usar esse momento para empurrar metaforicamente a outra para baixo, alegando que tem razão, ferindo-a de alguma maneira ou reduzindo a sua auto-estima. Mas também pode usar um bloqueio para despertar energia. O propósito do empurrão de mãos é fazer pressão na energia um do outro, descobrindo e liberando mutuamente resistências. Em vez de o outro levar vantagem com relação a você, ele lhe concede espaço para aprender e liberar. Como resultado, a energia do "chi" começa a se manifestar em todo o seu corpo. É exatamente isso que pode acontecer num relacionamento ou projeto que tenha sido "empurrado" dessa maneira.

> *Se o seu parceiro estiver disposto, a melhor maneira é sair da conversa baseada no conteúdo para a conversa sobre o "processo". Por exemplo, a conversa baseada no conteúdo diria algo como: "Você disse que ia pegar o papel e esqueceu." A outra pessoa responderia algo como: "Bem, eu não sabia que você de fato o queria."*
>
> *A conversa sobre o processo supõe que, em algum nível, eu sabia que você não ia pegar o papel e em algum nível você também sabia que eu o queria. Estávamos os dois tolerando um espaço morto no nosso relacionamento. Vamos pressionar esse espaço e descobrir o que ele representava para cada um de nós. Descobriremos o hábito de não nos permitirmos reagir a informações que cada um de nós sabia. Vamo-nos tornar mais conscientes dos momentos em que esse "espaço morto" é criado e falar sobre isso imediatamente.*

Há camadas e camadas que você pode examinar com esse tipo de intercâmbio. É o tipo de trabalho que é feito melhor com um treinador, mas esse exercício pode ser suficiente para você começar de modo a poder tentar fazê-lo com alguém em sua vida com relação a uma situação real. O que importa é deixar de lado o conteúdo, analisar por que uma dinâmica está ocorrendo ou de que lugar do passado ela surgiu e concentrar-se na maneira como as coisas estão acontecendo.

Saindo do Controle

Todos os relacionamentos requerem uma contínua limpeza do espaço; quer dizer, que liberemos as nossas projeções passadas. Há livros tão bons sobre isso que não vou abordar o assunto aqui, a não ser para recomendar qualquer livro de Harville Hendrix. Ele trabalha com a identificação e liberação do que chama de *imago*, o composto inconsciente de imperfeições que projetamos nos outros. Temos de tirar essa imagem de circulação para que qualquer relacionamento presente possa se desenvolver.

O próximo passo é dar mais atenção à qualidade da energia que há entre você e a outra pessoa. É esse "interespaço" que molda a qualidade do conteúdo que pode ocorrer. Pedimos com freqüência a parceiros que falem desse espaço em termos de bloqueios e fluxos, hesitação e atrevimento, espaços mortos e espaços vivos. Às vezes, pedimos a observadores externos que falem de suas impressões sobre a troca entre as duas pessoas. Isso as faz despertar para uma maneira inteiramente diferente de falar. Vemos as pessoas pararem de dizer "Você fez isto ou aquilo" ou mesmo, o que é mais apropriado, "Senti-me assim quando você fez isto ou aquilo". Em vez disso, elas olham para o espaço intermediário e falam sobre como as duas podem mudá-lo de modo a reavivá-lo ou a acalmá-lo. Testemunhei muitas pessoas empregarem sem esforço essa nova maneira de falar.

Concentrando-nos no "interespaço", apoiamos a pessoa no "pressionar" nossa energia ou no tentar seguir o "chi". Cada pessoa fica atenta para ver quando a troca é vívida e quando fica cansativa e repetitiva. Praticando isso com alguém, você começa a compreender os ritmos e hábitos do fluxo de energia dessa pessoa e aprende a reavivá-lo, desafiá-lo, brincar com ele, dançar com ele. Invariavelmente, as pessoas que começam a agir assim relatam que se sentiram muito mais criativas em seus intercâmbios.

Metamensagens

Outro grande processo para fazer você perceber a energia que está na base da sua fala é o que recebe o nome de metamensagens.

São necessárias quatro pessoas. Logo, você tem de arrastar três amigos para isso. Dois deles agem como os principais comunicadores, e os outros dois servem como alteregos. A primeira pessoa diz alguma coisa. O primeiro alterego repete nos termos do que julga que a pessoa está de fato dizendo, agindo quase como um tradutor que descreva alguma coisa que está pressuposta no que a primeira pessoa disse. É preciso um pouco de paciência porque a segunda pessoa precisa esperar por ambas as versões da afirmativa para dar sua resposta.

Depois de essa pessoa e seu alterego terem falado, a segunda pessoa responde. Em seguida, o segundo alterego reinterpreta a mensagem. Quando acabam, a primeira pessoa volta a falar. A troca continua. Os alteregos podem passar e não dizer nada se acharem que o que foi dito estava claro. Ocorrem de modo geral duas coisas nesse processo. Em primeiro lugar, a conversação tende a ficar mais profunda com maior rapidez. Em segundo, com o progresso da conversação, os alteregos tendem a ter menos a dizer, porque a fala dos dois comunicadores principais se torna mais precisa. Esse é um processo incrível para aprender a detectar as mensagens ocultas das outras pessoas e integrar os próprios sentidos encobertos que você transmite.

Atividades referentes aos relacionamentos são provavelmente as mais difíceis de descrever. Elas são feitas com maior facilidade com um treinador confiável que possa ajudá-lo a praticar com intercâmbios comuns e cotidianos e levá-los a um nível mais profundo. Dessa maneira, esses poucos exercícios pretendem apenas facilitar o começo.

Durante quase vinte anos, uma arqueóloga amiga de Philip esteve procurando sistematicamente uma cidade perdida num vale específico do norte da Grécia que, segundo textos antigos, era a sua localização. Numa recente viagem à Grécia, Philip se encontrou com ela e essa amiga lhe contou a seguinte história:

> *Um dia, exausta, frustrada e prestes a desistir, ela decidiu tirar um dia de folga. Dirigiu-se a uma colina próxima que sempre a atraíra, mas que, nos vinte anos em que estivera na área, ela nunca reservara um tempo para explorar.*
>
> *Quando chegou à colina, seus pés pisaram num pedaço de cerâmica. Ela cavou por ali e descobriu o começo de sua cidade perdida!*

Sua atração natural por aquela colina particular existia desde o primeiro dia de sua estada no vale. Por que foram necessários vinte anos para recorrer a um conhecimento de que ela dispunha desde o começo? E há algo mais que ela poderia ter ganho **acelerando resultados.**

CAPÍTULO 11

Acelerando os Resultados

O ritmo da vida moderna torna nossos problemas mais imediatos. Precisamos de soluções com maior rapidez. A maioria das pesquisas sobre os estados de desempenho máximo, como a zona, mostra que as pessoas capazes de ter acesso a esses estados quando querem parecem de fato fazer mais, com maior facilidade e num nível superior.

De certa maneira, este é um capítulo associado a "A Zona do Futuro". Ele mostra que esses estados superiores podem ser traduzidos numa estratégia de ação. Nosso último instrumento de navegação concentra-se em acelerar resultados, reduzir o tempo necessário para sair do estágio da idéia e alcançar o de sua manifestação. O novo contexto de ação que esse instrumento oferece permite-nos tratar mais eficazmente das principais características das décadas vindouras: velocidade, pressão e o desconhecido.

Deixe-me repetir brevemente. Nossos laços de realimentação estão em colapso. Assim que temos uma idéia, ela se torna ação com maior rapidez. Colaboramos com outros mais freqüentemente. Recebemos respostas mais cedo no processo de entrega e temos capacidade muito maior de mudar de direção. Isso significa que a "energia" que está na base de uma idéia ou projeto tem caráter mais dominante. Os bloqueios, a obscuridade, o entorpecimento e os jogos de poder vêm todos eles à superfície com muito maior velocidade. Não há lua-de-mel. Se soubermos como identificar a anatomia energética que está nos alicerces de todo evento, poderemos ajustar a química mais cedo.

A futuróloga e consultora popular Faith Popcorn diz que a nossa cultura atual requer cada vez mais que saibamos como "clicar".[1] Esse "estar no lugar certo, fazer a coisa certa, esse estar de algum modo em maior sincronia" nos permite navegar pelas flutuações dos mercados e eventos com um pouco mais de sebo nas canelas.

O que Vêem as Pessoas que Costumam Alcançar Níveis Máximos de Desempenho?

Abraham Maslow foi o pai da psicologia transpessoal e de boa parte do movimento do crescimento pessoal. Ele achava que os estados de desempenho máximo como a zona eram uma necessidade humana natural, que o ímpeto de entrar em estados expandidos de consciência era um impulso instintivo. Em sua tentativa de definir o que permitia que as pessoas entrassem nesse estado, ele descobriu que algumas delas contavam ter essas experiências com bastante facilidade e regularidade, enquanto outras raramente o conseguiam. Ele se referia a elas como "pessoas que costumam alcançar níveis máximos de desempenho" [*frequent peakers*] e "pessoas que não alcançam níveis máximos de desempenho" [*nonpeakers*].

Uma das suas principais descobertas era a de que as pessoas do primeiro grupo tinham uma visão de mundo que lhes permitia compreender como esses eventos podiam acontecer e por que tinham importância, ao passo que as do segundo grupo não a tinham. Ele concluiu que o sistema de crenças da pessoa é fundamental para a sua possibilidade de pôr a força desses estados a seu serviço. Seguem-se seis princípios que vão ajudar a elaborar essa visão de mundo.

1. O Tempo é Distância Emocional

Tendemos a jogar as coisas para as quais não estamos prontos num tempo futuro — três meses, seis meses, um ano, com freqüência, mais tempo. Quando essa distância emocional é eliminada, os resultados para os quais estamos voltados — um negócio importante, um novo emprego, um relacionamento — transpiram prontamente, isto é, o tempo desaparece. Se a distância emocional não receber atenção, o resultado ficará perpetuamente a seis meses ou um ano de distância. Nunca chegamos lá. Logo, o tempo pode ser considerado uma função da nossa preparação para que um resultado particular se manifeste em nossa vida.

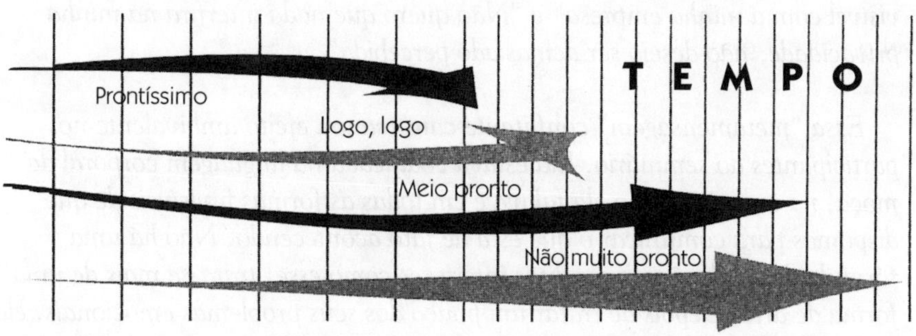

Depois que Philip e eu nos conhecemos, descobrimos que, nos dois anos anteriores, houve três ocasiões em que quase nos conhecemos. Uma vez, ele se inscreveu num seminário que eu estava organizando na Flórida e cancelou na última hora. Uma vez eu me inscrevi num seminário em Nova York e cancelei, tendo descoberto mais tarde que ele freqüentara esse mesmo seminário. O último "quase-encontro" foi mais espantoso. Eu tinha marcado para sair de férias com dois amigos na Califórnia e, na última hora, tive de acabar um projeto no trabalho. Esses amigos iam acampar e Philip estava com sua barraca ao lado da deles! Eles terminaram fazendo companhia uns aos outros em viagens por alguns dias, o que só descobrimos quando eu levei Philip para conhecê-los, e todos se reconheceram da viagem.

Agora ambos achamos que, se nos tivéssemos conhecido em qualquer dessas três vezes anteriores, nem sequer teríamos percebido um ao outro! Estávamos ambos tentando chegar a um acordo com sentimentos irresolvidos de relacionamentos passados e começando a ter maior clareza no tocante ao que de fato queríamos, a tal *distância emocional.* Uma vez que essas teias pessoais de problemas foram neutralizadas, o caminho estava literalmente aberto para que nos encontrássemos fisicamente. E isso foi exatamente o que aconteceu. Conhecemo-nos quando passávamos férias na Grécia há quinze anos.

Permita-me dar outro exemplo em que um resultado entrou na vida de alguém quase imediatamente depois de a pessoa ter-se libertado de um bloqueio emocional.

A fundadora de uma fábrica de roupas pequena, mas em crescimento, disse que seu principal objetivo era criar publicidade maior para a empresa. Mas, cada vez que ela descrevia essa meta, ninguém no seminário conseguia "pegar"; simplesmente não dava para acreditar. Quando examinou esse dado mais de perto, ela descobriu o medo de perder a privacidade. De fato, ela estava nos transmitindo duas mensagens em conflito: "Quero me tornar visível com a minha empresa" e "Não quero que nada interfira na minha privacidade; não desejo ser demasiado percebida".

Essa "metamensagem" conflitante causava um efeito ambivalente nos participantes do seminário. Ela estava codificada na linguagem corporal da moça, na maneira como ela falava e em todas as formas invisíveis de que dispomos para comunicar o que está de fato acontecendo. Não há uma fórmula de resolução de conflitos interiores como esse; trata-se mais de uma forma de arte. Depois de tratar um pouco dos seus problemas emocionais, ela pôde falar sobre publicidade para a empresa, fazendo com que todos os níveis de sua comunicação se alinhassem. Embora ela estivesse empenhada na questão da publicidade havia mais de um ano, dias depois de ter tido esse avanço emocional, duas revistas nacionais desejosas de escrever matérias sobre sua linha de vestuário entraram em contato com ela.

Coincidência? Talvez, se este fosse um exemplo isolado. Mas temos muitas histórias semelhantes em que as pessoas tornaram manifestos resultados sobremodo tangíveis no momento em que se libertaram de um bloqueio emocional. E é isso que faz todo líder de seminário e todo terapeuta. Da mesma maneira como todos temos capacidades latentes para a resolução de problemas, assim também temos grande capacidade para, inconscientemente, produzir resultados.

O segredo é começar a pensar sobre o tempo de outra maneira. O tempo que separa você de um resultado específico não é fixo; é elástico. E os resultados podem chegar bem perto e, então, inexplicavelmente, se perder na distância com as flutuações da nossa consciência. **O tempo é, em última análise, uma função da sua disposição psicológica para ver literalmente o resultado na sua vida.**

2. Coerência

A coerência é um estado interior em que todas as nossas várias mensagens — interiores, exteriores, verbais, não-verbais, explícitas, implícitas, etc. — se alinham e produzem, em vez de direções conflitantes, um montante adicional de energia. Parte do que faz com que o tempo desapareça é o fato de a nossa resistência a um resultado sofrer uma redução.

A luz de um *laser* pode viajar até a Lua sem virtualmente nenhuma perda de intensidade, enquanto a luz de uma lâmpada comum se perde em algumas centenas de metros. Tanto o *laser* como a lâmpada irradiam luz. A diferença é que o *laser* se compõe de luz coerente; todos os fótons estão alinhados na mesma direção, em vez de espalhados por várias direções. Da mesma maneira, a nossa fala, a nossa presença, as nossas intenções, todas têm a capacidade de se tornar mais semelhantes ao *laser*, de ter um impacto mais constante e de maior alcance. Sempre que esse estado de coerência é criado na pessoa, num relacionamento, projeto ou organização, o tempo começa a desaparecer. Como não temos de tratar de energia conflitante, a ação acontece com maior rapidez e os resultados aparecem inesperadamente.

É também interessante o fato de que, quando estamos na zona, o nosso corpo assume uma coerência fisiológica maior: os padrões das ondas cerebrais se alinham e vários ritmos, como a pulsação e a pressão sangüínea, entram num relacionamento mais ideal uns com os outros. Psicologicamente, as pessoas relatam que eles "parecem" mais coerentes.

"Incorporação" é a palavra que os biólogos usam para descrever o que acontece quando sistemas biológicos se vinculam com os ritmos uns dos outros. Por exemplo, quando um grupo de vaga-lumes pousa numa árvore, no início eles piscam aleatoriamente. Aos poucos, eles começam a alterar seu ritmo de maneira sutil até parecerem estar quase piscando em uníssono. É possível, quando ocorre o alinhamento interior, que haja um aumento das probabilidades de que os eventos exteriores "incorporem" os nossos ritmos e se alinhem a eles. É exatamente isso que as pessoas sentem. Quando se está no fluxo, parece que as pessoas estão em sincronia. Quando se está tendo um daqueles dias horríveis, parece que de algum modo nada se encaixa.

Boa parte do trabalho que realizamos em seminários tem como objetivo o desvelamento de questões conflitantes e direções inconscientes que não são coerentes com as metas que afirmamos buscar, bem como permitir que as pessoas vivenciem o que é estar em sincronia.

> *Uma vez foi a um seminário uma mulher que era secretária de uma empresa de médio porte. Por meio de uma série de processos, ela tratou da sua meta declarada de dirigir um restaurante, liberando todo tipo de coisas incompatíveis que se ocultavam em sua postura, padrões de fala, etc. No processo final, fizemo-la falar sobre dirigir o restaurante no passado, como se isso já tivesse acontecido. Ela foi tão convincente que todos entraram por completo na fantasia. Havia algo de muito eletrizante em sua apresentação. Era deveras extraordinário ver aquilo, embora na hora não pudéssemos dizer o que era.*
>
> *Ela nos ligou no dia seguinte e nos disse que foi trabalhar um dia depois do seminário e o seu chefe a fez ir ao escritório. Ele lhe explicou que acabara de finalizar a compra de um grande restaurante e queria saber se ela estava interessada em dirigi-lo! Menos de 24 horas depois, ela realizou seu sonho. Ela não tinha a mínima idéia disso no fim de semana. O que aconteceu?*

As pessoas que costumam alcançar estados de eficiência máxima diriam que ela "sintonizou" inconscientemente o que acontecia com o chefe, o que lhe permitira sentir-se mais carregada quando passara pelo processo. Os "verdadeiros fiéis" [*true believers*] e os "grandes realizadores de estados de eficiência máxima" [*heavy peakers*] afirmariam que a qualidade da maneira pela qual ela realizou o processo afetou de alguma forma o curso do destino. As pessoas que nunca alcançam estados de eficiência máxima provavelmente dirão que foi mera coincidência.

Percebi que "uma atmosfera eletrizante" parece cercar muitos casos em que as pessoas alteraram qualitativamente seu nível de resultados. Isso me faz crer que uma energia tangível pode fluir de nós para os eventos da nossa vida, reorganizando-os de novas formas.

Infelizmente, não há pesquisas científicas suficientes sobre o relacionamento entre estados psicológicos e realidade física para confirmar, com provas, a existência de sincronicidades. Michael Talbot oferece um modelo plausível, baseado na nova física, para sustentar o modo como eventos psicológicos podem alterar a realidade exterior.[2]

Acreditar que é possível influenciar o curso do destino com a mente ainda assemelha-se um pouco com ter uma fé cega. Mas se você estiver disposto a andar meio às cegas por aí, as próximas páginas vão lhe mostrar como isso pode ser divertido. E, se Maslow estiver certo, pode também proporcionar uma estrutura que vai lhe permitir ter muitas experiências culminantes.

3. Sincronicidade

A menor distância entre dois pontos é a sincronicidade. É claro, visto que não há nenhuma outra maneira de aqueles golpes de sorte e oportunidades inesperadas entrarem em nossa vida com tanta rapidez. A *sincronicidade*, ou o colapso dos vínculos de causa e efeito, ocorre sempre que as resoluções acontecem num nível mais rápido ou mais elevado do que se pode explicar ao recorrermos às ações reais que praticamos. Por exemplo, podemos dar um telefonema para obter informações sobre um produto e, nesse ato aparentemente simples, desencadear uma série de eventos que levam a um novo emprego.

Há um princípio na física chamado Teorema de Bell. Ele estabelece a possibilidade física da simultaneidade. Nesse experimento, o giro de uma partícula subatômica ocorre no exato momento em que uma partícula diferente gira. Em outras palavras, a informação é "não-local"; ela existe fora do tempo e do espaço e dois eventos simultâneos podem ter acesso a ela. Se a consciência tem as mesmas capacidades das partículas subatômicas, posso conceber um resultado no mesmo momento em que esse resultado está tendo acesso à informação para entrar na minha vida. O desejo e a realização entram em fusão, isto é, não há distância emocional. Se você voltar a refletir sobre o arqueiro zen, era isso que ele estava fazendo: permitindo que a sua experiência interior se fundisse numa única experiência com sua expressão exterior.

Foi a isso que Jung deu o nome de sincronicidade, fenômeno com relação ao qual ele apresentou, no final da vida, a hipótese de que pudesse ser o campo organizador de todo o nosso universo. Jung julgava que a sincronicidade é o que permite às mentes humanas um vínculo fora do espaço e do tempo e que forma um inconsciente coletivo no qual se encontram o passado, o presente e o futuro. A seu ver, os arquétipos são amplos campos organizacionais que levam vastas quantidades de informação a se transformar em padrões intemporais. É por isso que um mito como o da mulher-aranha pode ser tão relevante para uma cultura de dez mil anos atrás quanto o é agora, com virtualmente o mesmo significado e força.

A sincronicidade é o momento em que temos contato com o plano do inconsciente coletivo, ou, para usar termos hindus, o "campo de todas as possibilidades". Nesse momento, as leis normais da causa e do efeito deixam de agir e a mesma informação pode ser objeto de recepção e de ação de duas pessoas diferentes ao mesmo tempo.

Todos passam pela experiência da sincronicidade. Grande parte das boas coisas que acontecem na nossa vida simplesmente não pode ter outra explicação. *O principal é que quando as conexões ocorrem dessa maneira, quer envolvam realidades quânticas ou a poesia da nossa alma, começamos a mergulhar no rio caótico e auto-organizador que dá às nossas intenções uma força adicional.* Pensamos em alguma coisa e ela aparece quase magicamente na nossa vida. Precisamos encontrar alguém e esse alguém aparece. Precisamos de uma solução e o próximo livro que pegamos nos traz a resposta. Ligamos para um novo cliente e ele exclama: "Eu ia justamente procurar alguém que vendesse o seu produto." Nesses momentos, passamos a um nível mais profundo e inteligente de organização dos eventos da nossa vida.

4. Assinatura

Uma das qualidades pessoais que parecem promover a ocorrência de sincronicidades é aquilo que se pode considerar a força da "assinatura" de cada um. Um conhecido musicólogo chamado Clymes convidou pessoas de várias culturas para ouvir as peças musicais compostas por grandes artistas como Beethoven, Handel, Mozart, etc. Os ouvintes tinham um artefato preso às poltronas que registrava a pressão e a duração. Fora-lhes pedido que pressionassem esse botão num ritmo que, a seu ver, descrevesse a peça. Clymes descobriu que os ouvintes apresentavam padrões bastante comparáveis e que, quando ouviam peças diferentes de um mesmo compositor, esse padrão não se alterava.

Isso o levou a concluir que todo artista tem uma *assinatura*, uma clara nota de individualidade reconhecível em tudo o que faz. Uma das características do gênio criador parece ser o ter uma assinatura altamente desenvolvida; você pode reconhecer a sua essência em quase toda ação que realiza. Olhe os traços de Picasso num pedaço de papel e olhe a Guernica; a essência é a mesma. O desenvolvimento da assinatura é o principal caminho para a melhoria da qualidade do seu trabalho.

Quando se desenvolve essa nota de individualidade, as nossas intenções podem ser mais fortes e precisas. Quando você produz um dó num diapasão numa sala em que há outros instrumentos, todos eles vibram em dó. Da mesma maneira, pessoas capazes de produzir uma nota mais clara ou mais alta levarão com maior facilidade eventos e pessoas a *ressoar* segundo o que elas desejam. *Fortalecer a sua nota é como mergulhar na parte do rio em que a corrente é mais forte. Em conseqüência, seus pensamentos têm um alcance maior, produzem um maior impacto e vinculam-se com as cadeias invisíveis de sincronicidade mais freqüentemente*. Assim, essa é outra maneira essencial de atrair apoio num nível superior, mais uma vez permitindo que o tempo entre uma meta a alcançar e a sua concretização praticamente desapareça.

5. Ecologia da Ação/Mudança Holográfica

O filme *Bull Durham* conta a história de um jogador de beisebol das divisões inferiores que se destaca e chega às divisões principais, "O *Show*". Susan Sarandon faz o papel da patrocinadora do time local que todo ano escolhe um felizardo jogador da divisão inferior para ser seu "projeto" da temporada. Tim Robbins é sua escolha feliz. Ele tem um braço extraordinariamente forte, mas absolutamente nenhum controle. Kevin Costner, o treinador, começa a concentrar-se em seu caráter. Ao mesmo tempo, Sarandon o treina no lado romântico das coisas. Ninguém está trabalhando com seus lançamentos. À medida que ele se transforma como pessoa — falando, escutando e portando-se de outra maneira —, seu lançamento passa magicamente pela mesma transformação, o suficiente para levá-lo ao ápice.

Essa é a *ecologia da ação*; tudo o que fazemos está vinculado com tudo o mais que fazemos. Assistir a aulas de culinária pode melhorar seu desempenho no golfe, o que pode levar você a um grande momento num projeto criativo e a um melhor relacionamento com os seus filhos. De modo geral, quando uma área está bloqueada, de forma imperceptível e muitas vezes sutil, tudo fica bloqueado. As pessoas vão dizer com freqüência algo como "O trabalho é terrível, mas meu relacionamento vai muito bem" — ou vice-versa. Afirmações como essa raramente são verdadeiras por inteiro. Quando alguém nos descreve um problema, sempre procuramos a pequena maneira pela qual ele pode estar se manifestando em outra área, até mesmo no modo de conversar, de forma que a pessoa possa começar a enfrentar um hábito de energia. É muito comum que o "problema presente" não seja o lugar mais eficiente para começar.

6. Microanálise/Pequenas Decisões que Criam Grandes Mudanças

Um programador de computadores chamado Tim disse-nos que tinha três grandes projetos em andamento e não conseguia ter força de vontade nem soluções para terminar qualquer um deles, o que ele também admitiu ser um problema comum em sua vida. Em vez de tratar diretamente de questões relativas ao seu projeto, ao fato de ele não gostar do chefe (e, antes, do pai dominante) ou de seu padrão de imperfeição de toda uma vida, procuramos uma pequena indicação do padrão maior. Percebemos que ele tinha um curioso hábito de não terminar de fato as frases. Ou estas se perdiam no fim, ou ele mudava de direção ou deixava o fim implícito sem enunciá-lo de fato.

No seminário, fizemos apenas com que ele se concentrasse em terminar as frases, indicando-lhe as ocasiões em que ele não o conseguia. Pedimos-lhe que praticasse isso sozinho o máximo que pudesse. Quando o vimos outra vez umas sete semanas mais tarde, ele contou que terminara um dos projetos e estava com um incrível entusiasmo e idéias para acabar os outros.

Completar frases o ajudou a ter acesso à mesma fonte de energia que afetava os seus projetos. Foi muito fácil fazer essas pequenas mudanças, e isso abriu o caminho para que o padrão muito maior se alterasse quase sem esforço.

Toda comunicação revela muita coisa sobre o resultado que queremos. Oferecemos com freqüência trabalho com vídeo em nossos seminários, concentrando-nos em pequenos segmentos de comunicações. Descobrimos que, na pequena quantidade de sessenta segundos de fita, podemos com freqüência decodificar padrões em termos de trabalho, de dinheiro, de amor, etc. Essa propriedade holográfica permite que pequenas mudanças de comportamento gerem repercussões bem mais amplas em nossa vida.

Um Novo Contexto de Ação

A ação é a mais profunda afirmação. Ao agir a partir de um novo contexto, você atrai uma visão expandida da realidade. A razão mais ponderável para se ter experiências conscientes de aceleração de resultados e de encurtamento do tempo é que você começa a reescrever as suas crenças acerca da causação. Esse é o ponto alto da criação de mitos. Os seis princípios recém-tratados não se limitam a oferecer uma visão expandida da realidade; são também padrões de pensamento muito mais adequados ao nosso clima econômico e cultural atual.

- O *tempo é distância emocional*. Num ambiente econômico que se apóia cada vez mais na imaginação e na capacidade de inovar, a resistência emocional é um dos principais fatores que nos prejudicam. Aprender a examinar projetos através dessa lente é um valioso ativo.
- A *coerência aumenta a eficiência*. O volumoso intercâmbio de informações e a cooperação hoje exigidos para fazer um projeto avançar requerem um fluxo organizacional que não impeça essa troca. O alinhamento no âmbito de um grupo ou de uma pessoa faz com que a informação flua com maior rapidez e com o mínimo de distorção.
- A *sincronicidade é uma atitude*. Quem crê na sincronicidade tem expectativas mais elevadas sobre como as coisas podem acontecer, bem como uma fé implícita na benevolência do acaso. Esse espírito de otimismo e de expansividade permite que sua imaginação tenha mais asas do que as pessoas que seguem um modelo estritamente racional.
- *Nossa assinatura pessoal acelera uma direção*. Você pode escolher qualquer estilo de liderança — *laissez-faire*, centralizada/hierárquica, baseada em tecnologia, de volta ao básico — e vai encontrar alguém que desafiou todas as expectativas e fez desse estilo um modelo de inspiração de como fazer negócios. Assim, o sucesso excepcional não depende de uma ideologia, advindo antes de um estilo pessoal sobremodo desenvolvido. Como é adequado, o estilo promove resultados que vão bem além do que seria normalmente de esperar.
- *Toda ação é holográfica e ecológica*. Há um rigor acompanhando essa crença. Uma organização que não vê as coisas holograficamente pode dizer "Vamos declarar publicamente que o cliente é a nossa primeira prioridade, mas nós podemos 'ajeitar' o produto se precisarmos de lucros num dado mês". Um negócio que sabe que *tudo reflete tudo* vai persistir na descoberta de novas maneiras de pôr o cliente em primeiro lugar e nunca irá considerar a possibilidade de "dar um jeito". E, de alguma maneira, o cliente vai sentir essa integridade em cada contato, muitas vezes sem saber por quê.
- *Pequenas mudanças criam grandes transformações*. Temos de reagir a esse imenso volume de exigências que nos são feitas, e pequenas mudanças são de modo geral tudo o que está ao nosso alcance. Num ambiente complexo e cheio de pressões, esta é uma potente estratégia para a implementação de mudanças que vão dar certo.

É natural supor que mudanças psicológicas, digamos, tornar mais coerente nosso estilo de fala, vão fazer resultados acontecer com maior facilidade. O centro verdadeiro deste capítulo é mostrar que o impacto dessas mudanças é "descontínuo". Ele é maior do que alcançam as explicações racionais.

Claro que um estilo de fala mais coerente vai fazer as pessoas reagirem de forma mais positiva, mas também terá um impacto que irá bem além das pessoas que o ouvem falar. Essa mudança aparentemente insignificante transmite uma mensagem que reverbera de uma maneira que não se pode prever nem avaliar.

É como se tivéssemos um mapa topográfico da realidade codificado no nosso ser, uma representação da maneira como acreditamos que as coisas vão acontecer. Os eventos da nossa vida são postos sobre esse mapa. Se os padrões da nossa realidade pessoal permanecerem os mesmos, repetir-se-ão os mesmos eventos. O rio da vida simplesmente flui sobre esse mapa, formando os mesmos redemoinhos e correntes repetidas vezes.

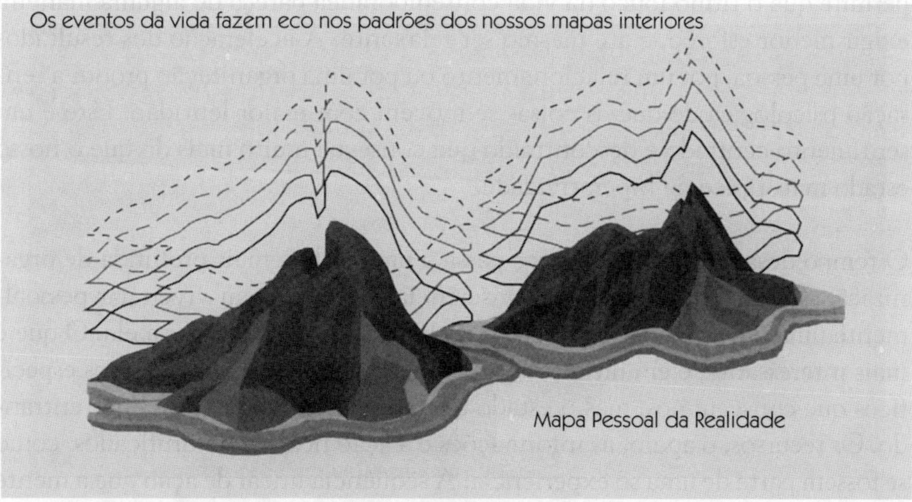

Acelerar resultados envolve começar a brincar com o seu mapa da realidade. É por isso que os impactos são descontínuos e permitem que você dê saltos inesperados ou faça o tempo desaparecer de maneiras aparentemente impossíveis. Não se trata apenas de obter resultados; trata-se de uma forma de "metamanifestação". Você alterou não só a sua experiência de um resultado particular, como os seus padrões relativos a todos os resultados.

O sentido da aceleração dos resultados não é fazer com que todos possam pôr mais coisas em sua vida com maior velocidade. Seu propósito é compreender o estado de consciência que permite acelerar todo e qualquer resultado, entender a natureza do funcionamento da consciência e de como esses impactos descontínuos podem começar a dar nova forma ao seu mundo. Esse é o oitavo instrumento.

Acelerar resultados é na verdade uma maneira de desacelerar. Aprender a acelerar resultados conscientemente requer o mergulho nesse espaço e a aquisição de maior familiaridade com ele. Trata-se de um estado de consciência que permite que o ritmo louco da vida contemporânea pareça de alguma maneira exigir menor esforço, e até mesmo ser relaxante. A aceleração dos resultados por uma pessoa, por um relacionamento ou por uma organização produz a sensação psicológica de que as coisas se movem com maior lentidão. Este é um sentimento centrado e descontraído que consegue muito mais do que o nosso estado mais típico de hiperatividade.

O tempo desaparece porque você passa a uma ordem mais profunda de organização. Ações advindas dessa consciência nos permitem vivenciar pessoalmente uma ordem mais profunda de realidade e nos acostumar a ela. O que é mais interessante, e em última análise mais útil, não são os resultados específicos que conseguimos, mas o estado de consciência no qual estamos entrando. Os recursos, o apoio, as informações e a ação ficam mais unificados, como se fossem parte de uma só experiência. A seqüência linear de ação que a mente comum tanto conhece começa a desaparecer, e se manifestam inesperadas coincidências e ligações. Quanto mais aprendemos a mergulhar nesse lugar, tanto maior o volume de desafios de todo tipo que seremos capazes de administrar.

A Prática de Acelerando os Resultados

Distância Emocional

Escolha um resultado específico, um tanto desafiador, que você queira alcançar e que, a seu ver, vai demorar um certo tempo, ao menos de seis meses a um ano, ou mesmo dois anos. Neste exemplo, vou usar um ano.

Imagine que alguma força invisível esteja lhe garantindo que dentro de um ano esse resultado definitivamente vai se manifestar. Observe como isso faz você se sentir.

Em seguida, imagine que seja reafirmado que esse resultado vai ocorrer, sendo a única mudança o fato de que sua manifestação ocorrerá em nove meses. Como você se sente agora?

Agora essa força lhe garante que ele vai acontecer em seis meses. Faça outra vez uma pausa; verifique o sentimento. Em seguida, reduza o prazo para três meses, uma semana e por fim amanhã.

Finalmente, imagine que esse resultado já aconteceu e que você simplesmente tinha se esquecido.

Experimente essa visualização algumas vezes. Você está procurando o ponto de desistência. Até um certo ponto, digamos, seis meses, sua mente racional ainda consegue imaginar como o evento poderá ocorrer. Quando chegar aos três meses, você provavelmente vai dizer "De forma alguma, impossível". O momento pelo qual você procura é um limiar no qual a sua mente racional desiste e diz que é impossível. Algumas pessoas ficam muito animadas no ponto de desistência e pensam "Que ótimo! Não tenho de fazer coisa alguma". Outras pessoas cortam a ligação e dizem "Isso é loucura". Pouco importa o que aconteça; o ponto vital é o limiar. Nele reside a resistência emocional. Você quer cavar ao redor dele para ver que pensamentos, sentimentos e crenças estão mantendo seu resultado "na temporalidade".

A Expressão da Visão

Expor a sua visão em voz alta é uma das maneiras mais rápidas de detectar mensagens conflitantes.

Peça a um amigo que escute seus planos ou intenções sem tentar dar atenção ao seu conteúdo. Peça-lhe que procure identificar pontos em que a energia parece se reduzir, em que a sua atenção parece vagar, em que ele se sente atraído ou rejeitado. Ele está em busca de qualquer coisa que não corresponda às palavras que você profere. Depois de ele lhe transmitir sua impressão, repita o processo.

Antes de repetir, discutir sobre aquilo de que você tem medo, às vezes pode ser útil o que é objeto de sua negação ou qualquer coisa evocada pelas observações do seu amigo. Lembre-se de que o ponto principal não é que você se defenda, mas examinar o que fez a pessoa se sentir desvinculada do que você estava dizendo. Por vezes, é preciso repetir muito o processo até se poder afirmar a própria visão sem que haja discrepâncias entre as palavras e a energia. Se quiser fazer uma versão em fita de vídeo, você vai descobrir que essa análise pode ser ainda mais rigorosa. O principal propósito de tornar a sua apresentação mais coerente é fazer com que você comece a reconhecer que impressão ela causa. Vai ser então mais fácil descobrir essa coerência em outras ações. O segundo benefício está no fato de que, quando ficamos mais coerentes na maneira de falar sobre alguma coisa, os resultados tendem de fato a acelerar-se.

Como Fortalecer a sua Assinatura

Às vezes, as pessoas não percebem como são importantes. É muito comum que alguém tenha de perder parte de um seminário por razões logísticas. Na minha opinião, 75% dessas situações poderiam ter sido tratadas de modo que a pessoa não tivesse de perder. Na maioria das vezes, a pessoa acredita que a sua presença no grupo não vai fazer diferença. Mas sempre faz. Você pode de vez em quando perceber a contribuição peculiar de uma pessoa por meio do que acontece quando ela *não* está presente. Eu sempre tenho a fantasia de que, se essa pessoa pudesse ao menos ver o que acontece ao grupo quando ela não está ali, teria uma consciência muito maior do que tem a oferecer.

> *Criamos um processo a partir dessa experiência. Dividimos o conjunto de pessoas em grupos de quatro. Passados dez minutos de participação, uma pessoa deixa o grupo. Ao sair, ela reflete sobre o impacto que poderia ter causado. Os demais membros do grupo também refletem sobre o que sentiram quando a pessoa saiu. Ela então volta e todos descrevem o impacto que sentiram ter havido. Repita o processo com uma segunda pessoa e assim por diante. Dando-se uns trinta minutos por pessoa, esse exercício dura cerca de duas horas.*

No filme *Cocoon*, há uma cena em que a alienígena tira a pele, que é uma réplica da forma humana, revelando um ser de luz. Se você não tivesse a pele no lugar, como as pessoas descreveriam o seu padrão de luz? É esse tipo de descrição que você está tentando sentir nesse exercício. Quando você conseguir saber as maneiras peculiares pelas quais você afeta um projeto ou grupo, reflita sobre o que aconteceria se você aprimorasse essa assinatura e elevasse o volume das características que se aproximam mais do seu verdadeiro ser.

Descobrindo Mudanças Cruciais no Campo Holográfico

Escolha um projeto ou relacionamento que você deseje compreender mais completamente.

> *Tente determinar o padrão essencial que a seu ver descreve o projeto ou relacionamento. Por exemplo, você pode sentir que o começo é explosivo e que a fase intermediária nunca corresponde à sua impressão inicial. Examine então esse mesmo padrão para ver se ele se reflete em suas ações cotidianas e se é reflexo delas.*
>
> *Talvez você diga às pessoas um grande "Alô" bastante caloroso e, de repente, se veja saindo de sintonia e com vontade de ir embora alguns minutos depois.*
>
> *Experimente mudar o padrão. Por exemplo, tente um cumprimento menos caloroso e se concentre em permitir que o seu interesse por essa outra pessoa se aprofunde a partir daí. Quando for a um cinema ou jantar, procure aumentar sua atenção com respeito à fase intermediária do filme ou da comida. Não se preocupe com o seu projeto. Simplesmente passe algumas semanas entrando em conversações lentamente e construindo essa relação de maneira constante e consciente. Eu garanto que esse novo padrão vai começar a aparecer em tudo o que você fizer.*

Navegar no Desaparecimento do Tempo

Temos tido a boa sorte de poder observar muita gente passar pelo desaparecimento do tempo, de modo geral quando sua carreira pega uma onda maior do que antes. A principal coisa a fazer nesses momentos é desacelerar, considerar as opções com muita atenção, concentrar-se em aprofundar todos os seus relacionamentos e cuidar de relaxar ainda mais. Trata-se do oposto do desejo instintivo. Quando as coisas se aceleram, sua pulsação começa naturalmente a aumentar e você vai se sentir vendo as coisas num ritmo mais rápido. Você tende a ser mais desatento e superficial em seus relacionamentos. Se você puder de alguma maneira respirar conscientemente mais fundo e permitir-se relaxar, a velocidade passa a ser algo agradável e não um desafio a vencer.

Quando o tempo desaparece ou ocorrem sincronicidades num nível mais elevado, você entrou em contato com uma ordem mais profunda de experiência. Relaxar permite que você se concentre no que de fato está fazendo para que essa aceleração aconteça. Assim, a experiência se mantém por mais tempo e os resultados se expandem. Os resultados exteriores se aceleram porque algo em você ficou mais coerente, mais individualizado, mais sintonizado. Só desacelerando diante de um resultado em aceleração você pode continuar ligado à verdadeira natureza da experiência.

Oito Instrumentos de Navegação

Navegar é uma maneira de perceber eventos e determinar uma direção. Uma mesma situação pode ser vista através de cada um desses oito filtros, que produzem um conjunto diferente de possibilidades. A força dessas estratégias não se revela por meio da mera compreensão intelectual; ela requer um compromisso permanente com a prática do domínio particular de conhecimento que cada uma delas torna disponível. Por meio do trabalho contínuo com cada instrumento, você vai descobrir sua força singular de arrojá-lo no futuro.

Instrumento de Navegação 1: A Zona do Futuro

Temos a capacidade de ter acesso a estados mais elevados de consciência em que a relação mente/corpo é mais integrada. Essas experiências são uma forma de metainteligência que leva todas as nossas faculdades a um nível superior.

Instrumento de Navegação 2: Um Novo Sentido

Quando percebe informações a que antes não tinha acesso, você vivencia a profecia, a capacidade de ver por entre a barreira invisível do tempo. Você vê mais além de uma maneira que ultrapassa em muito as imagens óbvias com que a nossa cultura nos ofusca.

Instrumento de Navegação 3: As Emoções da Mudança

Estamos cercados por uma cultura em rápida transição. A arte da mudança xamânica permite que essas alterações exteriores também nos transformem interiormente. As emoções associadas a essa mutação equivalem a uma morte e a um renascimento psicológicos.

Instrumento de Navegação 4: Criando Mitos

Temos a capacidade de redesenhar o mundo ao elaborar novas histórias acerca de nós mesmos, da nossa cultura, da própria realidade. Estamos testemunhando a rápida decadência dos mitos que compartilhávamos — para sobreviver, temos de recuperar as nossas capacidades de criadores de mitos.

Instrumento de Navegação 5: A Dança das Sombras

Ocorre uma alquimia natural quando trazemos aspectos submersos da nossa consciência à plena visibilidade e transformamos esse encontro em novas possibilidades. Aprisionada nas sombras — nas partes perdidas, negadas e projetadas da nossa personalidade —, há sempre uma parte perdida do nosso poder.

Instrumento de Navegação 6: Por que Precisamos Transpirar

Temos de nos libertar do sonho que absorvemos da nossa cultura, descobrir um caminho feito por nós mesmos e assumir a responsabilidade de uma visão. Só se pode fazer uma descoberta desse tipo transcendendo nossas metas e objetivos mundanos e tocando o domínio do sagrado.

Instrumento de Navegação 7: O Poder da Intimidade

Pela primeira vez na história humana, dispomos dos instrumentos que nos façam sair do mundo emocional que herdamos do nosso passado. Isso vai nos permitir estar mais plenamente presentes, capacitando-nos assim a ter acesso à verdadeira força e inteligência do relacionamento.

Instrumento de Navegação 8: Acelerando os Resultados

Podemos fazer o tempo desaparecer, atraindo resultados para nós de maneira quase mágica. A sincronicidade é a distância mais curta entre os nossos desejos e a sua realização. O verdadeiro propósito de aprender a acelerar um resultado particular é descobrir um estado de consciência que permita uma manifestação mais fácil de todos os resultados.

Parte 3

O que encontraremos?

O Outro Lado do Portal

Num domingo, há uns vinte anos, eu estava lendo o The New York Times. Quando estava na seção da revista, vi na capa uma das primeiras fotos tiradas do espaço retratando a Terra elevando-se acima da Lua. Fiquei profundamente comovida com a sua beleza. Você pode se lembrar como foi comovente a primeira vez em que você viu essa imagem. Alguma coisa dentro de nós se alterou para sempre.

O artigo que acompanhava a foto era do falecido Joseph Campbell, o grande mitólogo. Ele dizia que a imagem do *nascer da Terra* proporcionaria um novo mito à nossa cultura, orientando nossa psique para o próximo passo da nossa evolução. A imagem da Terra nascendo continua a ser um potente ícone cultural, usado em larga medida por pessoas e organizações para seus logotipos e campanhas publicitárias. Elas sabem que, além de sua beleza natural, há um significado mais profundo nessa imagem que é virtualmente irresistível.

O "mito do nascer da Terra" não é tanto um mito de unidade global. Essa idéia tem estado presente há algum tempo. É um mito sobre a força da auto-reflexão. O nascer da Terra mostrou-nos pela primeira vez que podíamos lançar um olhar sobre nós mesmos. Podemos segurar um espelho e refletir acerca de quem somos. O novo mito diz que, olhando a Terra como um todo, podemos obter autoconsciência. Tal como a espaçonave que nos proporcionou aquelas primeiras fotos da Terra, ao refletir sobre a nossa realidade coletiva, podemos obter **um novo ângulo de visão**.

CAPÍTULO 12

Um Novo Ângulo de Visão

Se os olhos são o espelho da alma, a maneira como olhamos coletivamente o mundo é um espelho da nossa alma coletiva.

Nunca antes uma cultura olhou tão profundamente para si mesma. No momento em que acontece um dado evento, uma equipe de analistas aparece para examinar por que ele aconteceu, o que ele significa e como temos de reagir a ele. Estamos refletindo, refletindo, refletindo interminavelmente, e quase todos têm uma opinião sobre quais são de fato os nossos problemas e sobre o que é compatível com o espírito da nossa época. Enquanto sociedade, perguntamos publicamente: O que é a consciência? O que é uma organização saudável? Qual a essência de uma verdadeira comunidade? Estamos tentando desesperadamente perceber o quadro mais amplo. Mas o que estamos de fato captando? O que paira nas fronteiras do nosso inconsciente coletivo?

A Quinta Solução

A memória é uma complexa *Gestalt* entrelaçada com emoções, motivações e paixões. Porém as nossas imagens conscientes do futuro são de modo geral bem menos ricas. Essas imagens costumam basear-se em alguns planos que colocamos em nossas agendas e em nossas expectativas sobre o que esses eventos poderão trazer. Podemos ter algumas intenções frouxamente baseadas que podemos ou não levar a efeito. Aplicamos a essas vagas premonições a tinta produzida por alguma mistura de medo, terror, otimismo e excitação. O nosso sentido do futuro parece parar aqui, mas é possível que captemos as coisas de uma maneira mais sofisticada e desenvolvida do que nos damos conta?

Em seu livro *Holographic Universe*, Michael Talbot descreve um fascinante estudo sobre como as pessoas concebem o que vem pela frente. Pessoas de um estudo foram hipnotizadas e conduzidas ao futuro. Foi-lhes perguntado como era o mundo no futuro próximo. Em seu estado hipnótico, elas expressaram idéias extraordinariamente claras e desenvolvidas acerca do que o futuro reservava, incluindo muitas vezes que países participariam de que eventos e até em que datas. Era como se estivessem lendo o roteiro de uma peça, completo, incluindo personagens e enredo.

Podemos descobrir que o nosso sentido do que vem pela frente é tão complexo e potente quanto a nossa memória; ele se acha simplesmente fechado em nosso subconsciente.

A mais notável característica dessas progressões hipnóticas é que apenas quatro cenários principais surgiram:

- Depois do desastre — mudanças nucleares, ambientais e da Terra, colapso social ou colapso financeiro. Tal como Tina Turner na série *Mad Max*, somos sobreviventes que vagam para colher os pedaços.
- Uma cibersociedade da alta tecnologia e do "grande irmão". Vivemos no subterrâneo, onde estamos cercados por soluções mecânicas para problemas humanos.
- Retorno à natureza; uma sociedade baseada em ofícios. Ou as cidades foram destruídas ou percebemos os perigos da vida moderna e escolhemos voluntariamente viver de maneira mais tribal, mais próximos da natureza, buscando mais uma vez alcançar metas espirituais e o crescimento pessoal.
- Vida fora do corpo ou em estações espaciais em órbita; ingestão de comida sintética. Essa imagem lembra as fantasias de ficção científica e as histórias de encontros com alienígenas.

Trata-se de um estudo fascinante, mas essas são as mesmas quatro opções com que Hollywood e os meios de comunicação de massa nos vêm entretendo há anos. E você pode passar a Rede a pente fino em busca de *sites* que vão lhe fornecer abundantes provas em favor de cada um desses quatro cenários, *sites* nos quais "fatos" antes não-revelados sobre por que esta ou aquela direção é inevitável ou iminente nos são fornecidos. E os nossos cientistas políticos e comentaristas públicos põem lenha nessas fogueiras. Parece que, aprisionadas em nosso inconsciente coletivo, há algumas imagens bem claras do outro lado do Portão Estelar.

Nenhum desses quatro cenários me parece convincente. Na realidade, se o nosso inconsciente coletivo só nos apresenta essas quatro opções, é melhor criar imediatamente um currículo mundial de imaginação desde o jardim-de-infância.

Mas talvez não possamos conceber nenhum novo cenário até nos libertarmos da nossa atração inconsciente por esses quatro. Já tive minha cota de conversas apocalípticas em que apresentei fortes provas de como as coisas estão ruins, de como o desastre ou o colapso de alguma espécie é provavelmente inevitável. Também já recebi minha parcela razoável de discursos sobre o "grande irmão"/monopólio global/abaixo-a-tecnologia. E também já cansei de idealizar um cenário de volta à natureza. Por outro lado, estações espaciais no céu, talvez com o apoio de alienígenas, parecem a única solução. Como Jodie Foster em *First Contact*, às vezes nos sentimos bem sozinhos e poderíamos recorrer a alguém lá fora que sabe mais do que nós.

Há definitivamente partes da nossa cultura que parecem estar caminhando nessas direções. Precisamos examinar não só nossa atração inconsciente por esses cenários, mas a parte de nós que não pode ver outra saída. Esses quatro roteiros são mais potentes do que nos damos conta. Tal como a história do homem gago, eles podem estar nos impelindo invisivelmente a agir dentro dos limites da História. O que esperamos que venha a surgir vai nos levar, sem que o percebamos, nessa direção.

Philip e eu dirigimos discussões em que cada pessoa do grupo fala da parte de si que se sente inconscientemente atraída para essas quatro tramas. Há sempre partes da história pessoal de cada um — sentimentos de impotência, raiva contida, vingança, terror, ciúmes, ódio por si mesmo, julgamento dos outros, etc. — que nos fazem inconscientemente predispostos a um cenário particular. Assim, cada cenário é também uma afirmação sobre nós. O cenário da volta à natureza pode revelar temores de que não sejamos mais espertos do que as nossas máquinas. O cenário do salvador funciona bem quando nos sentimos especialmente impotentes e cansados. Tal como ocorre com a sombra, precisamos examinar a parte do nosso próprio poder que se acha aprisionada por essas histórias.

Porém, o que é muito mais importante, tem de haver uma quinta solução tomando forma em alguma parte do nosso coração coletivo.

Tal como os pontos em *Magic Eye*, os detalhes podem ser ainda um tanto difusos para permitir uma visão clara. Tal como a parede que surge antes de se entrar na zona, pode haver um sentimento avassalador de que as forças contra nós e a nossa fadiga são simplesmente grandes demais. É difícil ir além de todas as evidências de que a verdadeira transformação é impossível e de que tudo já foi definido.

A tese deste livro é que uma quinta solução está na promoção do nosso próprio ser, na expansão de estados de consciência que estão ao nosso alcance, na construção de relacionamentos mais profundos ou em dar permissão à imaginação para que voe. **É na alquimia da criação de uma resposta pessoal**

a um jogo bastante complexo e implacável que uma quinta solução vai sendo elaborada lentamente.

Creio que o portal para um futuro diferente vem se formando lentamente fora da nossa consciência comum. Os contornos desse novo domínio são descritos pelos extremos da nossa psique.

Um Grau de Diferença

Quando um foguete é lançado no espaço, as trajetórias têm uma escala tal que um único grau de variação pode enviar o foguete para uma galáxia completamente diferente. Da mesma maneira, podemos descobrir que mudanças aparentemente pequenas na maneira como nos relacionamos com o nosso corpo, ou nos comunicamos ou nos relacionamos com outras pessoas, esses pequenos graus de diferença, podem levar a um destino cultural completamente diferente.

- Quando temos acesso consciente à zona, entramos automaticamente em contato com uma visão mais ampla da realidade e sentimos, como resultado, um aumento de vitalidade e de criatividade.
- Quando vemos com um novo sentido, assimilamos bem mais informações a partir do fluxo dos eventos cotidianos, e a verdadeira direção das experiências se torna mais evidente.
- Quando usamos a mudança como o fazem os xamãs, despertamos fontes mais profundas de liberdade pessoal e de autoconhecimento.
- Quando aprendemos a tecer novas histórias a nosso respeito, aprendemos também a começar a contar novos mitos sobre as nossas organizações, sobre a nossa realidade e sobre a cultura como um todo.
- Quando já encontramos nossas próprias sombras e labutamos com o seu poder subjacente, vemos as nossas dificuldades maiores por meio de uma lente bem diferente.
- Quando construímos um forte sentido do nosso próprio propósito, manobramos com menor esforço no ir e vir de uma cultura que passa por problemas.
- Quando cruzamos os limiares do nosso relacionamento, vemos com maior facilidade por entre os medos que moldam tantos encontros sociais e sabemos como evocar uma colaboração mais forte.
- Quando compreendemos a dinâmica invisível que está na base de toda ação, temos uma visão diferente de como podemos resolver nossos problemas coletivos e em que quadro temporal.

Cada capítulo sucessivo ofereceu uma maneira mais profunda de estar no mundo, um modo de ver que revela diferentes possibilidades para o futuro, um novo ângulo de visão.

Se você estiver sentado há algum tempo discutindo uma questão específica, você vai descobrir que uma coisa simples como se levantar e trocar de cadeira pode permitir que se veja a discussão de uma perspectiva diferente, o que muito provavelmente vai produzir opiniões um tanto diferentes. Este livro está voltado para proporcionar a você uma experiência de "troca de cadeiras", bem como passos claros para você reconhecer as percepções que, como resultado disso, você vai obter. Usando os pontos de vista proporcionados por esses instrumentos de navegação, você adquire o potencial para ter uma atitude bastante transformada acerca do futuro. Essas mudanças relativamente pequenas vão conduzi-lo a uma nova direção.

Não podemos entrar no futuro por meio do pensamento; temos de sentir o caminho a seguir. Se de fato queremos entrar em domínios ampliados, temos de abrir nosso caminho de uma maneira que de fato deixe para trás nossa experiência passada. É assim que a quinta solução vai surgir. O outro lado do Portão Estelar ainda não está completamente visível, mas o grau de diferença que cada um aprender a fazer vai, com toda a certeza, fazer-nos chegar a um destino inteiramente diferente.

Qual o Tamanho do Salto que Podemos Dar?

Alguns historiadores vêem esta época como um eco de transformações culturais passadas. Um excelente livro chamado *The Fourth Turning* faz uma exaustiva análise dos altos e baixos da mudança social a partir da década de 1500.[1] Ele descreve o nosso atual ambiente cultural como uma fase bastante previsível no âmbito das direções regulares da mudança da sociedade. A cada período de mais ou menos vinte anos, entramos numa nova fase de organização social. A principal característica do próximo período de dez a vinte anos serão o caos e o colapso crescentes, dos quais nascerá uma nova era de esperança e confiança. Esse ciclo já aconteceu antes e vai voltar a acontecer.

O historiador Arthur Schlesinger apresentou uma concepção semelhante em sua descrição de um pêndulo social que oscila entre conformidade e ordem e rebelião e colapso. A década de 1960 foi uma reação à negação da década de 1950. A década de 1990 tem de trazer à realidade os anos 1980. Repetidas vezes, períodos de questionamento e de revolta levaram inevitavelmente a períodos de estabilidade e calma. Períodos de irresponsabilidade social desembocam em épocas em que se valoriza mais a compaixão.

Embora essas características cíclicas expliquem por certo partes da atual era cultural, a nossa condição presente exibe elementos que desafiam padrões anteriores, que são sem precedentes. Há em nossa época características *progressivas*, dimensões de mudança, que não se podem comparar com exemplos passados de insatisfação.

Porque esse momento em parte se apóia em transformações culturais passadas e, em parte, porque as tensões passaram a uma nova ordem de magnitude, este período de colapso e reorganização não vai se parecer nem um pouco com os anteriores. Durante cinco mil anos, estivemos construindo os alicerces conceituais da vida moderna, e o preço das opções feitas está se tornando dolorosamente claro. Não podemos voltar ao passado. A onda de progresso tecnológico tem demasiado impulso e é praticamente irresistível. Temos de descobrir uma maneira de ir para a frente que conserve a essência do que culturas antigas também sabiam, que restaure nosso corpo e aprofunde nossos relacionamentos. Uma convergência peculiar de fatores fará deste um ponto de ruptura diferente de qualquer outro.

> Há muitos eventos no ventre do tempo esperando para nascer.
>
> Shakespeare

Autores como Peter Russell, Willis Harmon, Barbara Marx Hubbard, Jean Houston, Fritjof Capra, José Argüelles, Marilyn Ferguson, Terrence McKenna e outros foram os primeiros a descrever a magnitude da transformação que hoje temos diante de nós. Amplas revoluções nos domínios social, político, tecnológico e econômico são apenas o começo. Aproximamo-nos de uma transformação todo-abrangente da própria consciência.

O físico Fritjof Capra descreve essa mudança como uma reorganização conceitual.[2] Para negociar esse tempo de colapso e renascimento de paradigma, precisamos estruturar de novas maneiras o nosso pensamento. Somos chamados a examinar os sistemas ecológica e holograficamente, visto que cada evento não só revela informações sobre o todo, mas se acha vinculado com todos os outros eventos. Temos necessidade de abordar os problemas com a compreensão de que os sistemas, as pessoas, as organizações, o planeta não podem ser compreendidos por redução. Eles são sempre maiores do que a soma de suas partes. Esse novo ângulo conceitual vai nos permitir uma nova experiência do mundo e a localização de uma nova ordem de soluções.

Terrence McKenna dá um passo além, caracterizando este momento histórico como "onda temporal zero" [*timewave zero*][3]. Ele acredita que nos aproximamos de um momento em que não apenas vamos pensar de outra maneira, e não apenas a cultura vai cair por terra, como iremos fugir às nossas atuais noções de realidade. A partir desse colapso teórico, chegaremos à descoberta de como viver com base numa dimensão mais "mágica" em que recuperaremos as capacidades dos nossos ancestrais e as combinaremos com abordagens contemporâneas para compreender de que modo as realidades pessoal e objetiva estão entrelaçadas. Começa a surgir um xamanismo pós-moderno.

Peter Russell tem uma visão ainda mais radical.[4] Baseando-se em idéias da física e do pensamento do Oriente, ele postula que vai chegar um tempo em que o nosso atual nível de consciência já não será adequado aos desafios que teremos diante de nós. Teremos de explicitar outra camada de autoconsciência, um aprofundamento da auto-reflexão e da maneira como organizamos o conhecimento sobre nós mesmos. Neste momento de complexidade em aprofundamento, nosso período singular na História será transformado pela consciência humana, criando assim um buraco branco no tempo.

Curiosamente, essas descrições radicais não estão muito longe do que economistas como Paul Romer e Hazel Henderson definem como a próxima dimensão da evolução econômica. À medida que saímos de uma época em que os recursos naturais e outros recursos finitos deixam de ser o foco principal dos negócios, sendo substituídos pelo domínio infinito das idéias e da imaginação, a economia mundial será cada vez mais projetada e dirigida pela criatividade pessoal. O efeito será comparável à onda temporal zero de McKenna ou ao buraco branco no tempo, tendo em vista que a qualidade da consciência humana vai ditar a qualidade da atividade econômica. O capital intelectual e a capacidade de imaginar novas dimensões da mudança serão molas propulsoras dessa nova economia.

Muitos comentaristas sociais concentram-se num lado mais pessoal dessa nova fronteira. O poeta Robert Bly oferece um exemplo em seu exame da cultura moderna, *The Sibling Society*.[5] Ele afirma que a cultura está sofrendo um achatamento; estamos perdendo a nossa profundidade. A história do nosso passado sempre proporcionou dimensão, algo que agora é descartado por irrelevante. Os relacionamentos costumavam abranger mais sombras e mistério, mas agora queremos tudo facilmente digerível, o que torna a intimidade unidimensional. A cultura como um todo está produzindo quantidades crescentes do mesmo, de modo que já não temos tempo para a excelência. Bly vai além do conhecido argumento de que a cultura da TV está obliterando a diversidade e promovendo a mediocridade. Segundo Bly, ela está brincando com o modo de funcionamento do cérebro ao destruir a nossa capacidade de produzir nossas próprias imagens.

Assim, cada vez mais, só olhamos para o lado, invejando-nos uns aos outros, querendo apenas o que o vizinho tem, renunciando à capacidade de procurar por nós mesmos e de encontrar a nossa própria profundidade. Esse achatamento nos torna menos compassivos, menos tolerantes, menos autênticos. É uma dura análise. Deveríamos nos lamentar pelo que perdemos. Contudo, há nessa deplorável superficialidade um embrião de esperança.

Estamos tornando a nossa cultura cada vez menos espessa. A linguagem e o pensamento crítico estão se tornando uma dieta de subsistência de pessoas que escrevem uma única linha e mal balbuciam. Quando a nossa tolerância diminuir, a ponto de desejarmos a resposta antes de ter de fazer a pergunta, ruiremos, e surgirá a sede de um novo centro. A partir da nossa busca insensata e irrestrita de novas direções e a partir do nosso anseio insaciável do lucro sem responsabilidade, alguma coisa dentro de nós poderá finalmente se inclinar em favor de uma nova dimensão interior. A partir do vazio criado, seremos levados a buscar uma nova visão.

Esse ímpeto por uma dimensão mais profunda é exatamente o que abala o planeta. Os ensinamentos secretos de todas as grandes tradições do mundo estão não só disponíveis, como traduzidos para os leigos e atualizados para a mente moderna. Testemunhamos o rápido crescimento de muitas tradições espirituais. Princípios profundos da ecologia estão penetrando na corrente principal do pensamento. Vemos um incremento astronômico de relatos de experiências paranormais, ao lado da aceitação emergente da consciência como fator na cura, nos negócios e enquanto força plasmadora do futuro. **À medida que essas novas crenças cruzarem a ponte que separa a ideologia da prática, seremos levados ao que se pode descrever como a "xamanização" da nossa cultura.** A história a seguir baseia-se numa lenda Hopi.

> *No começo deste mundo, todo o conhecimento era mantido num só lugar. Chegou porém o momento em que, por causa de forças crescentes de desequilíbrio, isso ficou demasiado perigoso. Assim, o pai deu a cada filho uma tábua e lhes disse que fossem cada qual para uma parte diferente do mundo e conservassem seu pedaço da verdade seguro e puro. Um dia, quando chegasse o momento certo, os filhos seriam chamados a voltar. Quando eles voltassem ao lar trazendo suas tábuas, o conhecimento do mundo se reuniria outra vez. A ocorrência disso seria o sinal de que se estava prestes a entrar num novo mundo.*

Talvez esse seja o nosso sinal: todo o conhecimento do mundo está prestes a ser reunido e posto ao alcance das nossas mãos.

Os Meios São o Fim/A Pergunta é a Resposta

Voltando ao problema apresentado na introdução: Como concebemos a nós mesmos no futuro como de alguma maneira mais avançados conceitual, perceptiva, emocional e cinesteticamente do que hoje? Como dar substância a uma imagem em que nos tornamos mais honestos, mais gentis e mais sábios nos anos por vir?

A solução que ofereço ao longo deste livro é que a única maneira de fazer isso com alguma garantia é promover um exame completo e comprometido do nosso futuro psicológico. Um futurismo psicológico permite-nos considerar as mudanças pessoais que têm de acompanhar o caos cultural. Esse futurismo nos permite examinar como alcançar a nossa tecnologia, como o nosso corpo pode começar a alcançar a nossa mente, como os nossos relacionamentos podem alcançar a nossa cultura. Um futurismo psicológico faz com que o nosso foco seja a maneira como o indivíduo pode evoluir em contextos de rápido movimento e de turbulência.

Os oito instrumentos são apenas o começo. Espero que grandes quantidades de artigos e livros surjam, concordando, discordando e fazendo avançar o debate público sobre como podemos participar mais eficazmente de um mundo que é ao mesmo tempo digital e espiritual, conectado e ecológico, em processo de fragmentação e, ao mesmo tempo, de elaboração de novas histórias.

Primeiro usei esses oito domínios para descrever um portal, elementos que delineassem um novo mundo psicológico. Em seguida, usei esses mesmos oito domínios para descrever uma trilha, um caminho para percorrer um terreno cada vez mais turbulento e conservar o equilíbrio.

Por fim, eles também representam o outro lado do Portão Estelar. Eles descrevem um conceito ampliado de nós mesmos. Vamos nos sentir diferentes, com novas faculdades sensoriais, capazes de entrar na zona quando quisermos, mudando de forma à medida que tecemos mitos cada vez mais surpreendentes que advêm de um conhecimento mais profundo da sombra, de um propósito mais verdadeiro, de uma intimidade extraordinária e de uma crescente capacidade de permitir que tudo se acelere. Não é nenhuma capacidade isolada que vai fazer a diferença. É na convergência desses oito caminhos que se revela a nossa verdadeira direção. É desse modo que chegaremos a compreender novas dimensões da nossa própria consciência. Em outras palavras, o portal que escolhemos determina o caminho que vamos seguir, caminho que molda o resultado ao qual vamos chegar. O ponto em que começa é a maneira mais forte de determinar o ponto em que você termina.

A definição que ofereci no prefácio diz o seguinte: o futuro não existe lá fora, no tempo, *mas como o momento em que se transcendem padrões habituais e se toca algo que está de fato além do que já se sabe*. Cada um dos oito instrumentos de navegação é um modo de transcender nossa relação habitual com nosso corpo, com nossos sentidos, com nossas emoções, pensamentos, relacionamentos e ações. É, assim, uma maneira de começar a dar nova forma ao futuro.

Não importa o que fazemos; nós nos veremos do outro lado do Portão Estelar. O que vamos encontrar lá depende da porta pela qual passarmos.

➢ Se passarmos *somente* pelas portas tecnológicas, seremos mais mecanicistas do outro lado.

➢ Se passarmos *somente* por portas econômicas, seremos mais calculistas.

- ➢ Se passarmos *somente* pelas portas da paranóia e do medo, nem sequer vamos nos reconhecer do outro lado.
- ➢ Se insistirmos em passar por portas que nos permitam permanecer em atitude de negação, chegaremos ao outro lado em sono profundo.

Por outro lado, se passarmos por portas mais descontraídas, humanas, visionárias e delicadas, poderemos descobrir do outro lado que gostamos de nós mesmos — bastante.

Como Tornar-se um Navegador

Esses instrumentos não compõem uma solução, sendo mais uma bússola ou estrela polar. Eles oferecem um ponto de referência.

Com um ponto de referência, você pode negociar uma direção. Você pode decidir. Preciso ampliar minhas percepções? Preciso tornar-me mais fluido emocionalmente? Preciso passar a ser um criador de mitos e contar uma nova história? Ou tenho necessidade de contar uma verdade mais profunda? Um navegador é só alguém que tem um destino em mente e é capaz de ajustar o curso de acordo com isso. Com instrumentos navegacionais aprimorados, você pode mover-se como um raio ainda que o tempo esteja tempestuoso ou a neblina tenha se estabelecido. Como não sabemos de fato o que vem pela frente, a única coisa que temos é, com efeito, a navegação.

A navegação é uma metáfora psicológica adequada ao nosso tempo. No passado, concentrávamo-nos em técnicas e soluções; concentrávamo-nos em curar e aprender a conviver com as coisas. Um mundo em ritmo acelerado requer que nos declaremos curados o bastante e que redirecionemos as nossas energias rumo à aprendizagem, para seguirmos em frente da maneira mais eficaz e bem-sucedida possível. Navegar permite-nos a concentração no fluxo e o aproveitamento de oportunidades à medida que surgem, em oposição a consertar e analisar.

O Fio de Ariadne

Dizia a lenda grega que era impossível encontrar o caminho para sair do famoso labirinto de Creta. Ariadne ofereceu a Teseu uma solução elegante. Ela lhe deu um novelo para ir sendo desenrolado à medida que ele entrava, tentando encontrar o Minotauro, nas profundezas do labirinto. A saída para as nossas atuais confusões pode estar numa idéia quase tão simples quanto essa.

Joseph Campbell fez uma importante afirmação numa entrevista a Bill Moyers. Por boa parte do começo de sua vida, Campbell ficava a imaginar se tinha cometido erros ou se era conduzido pelo caminho certo. Um dia, ele teve a percepção espontânea em que compreendeu por que tudo o que lhe acontecera na vida, mesmo o que na época lhe trouxera sofrimento, fora necessário para que ele realizasse o seu destino pessoal. Ele deixou de perceber as coisas em termos de bom ou ruim, certo ou errado. De repente, todos os eventos da sua vida fizeram sentido, como se um fio invisível os vinculasse a todos.

Talvez, em algum ponto do futuro, também nós olhemos para este momento da história humana e vejamos as nossas atuais direções não como boas ou ruins, mas como necessárias para realizar o nosso destino coletivo.

- ➢ Talvez a nossa sombra precise ficar imensa, para que, quando finalmente tivermos nosso encontro com ela, o poder que adquirirmos seja proporcionalmente magnífico.
- ➢ Talvez a nossa tensão física precise ficar tão dolorosa que a nossa única escolha seja viver na zona.
- ➢ Pode ser que fiquemos tão entediados com o que vemos em nossas telas coletivas que comecemos outra vez a criar mitos.
- ➢ Talvez as nossas exigências tenham de se tornar tão difíceis de administrar que nos comprometamos a fazer o tempo desaparecer.
- ➢ Talvez a informação que vem por aí fique tão densa que a única maneira de a permearmos seja adquirir um novo sentido radical.

Talvez comecemos a ver o fio invisível que está conectando todas as direções aparentemente descoordenadas do nosso mundo.

Este é o outro lado do Portão Estelar. Todos ficaremos mais argutos porque não teremos alternativa. Como nos aconselha o mito do nascimento da Terra, basta que examinemos continuamente a nós mesmos, pessoal e coletivamente, em busca de provas de que estamos caminhando rumo a um lugar grandioso. Aí reside o segredo da nossa saída. É essa reflexão que vai modificar o curso do nosso destino comum. Cada um de nós deve procurar, à sua própria maneira, o fio invisível que está nos permitindo sair desse labirinto cultural.

Um navio de passageiros navegava num feriado quando de repente começou a fazer água. Ele afundava rapidamente. O capitão e seus principais oficiais avaliaram de imediato a situação e determinaram que não havia jeito.

E fizeram o impensável: deixaram o navio. Salvaram-se, pensando que não restaria ninguém vivo para contar a história. Enquanto a água alcançava o lado do navio, os passageiros viram o capitão e os oficiais flutuando num barco salva-vidas.

Momentos depois, uma voz dotada de autoridade começou a dar ordens. No meio do caos, essa voz misteriosa dirigiu as pessoas para que fossem para o lugar certo e explicou como baixar os botes. A voz orquestrou o salvamento de todos a bordo.

Foi um Anjo? Não. Foi um capitão de outro navio? Não.
Essa misteriosa voz de autoridade foi um homem contratado para proporcionar entretenimento no navio. Foi muito apropriado, na verdade, esse profissional ter sido contratado como mágico.

Esse é o meu mito para o novo milênio. Os fatos brutos parecem bem ruins; talvez a situação seja irremediável. Muitos líderes deixaram o navio.

Porém, do outro lado do Portão Estelar, a passagem para a segurança será negociada por pessoas comuns capazes de controlar **o fluxo do futuro.**

CONCLUSÃO

O Fluxo do Futuro

Há muitos anos, a NASA pediu a James Lovelock, bioquímico inglês, que determinasse os planetas que exibiam maiores probabilidades de ter vida. Ele já fizera uma análise espectrográfica da Terra e descobrira que a leitura de planetas sem vida eram previsíveis e estáveis. Havia altos e baixos, mas estes podiam ser previstos.

Quando examinou a Terra, ele percebeu uma freqüência diferente, instável, caótica, incontrolável. Isso o levou a concluir que a vida se revela numa instabilidade constante, na criatividade inata e na conexão da inteligência. Isso também o levou a concluir que os mitos antigos tinham razão: a única força capaz de manter coesa essa massa fervente era uma inteligência enormemente expandida.

Se assim for, a principal característica do nosso atual clima cultural é que essa força está se tornando mais viva — maior turbulência, aumento da criatividade, sabedoria mais conectada. Por conseguinte, como pessoas, também temos de ficar mais vivos. É isso que há de tão magnífico na história do mágico do navio. Ele apareceu da maneira mais inesperada, desafiou todas as regras e expectativas e teve acesso a um nível aprimorado de liberdade pessoal e de criatividade social.

O futuro contemporâneo entrou para a cultura popular com *O choque do futuro*, de Alvin Toffler. Ele descreveu o choque do futuro como a sensação que se manifesta com a chegada prematura do futuro. Essa sensação é de algo grande demais, rápido em demasia.

Embora os sentimentos relativos ao choque do futuro ainda persistam, sendo parte ponderável daquilo com que todos estamos aprendendo a tratar, há uma dinâmica igualmente forte assumindo o controle. Estamos fazendo lentamente a transição do choque do futuro para o *fluxo do futuro*. Trata-se de um sentimento expandido em função de novos desenvolvimentos na nossa cultura. O fluir do futuro é a sensação de que estamos ficando mais argutos.

Talvez você tenha percebido que, no nível mais profundo, os oito instrumentos de navegação são um único. Cada um deles envolve o mergulho num nível mais profundo de organização.

Acelerar Resultados ao movimentar-se no campo energético que está além das aparências.
A intimidade e o desenvolvimento de um tecido de inteligência entre você e o outro.
O suor e a entrada num relacionamento mais dinâmico com problemas que enfrentamos.
A Dança das Sombras: tornar-se alquimista e transformar sentimentos em força.
Criar mitos, tecer e retecer novas realidades.
A mudança como jornada xamânica à fonte da liberdade pessoal.
Um Novo Sentido e a capacidade de ver coisas permeando o tempo.
A zona e um novo nível de desempenho.
Um sentido mais profundo de si mesmo.
Uma maior complexidade.
Inteligência.

Descer num vórtice de soluções — é para aí que parecemos estar caminhando. Não é nenhuma capacidade isolada que vai fazer a diferença. Mas é na convergência de um conjunto de capacidades que uma nova direção e uma vida mais ampla vão ser reveladas. Essa nova profundidade-criatividade-inteligência é o que vai moldar a nossa vida, a natureza dos negócios e a cultura como um todo. Que pessoas estamos nos tornando é o fator que vai alterar a direção do mundo.

Essa é a reflexão sugerida pelo mito do nascer da Terra. É também a mensagem do mágico do navio. Ele deixou seus hábitos para trás. Por um momento, ele caminhou do outro lado do Portão Estelar.

Os desafios quase incalculáveis da nossa época estão prestes a bater de frente com a alma humana. A partir desse choque, vai surgir um novo nível de possibilidades. Essa evolução do espírito humano e a força da nossa época vão co-criar a próxima dimensão do nosso futuro coletivo.

APÊNDICE

Guia para Estudo em Grupo

Se você tem a intenção de levar as idéias deste livro um passo além, recomendo-lhe enfaticamente que as pratique num pequeno grupo. Os grupos são um ambiente de aprendizagem extremamente potente porque agem em muitos níveis ao mesmo tempo. Há neles o valor do conteúdo explícito, a dinâmica relacional e as qualidades de liderança que acontecem literalmente.

Philip e eu dirigimos há quinze anos experiências de grupo, e temos visto muitas pessoas continuar a se reunir por conta própria depois de um seminário, muitas vezes durante anos. Uma coisa que sei sobre grupos é que não há dois iguais. *Tal como os flocos de neve, todo grupo tem seu próprio caráter e inteligência que lhe são peculiares*. Se decidir formar um grupo para continuar a explorar o material do livro, permita que a direção e o sabor específicos do seu grupo se tornem a mola propulsora. O simples fato de pessoas se reunirem com um propósito comum cria uma espécie de magia. Você vai perceber que a energia do grupo cedo vai se tornar maior do que a soma de suas partes.

A Criação de um Grupo

Você pode formar um grupo no seu local de trabalho, reunindo um grupo de amigos ou mesmo fazendo um anúncio. Algumas vezes, as pessoas gostam de fazer grupos só de mulheres ou só de homens. Um grupo que conhecemos criou duas reuniões separadas, uma para mulheres e outra para homens, e todos se reuniam a cada dois meses.

Antes de começar, determine o seguinte: o tamanho do grupo, quem fará parte dele, quando e onde irá se reunir, quanto tempo vai durar cada sessão e com que freqüência fará reuniões. Decida se se vai permitir a entrada de novos membros e em que momentos. Determine se o grupo não terá líderes ou vai contar com um facilitador. Cada membro do grupo pode assumir, sucessivamente, o papel de facilitador do grupo, mantendo a discussão nos trilhos. Cuidado para não se levar demasiado a sério. É comum que um aparente colapso no grupo seja o prefácio de uma subseqüente irrupção num novo nível de criatividade.

Apresento a seguir um guia para um grupo que vai realizar onze sessões. Você pode facilmente aumentar ou diminuir o período de tempo passando mais ou menos tempo em cada capítulo ou usando mais ou menos reuniões para cada um deles. É ótimo ter um diário para o uso de todos no decorrer da série, algo que você deverá levar na primeira reunião. Você também pode querer escolher um vigia do tempo e determinar a duração de cada sessão ou processo.

Parte 1: A Descoberta do Portal/Reuniões 1-2

Reunião 1: Todos devem ter lido o Prefácio, a Introdução e o Capítulo 1.

a) Todos se apresentam e descrevem brevemente (2-3 minutos) o que gostariam de obter com esse estudo.

b) *O que é o Futuro?* O prefácio ofereceu a seguinte definição: "O futuro é o momento em que se transcendem os padrões habituais e se toca algo que está de fato além do que já se sabe." Durante dez-quinze minutos, discuta essa definição e sua relevância para a sua vida diária. De que maneira essa definição altera sua relação com metas e visões? Como ela faz você pensar diferentemente sobre o tempo? Percorra o círculo e peça a cada pessoa que diga a principal maneira pela qual tem, nas últimas semanas, sentido o futuro ou vivenciado ampliações espontâneas dos seus padrões habituais.

c) *O Dilema do Portão Estelar e o Futurismo Psicológico.* Discuta a premissa da introdução, a de que muito do que vem pela frente será moldado pelo lado suave do futuro; a evolução da maneira como percebemos, pensamos, sentimos e agimos. Peça a cada pessoa que dê um exemplo de uma capacidade psicológica capaz de alterar dramaticamente a direção de sua carreira ou negócio.

d) *O Espírito do Nosso Tempo*. Peça a uma pessoa que lidere uma leve visualização na qual cada membro tenta vincular-se pessoalmente a uma imagem que representa o espírito da nossa época. Visualize um espírito ou uma personificação deste momento particular da história humana. Qual a sua aparência? O que ele quer fazer? Como ele está nos afetando? Depois da visualização, deixe que cada pessoa descreva o que sentiu.

e) Exercício prático. No período entre esta e a próxima reunião, dê uma atenção maior a momentos em que a sua experiência do tempo presente se expande e "o futuro" se faz presente. Ao final de cada dia, faça uma anotação em seu diário de momentos-chave em que você foi além do conhecido.

(*Para a próxima sessão, você vai precisar de folhas grandes de papel e* crayons *ou canetas coloridas. Pergunte se alguém se oferece para cuidar disso.*)

Reunião 2: Cada pessoa deve ter lido os capítulos 2 e 3.

a) Comece pedindo a cada um que partilhe o que lhe foi sugerido pela tarefa da sessão anterior. O que percebeu?

b) *Alquimia Global*. Todos temos sensibilidade maior para alguns assuntos sociais do que para outros. Por exemplo, podemos ser mais afetados por questões referentes à juventude, ao ambiente ou aos direitos humanos, etc. Peça a cada pessoa que diga quais as três questões que parecem afetá-la mais. Há algum padrão identificável nas coisas que parecem afetá-lo?

c) *Co-evolução e Participation Mystique*. Escolha uma questão ou tema da parte anterior com a qual vocês vão trabalhar no próximo processo. Por exemplo, você pode escolher uma questão como o ambiente ou um tema como o desenvolvimento da liderança. Dividam-se em pares ou façam isso um por um. Cada pessoa vai representar um papel relativo à questão de sua escolha. A outra pessoa fará o papel da questão social. Fale diretamente com essa questão *como se ela fosse uma pessoa*. Isso é muito importante. Algumas pessoas terão a tendência antes de falar *sobre* a questão do que a ela. Você pode de vez em quando lembrá-las de voltar a falar *à* questão, usando frases com *eu* e *você*. Diga a essa questão por que ela o comove tanto. O que ela toca em você? Por que ela o atrai? De que maneira você pode continuar a se relacionar com essa questão? Que aparência ela teria? A pessoa que faz o papel da questão social pode de vez em quando responder ou perguntar. Terminada a vez de cada pessoa, deixe que todos digam de que maneira o processo os afetou. Trata-se de uma maneira interessante de examinar seus sentimentos sobre uma questão ou uma idéia. Isso leva a tipos de introvisões diferentes das produzidas pelo simples ato de falar sobre a idéia.

d) *Um Mapa Psicológico do Futuro*. Você vai precisar de papel para o próximo processo, bem como de *crayons* ou marcadores coloridos. Dê a todos meia hora para criar um mapa pessoal do que acham que viverão no próximo ano. Tente não pensar demais nisso e fazê-lo bem à vontade, como num fluxo de consciência. Ponha primeiramente no mapa as questões pessoais críticas que você vai ter de enfrentar no próximo ano. Crie formas e padrões que representem esses limiares pessoais. Em seguida, ponha representações das idéias que parecem impeli-lo para a frente. Por fim, adicione os principais elementos da sua visão, coisas que você gostaria que acontecessem. Inconscientemente, você vai descobrir que pôs as coisas em certas relações que são sobremodo reveladoras.

e) Peça a cada pessoa que apresente o mapa ao grupo. Se quiser, quando cada um acabar de fazer sua própria interpretação, pode pedir aos outros que digam o que acham que poderia ser diferente.

f) Tarefa: peça a cada pessoa que desenhe o mapa outra vez e o traga consigo na próxima reunião. Vale a pena ver como sua relação com esses elementos pode se alterar e se aprofundar a cada revisão.

Parte 2: Oito Instrumentos de Navegação/Reuniões 3-10

Idealmente, você deveria tratar de um instrumento por reunião. Nesse caso, todos deverão ter lido o capítulo ou capítulos relativos à reunião. Use a sessão de prática ao final de cada capítulo como a base para as oito reuniões seguintes. Como algumas sessões de práticas são longas demais para uma única reunião, você terá de selecionar os processos que mais interessam a todos ou usar duas sessões.

Você vai perceber vários tipos de processos:

- As visualizações podem ser dirigidas por uma só pessoa, e mais tarde cada qual partilha a experiência que teve.
- Alguns dos processos são mais bem realizados em dupla, como o que se refere ao relógio interior, no capítulo sobre a Zona, ou aos três primeiros processos de observação do capítulo sobre o Novo Sentido. Peça a cada pessoa que guie seu parceiro pela experiência.
- Outros processos são diálogos ou representações de papéis e requerem de duas a quatro pessoas. Divida o grupo adequadamente.
- Outros processos ainda exigem auto-observação e têm de ser feitos individualmente. Eles podem ser tarefas para o período entre as reuniões.

Você pode iniciar a sessão seguinte com a partilha, por todos, da experiência que tiveram com o processo objeto da tarefa.

Parte 3: O Outro Lado do Portal/Reunião 11

Reunião 11: todos devem ter lido o capítulo final e a conclusão.

Você pode querer gravar essa sessão.

a) As *Quatro Soluções*. Peça a cada pessoa que fale sobre os quatro cenários introduzidos no último capítulo — o "grande irmão", depois do desastre, de volta à natureza e a saída do corpo/salvador alienígena. Que parte sua ressoa diante de cada um desses quatro cenários? Que parte sua pensa que é provável que eles aconteçam? Há alguma coisa em sua história pessoal, emocional, intelectual ou espiritual que o faz ser mais parcial diante de um cenário específico? Encerre esta parte com uma breve visualização em que cada pessoa libera suas atrações inconscientes e crenças limitadoras relativas a cada um desses cenários.

b) A *Quinta Solução*. Esta é a parte que pode valer a pena gravar. Enquanto grupo, vocês vão criar uma história do grupo, uma fantasia coletiva sobre como poderá ser o futuro daqui a 10-20 anos. Uma pessoa começa dizendo de um a três minutos como vê esse cenário futuro. A próxima pessoa começa onde a história anterior acabou. Você continua, pessoa a pessoa, devendo cada uma acrescentar a sua parte. Você vai descobrir que a idéia de uma pessoa desencadeia outra. A história deve incluir uma nova fantasia sobre como trabalhamos, nos divertimos e nos relacionamos. Ela deve incluir idéias sobre como saímos do ponto em que agora estamos para entrar nessa nova história. A história deve basear-se, por outro lado, na idéia de uma quinta solução, algo diferente dos quatro cenários anteriores. Quando a história parecer bastante desenvolvida, tendo você feito percorrer o círculo algumas vezes, encerre esta parte.

c) O *Mágico*. Passe imediatamente a este processo. Permanecendo no espaço da fantasia sobre o futuro, peça a cada pessoa que diga, uma após a outra, qual é o seu papel pessoal para fazer com que a nova fantasia ocorra. Não se preocupe se o que você disser parecer impossível ou muito diferente do que você faz agora. Permita-se relaxar, deixe o seu subconsciente livre para dizer o que quiser.

d) Se tiver gravado, é bom dar uma cópia a cada pessoa. É comum que essas visões finais sejam uma bela fita de meditação ou uma lembrança do grupo.

e) O *Fluxo do Futuro*. Encerre a sessão com agradecimentos. Uma pessoa começa e diz como sente que se tornou mais receptiva ao futuro, como evoluiu durante o período que passou com o grupo. Quando a pessoa terminar de agradecer, deixe que outros do grupo adicionem seus agradecimentos pelo crescimento que constataram. Continue até que cada pessoa tenha tido a sua vez.

f) Por fim, decidam como grupo se se sentem completos e desejam encerrar o grupo nesse ponto ou se ainda têm um propósito a alcançar juntos. Se o caso for este último, decida qual é esse propósito e para onde vocês querem ir em seguida.

Referências

Introdução

1. John Hagel III e Arthur Armstrong, *Net Gain: Expanding Markets Through Virtual Communities*, Boston: Harvard Business School Press, 1997.

Capítulo 1

1. David Shenk, *Data Smog: Surviving the Information Glut*, San Francisco: Harper, 1997.
2. Joseph Chilton Pierce, entrevista radiofônica, NPR.
3. James Hillman, *Kinds of Power: A Guide to Its Intelligent Uses*, Nova York: Doubleday, 1995.
4. John Briggs e David Peat, *The Turbulent Mirror: An Illustrated Guide to Chaos Theory and the Science of Wholeness*, Nova York: HarperCollins, 1990.
5. Margaret Wheatley, *Leadership and the New Science: Learning About Organization from an Orderly Universe*, San Francisco: Berret-Koehler, 1994. [*Liderança e a Nova Ciência*, publicado pela Editora Cultrix, São Paulo, 1996.]
6. John Parker Barlow, Electronic Frontier Foundation.
7. Deepak Chopra, *Quantum Healing: Exploring the Frontiers of Body, Mind, Medicine*, Nova York: Bantam, 1990.

Capítulo 2

1. Michael Dertouzos, *What Will Be: How the New World of Information Will Change Our Lives*, San Francisco: Harper, 1997.

2. William Greider, *One World, Ready or Not: The Manic Logic of Global Capitalism*, Nova York: Simon And Schuster Trade, 1997.
3. George Soros, *Soros on Soros: Staying Ahead of the Curve*, Nova York: Wiley and Sons, 1995.
4. Arlie Hochschild, *Time Bind: When Work Becomes Home and Home Becomes Work*, Nova York: Henry Holt & Co., 1997.
5. Alvin Toffler, *Power Shift: Knowledge, Wealth, and Violence at the Edge of the 21st Century*, Nova York: Bantam, 1991.

Capítulo 4

1. Edward T. Hall, *Beyond Culture*, Nova York: Anchor Books, 1997.
2. Lyall Watson, *Beyond Supernature*, Nova York: Bantam, 1988.
3. Ibid.
4. Arthur Koestler, *The Act of Creation*, Nova York: Arkana, 1990.
5. Itzhak Bentov, *Stalking the World Pendulum: On The Mechanics of Consciousness*, Rochester, Vermont: Inner Traditions International, Ltd., 1988. [*À Espreita do Pêndulo Cósmico*, publicado pela Editora Pensamento, São Paulo, 1990.]
6. Mihaly Csikszentmihalyi, *Flow: The Psychology of Optimal Experience*, Nova York: HarperCollins, 1991.
7. Michael Murphy, *The Future of the Body: Explorations Into the Further Evolution of Human Nature*, Nova York: Tarcher, 1993.
8. *All of a Sudden* da fita de Laraji. Para encomendar a fita, ligue para (1)212-316-5042.

Há muito mais livros úteis acerca de cada tópico. Limitei-me aos três mais importantes de cada área.

Outros livros sobre a relação mente/corpo:

Deepak Chopra, *Quantum Healing: Exploring the Frontiers of Body, Mind, Medicine*, Nova York: Bantam, 1990.

Michael Murphy e Rhea White, *The Psychic Side of Sports*, Reading, Massachusetts: Addison-Wesley, 1978.

Caroline Myss, *Anatomy of the Spirit: The Seven Stages of Power and Healing*, Nova York: Random House, 1997.

Capítulo 5

1. Don Tapscott, *The Digital Economy: Promise and Peril in the Age of Networked Intelligence*, Nova York: McGraw-Hill, 1996.
2. Steven Birkers e Charlene Spretnak, *Resurgence of the Real*, Reading, Massachusetts: Addison-Wesley, 1997.
3. Chuck Martin, *Digital Estate: Strategies for Competing, Surviving, and Thriving in an Internetworked World*, Nova York: McGraw-Hill, 1997.
4. David Shenk, *Data Smog: Surviving the Information* Glut, San Francisco: Harper, 1997.

Outros livros sobre a nova percepção:

Kevin Kelly, *Out of Control: The New Biology of Machines, Social Systems, and the Economic World*, Reading, Massachusetts: Addison-Wesley, 1995.
Peter Schwartz, *Art of the Long View: Planning for the Future in an Uncertain World*, Nova York: Doubleday, 1996.
Margaret Wheatley, *Leadership and the New Science: Learning about Organization from an Orderly Universe*, San Francisco: Berrett-Koehler, 1994.

Capítulo 6

1. Petru Popescu, *Amazon Beaming*, Nova York: Penguin, 1992.

Outros livros sobre mudança:

Robert Gerzon, *Finding Serenity in the Age of Anxiety*, Nova York: Macmillan Publishing USA, 1997.
Daniel Goleman, *Emotional Intelligence*, Nova York: Bantam, 1995.
Sogyal Rinpoche, *Tibetan Book of Living and Dying*, San Francisco: Harper, 1994.

Capítulo 7

1. William Taylor, "At Verifone It's a Dog's Life", *Fast Company*, Special Collector's Edition, vol. 1, 1996.
2. Robert Ornstein, *Psychology of Consciousness*, Nova York: Penguin, 1996.

3. David Sheff, "Levi's Changes Everything", *Fast Company*, Special Collector's Edition, vol. 1, 1996.
4. Peter Senge, *The Fifth Discipline: The Art and Practice of the Learning Organization*, Nova York: Bantam, 1994.

Outros livros sobre a criação de mitos:

Robert Bly, *Iron John: A Book About Men*, Nova York: Random House, 1992.

Jean Houston, *A Mythic Life*, San Francisco: Harper, 1995.

Mary Bray Pipher, *Reviving Ophelia*, Nova York: Putnam Publishing Group, 1994.

Outros livros sobre o novo mito digital:

Esther Dyson, *Release 2.0: A Design for Living in the Digital Age*, Nova York: Broadway Books, 1997.

William Mitchell, *City of Bits: Space, Place and the Infobahn*, Cambridge, Massachusetts: MIT Press, 1996.

Nicholas Negroponte, *Being Digital*, Nova York: Knopf, 1995.

Capítulo 8

1. Robert Bly, *The Sibling Society*, Reading, Massachusetts: Addison-Wesley, 1996.
2. David Sheff, "Levi's Changes Everything", *Fast Company*, Special Collector's Edition, vol. 1, 1996.
3. Mort Myerson, "Everything I Thought I Knew About Leadership is Wrong", *Fast Company*, Special Collector's Edition, vol. 1, 1996.
4. Paul Hawken, *The Ecology of Commerce: A Declaration of Sustainability*, Nova York: Harper Business, 1994.

Outros livros sobre a sombra:

Qualquer obra de Carl G. Jung.

M. Scot Peck, *People of the Lie: The Hope for Healing Human Evil*, Nova York: Touchstone, 1985.

Connie Zweig e Jeremiah Abrams (orgs.), *Meeting the Shadow: The Hidden Power of the Dark Side of Human Nature*, Nova York: Tatcher Putnam, 1991. [*Ao Encontro da Sombra*, publicado pela Editora Cultrix, São Paulo, 1994.]

Capítulo 9

1. Frances Lappe e Paul Du Bois, *The Quickening of America: Rebuilding Our Nation, Remaking Our Lives*, San Francisco: Jossey-Bass, 1994.
2. Marianne Williamson, *The Healing of America*, Nova York: Simon and Schuster, 1997.
3. *Newsweek.*

Outros livros sobre o propósito:

Duane Elgin, *Voluntary Simplicity: Toward a Way of Life That is Outwardly Simple, Inwardly Rich*, ed. rev., Nova York: Quill Paperbacks, 1993. [*Simplicidade Voluntária*, publicado pela Editora Cultrix, São Paulo, 1999.]

Paul Hawken, *Growing Business*, Nova York: Simon and Schuster Trade, 1988.

Marsha Sinetar, *Do What You Love, The Money Will Follow: Choosing Your Right Livelihood*, Nova York: Dell, 1989.

Capítulo 10

1. George Martin e William Pearson, *With a Little Help from My Friends: The Making of Sgt. Pepper*, Boston: Little Brown, 1995.
2. Kevin Kelly, *Out of Control: The New Biology of Machines, Social Systems, and the Economic World*, Reading, Massachusetts: Addison-Wesley, 1995.
3. Brad Blanton, *Radical Honesty: How to Transform Your Life by Telling the Truth*, Nova York: Dell Trade Paperbacks, 1996.
4. Daniel Goleman, *Emotional Intelligence*, Nova York: Bantam, 1995.

Outros livros sobre relacionamentos:

Qualquer obra de Harville Hendrix, especialmente *Keeping the Love You Find*, Nova York: Simon and Schuster, 1993.

Qualquer escrito de M. Scott Peck, especialmente *A World Waiting to be Born*, Nova York: Bantam, 1994.

Peter Senge, *The Fifth Discipline: The Art and Practice of the Learning Organization*, Nova York: Bantam, 1994.

Capítulo 11

1. Faith Popcorn, *Clicking: 17 Trends That Drive America*, Nova York: Harper Business, 1997.
2. Michael Talbot, *Holographic Universe*, Nova York: Harper Perennial, 1992.

Outros livros sobre a aceleração de resultados:

Qualquer obra de Wayne Dyer.

Stephan Rechtschaffen, *Time Shifting: Creating More Time to Enjoy Your Life*, Nova York: Doubleday, 1997.

Capítulo 12

1. William Strauss e Neil Howe, *The Fourth Turning: An American Prophecy*, Nova York: Broadway, 1997.
2. Fritjof Capra, *The Turning Point: Science, Society, and the Rising Culture*, Nova York: Doubleday, 1988; e *The Web of Life: A New Scientific Understanding of Living Systems*, Nova York: Doubleday, 1997. [*O Ponto de Mutação*, publicado pela Editora Cultrix, São Paulo, 1980 e *A Teia da Vida*, publicado pela Editora Cultrix, São Paulo, 1997.]
3. Terrence McKenna, palestras e conversas.
4. Peter Russell, *A White Hole in Time: Our Future Evolution and the Meaning of Now*, San Francisco: Harper, 1993.
5. Robert Bly, *The Sibling Society*, Nova York: Addison-Wesley, 1996.

Outros livros sobre uma visão sociológica do futuro:

Marilyn Ferguson, *Aquarian Conspiracy: Personal and Social Transformation in Our Time*, ed. rev., Nova York: Putnam Publishing Group, 1987.

Willis Harman, *Global Mind Change: The Promise of the Last Years of the Twentieth Century*, Nova York: Bantam, 1991. [*Uma Total Mudança de Mentalidade*, publicado pela Editora Cultrix, São Paulo, 1994.]

Alvin Toffler, *Power Shift: Knowledge, Wealth, and Violence at the Edge of the 21st Century*, Nova York: Bantam, 1991.